PENSAMENTO EDUCACIONAL: DESAFIOS CONTEMPORÂNEOS

Editora Appris Ltda.
1.ª Edição - Copyright© 2024 dos autores
Direitos de Edição Reservados à Editora Appris Ltda.

Nenhuma parte desta obra poderá ser utilizada indevidamente, sem estar de acordo com a Lei nº 9.610/98. Se incorreções forem encontradas, serão de exclusiva responsabilidade de seus organizadores. Foi realizado o Depósito Legal na Fundação Biblioteca Nacional, de acordo com as Leis nos 10.994, de 14/12/2004, e 12.192, de 14/01/2010.

Catalogação na Fonte
Elaborado por: Dayanne Leal Souza
Bibliotecária CRB 9/2162

P418p 2024	Pensamento educacional: desafios contemporâneos / Aldimar Jacinto Duarte, Gessione Alves da Cunha, Elianda Figueiredo Arantes Tiballi, Kátia Pereira Coelho Camargo (orgs.). – 1. ed. – Curitiba: Appris, 2024. 212 p. ; 23 cm. – (Coleção Educação, Tecnologias e Transdisciplinaridades). Vários autores. Inclui referências. ISBN 978-65-250-7192-3 1. Pensamento educacional. 2. Contemporaneidade. 3. Educação. I. Duarte, Aldimar Jacinto. II. Cunha, Gessione Alves da. III. Tiballi, Elianda Figueiredo Arantes. IV. Camargo, Kátia Pereira Coelho. V. Título. VI. Série. <div align="right">CDD – 370</div>

Livro de acordo com a normalização técnica da ABNT

Appris editora

Editora e Livraria Appris Ltda.
Av. Manoel Ribas, 2265 – Mercês
Curitiba/PR – CEP: 80810-002
Tel. (41) 3156 - 4731
www.editoraappris.com.br

Printed in Brazil
Impresso no Brasil

Aldimar Jacinto Duarte
Gessione Alves da Cunha
Elianda Figueiredo Arantes Tiballi
Kátia Pereira Coelho Camargo
(org.)

PENSAMENTO EDUCACIONAL: DESAFIOS CONTEMPORÂNEOS

Appris editora

Curitiba, PR
2024

FICHA TÉCNICA

EDITORIAL
Augusto Coelho
Sara C. de Andrade Coelho

COMITÊ EDITORIAL
Ana El Achkar (Universo/RJ)
Andréa Barbosa Gouveia (UFPR)
Antonio Evangelista de Souza Netto (PUC-SP)
Belinda Cunha (UFPB)
Délton Winter de Carvalho (FMP)
Edson da Silva (UFVJM)
Eliete Correia dos Santos (UEPB)
Erineu Foerste (Ufes)
Fabiano Santos (UERJ-IESP)
Francinete Fernandes de Sousa (UEPB)
Francisco Carlos Duarte (PUCPR)
Francisco de Assis (Fiam-Faam-SP-Brasil)
Gláucia Figueiredo (UNIPAMPA/ UDELAR)
Jacques de Lima Ferreira (UNOESC)
Jean Carlos Gonçalves (UFPR)
José Wálter Nunes (UnB)
Junia de Vilhena (PUC-RIO)
Lucas Mesquita (UNILA)
Márcia Gonçalves (Unitau)
Maria Aparecida Barbosa (USP)
Maria Margarida de Andrade (Umack)
Marilda A. Behrens (PUCPR)
Marília Andrade Torales Campos (UFPR)
Marli Caetano
Patrícia L. Torres (PUCPR)
Paula Costa Mosca Macedo (UNIFESP)
Ramon Blanco (UNILA)
Roberta Ecleide Kelly (NEPE)
Roque Ismael da Costa Güllich (UFFS)
Sergio Gomes (UFRJ)
Tiago Gagliano Pinto Alberto (PUCPR)
Toni Reis (UP)
Valdomiro de Oliveira (UFPR)

SUPERVISORA EDITORIAL Renata C. Lopes
PRODUÇÃO EDITORIAL Bruna Holmen
REVISÃO Viviane Maria Maffessoni
DIAGRAMAÇÃO Amélia Lopes
CAPA Eneo Lage
REVISÃO DE PROVA Bruna Santos

COMITÊ CIENTÍFICO DA COLEÇÃO EDUCAÇÃO, TECNOLOGIAS E TRANSDISCIPLINARIDADE

DIREÇÃO CIENTÍFICA
Dr.ª Marilda A. Behrens (PUCPR)
Dr.ª Patrícia L. Torres (PUCPR)

CONSULTORES
Dr.ª Ademilde Silveira Sartori (Udesc)
Dr. Ángel H. Facundo (Univ. Externado de Colômbia)
Dr.ª Ariana Maria de Almeida Matos Cosme (Universidade do Porto/Portugal)
Dr. Artieres Estevão Romeiro (Universidade Técnica Particular de Loja-Equador)
Dr. Bento Duarte da Silva (Universidade do Minho/Portugal)
Dr. Claudio Rama (Univ. de la Empresa-Uruguai)
Dr.ª Cristiane de Oliveira Busato Smith (Arizona State University /EUA)
Dr.ª Dulce Márcia Cruz (Ufsc)
Dr.ª Edméa Santos (Uerj)
Dr.ª Eliane Schlemmer (Unisinos)
Dr.ª Ercilia Maria Angeli Teixeira de Paula (UEM)
Dr.ª Evelise Maria Labatut Portilho (PUCPR)
Dr.ª Evelyn de Almeida Orlando (PUCPR)
Dr. Francisco Antonio Pereira Fialho (Ufsc)
Dr.ª Fabiane Oliveira (PUCPR)
Dr.ª Iara Cordeiro de Melo Franco (PUC Minas)
Dr. João Augusto Mattar Neto (PUC-SP)
Dr. José Manuel Moran Costas (Universidade Anhembi Morumbi)
Dr.ª Lúcia Amante (Univ. Aberta-Portugal)
Dr.ª Lucia Maria Martins Giraffa (PUCRS)
Dr. Marco Antonio da Silva (Uerj)
Dr.ª Maria Altina da Silva Ramos (Universidade do Minho-Portugal)
Dr.ª Maria Joana Mader Joaquim (HC-UFPR)
Dr. Reginaldo Rodrigues da Costa (PUCPR)
Dr. Ricardo Antunes de Sá (UFPR)
Dr.ª Romilda Teodora Ens (PUCPR)
Dr. Rui Trindade (Univ. do Porto-Portugal)
Dr.ª Sonia Ana Charchut Leszczynski (UTFPR)
Dr.ª Vani Moreira Kenski (USP)

PREFÁCIO

A trama de um discurso do pensamento educacional brasileiro contemporâneo

O título deste livro *Pensamento Educacional: Desafios Contemporâneos*, faz jus ao seu conteúdo. Sendo uma coletânea de textos, este livro tem como característica ter sido organizado a partir de diferentes constructos epistemológicos, como é usual em publicações dessa natureza. Entretanto, nesta obra, seus autores conseguiram burlar essa característica, construindo os textos de modo a garantir unidade e coerência ao conjunto dos capítulos, dificilmente encontradas em livros no formato de coletânea.

O termo pensamento educacional se torna uma abstração quando desencarnado dos autores que o produziram e que lhe conferem materialidade por meio de publicações que permitem o seu acesso. Isso significa dizer que, neste livro encontram-se textos autorais, datados, localizados e que expressam uma tendência do pensamento educacional contemporâneo.

Os capítulos abordam diferentes temas, mas há uma unidade que pode ser apreendida a partir de três indicadores que revelam a coerência interna desta obra: os temas abordados estão nucleados por questões contemporâneas da educação brasileira; pela atualização do constructo lógico e metodológico das análises empreendidas; pelo posicionamento político dos autores em relação aos temas que analisam.

Na construção lógica desta obra há uma sequência não ordenada de ideias, mas que em seu conjunto oferece ao leitor explicações atualizadas da relação educação e sociedade. Capitalismo, liberalismo, neoliberalismos, hegemonia, ideologia, razão instrumental, conservadorismo, cultura digital e educação libertadora estão entre as categorias teóricas usadas para a análise dos temas que constituem os capítulos. Ao tomar essas categorias como referências para os temas abordados, seus autores promovem a atualização do debate educacional, buscando explicitar as contradições que engendram e, principalmente, explicitando a totalidade que se manifesta na particularidade das temáticas abordadas. Isso implica no empreendimento de uma construção lógica epistemológica que tem como referência constructos teóricos anteriormente formulados, não para reafirmá-los ou reproduzir ideias já concebidas, mas para atualizar o debate, explorando os nexos constitutivos das questões educacionais contemporâneas. Esse empreendimento garante a trama autoral de cada capítulo e supera a tendência muito presente no pensamento educacional brasileiro, de instituir questões perenes e de presentificar o discurso de nossos antepassados.

Os propositores das categorias teóricas consideradas como referências encontram-se citados nos capítulos que compõem o livro, de Karl Marx e Friedrich Engels, passando por Max Horkheimer, Theodor Ludwig Wiesengrund Adorno, Antonio Sebastiano Francesco Gramaci, e chegando a Pierre Bourdieu, Michael W. Apple, e Edgar Morin. Encontram-se, ainda, entre as citações, teóricos do campo educacional brasileiro, como Paulo Reglus Neves Freire, Michael Löwy, Dermeval Saviani, José Carlos Libâneo, Joana Peixoto, Luiz Carlos Freitas, Ronaldo Manzi Filho, Vera Maria Candau, entre outros.

Estas referências demonstram que a diversidade epistemológica contida nos capítulos não se circunscreve à lógica binária das concepções ortodoxas, não adere à ilusão da filiação pragmática restrita a autores de uma mesma escola e não considera conceitos a priori para a formulação das explicações atualizadas das questões educacionais. Os capítulos deste livro abordam questões contemporâneas da educação brasileira, atualizando os constructos teóricos metodológicos das análises críticas empreendidas.

A teoria crítica é termo adotado nesta obra em seu sentido amplo. Embora alguns discípulos da Escola de Frankfurt tomem esta expressão como exclusiva para nomear os teóricos frankfurtianos, em disputa acirrada com os marxistas ortodoxos pela patente do termo, aqui este entendimento tem compreensão alargada. A teoria crítica é aqui considerada como pressuposto, tendo como referência diferentes proposições epistemológicas, elaboradas a partir da análise dialética das questões educacionais.

Outro indicador da unidade interna desta obra é adesão de seus autores à compreensão dialética da realidade educacional brasileira. Ao compartilharem suas análises com os propositores do pensamento dialético, os autores deste livro revelam o pertencimento à tendência paradigmática presente no discurso educacional que considera a educação como componente intrínseco do modo de organização societal da qual é parte constitutiva. Comungam a compreensão de que a educação, nas sociedades capitalistas, é espaço de reprodução das organizações sociais cindidas em classes antagônicas, sendo também e ,ao mesmo tempo, o seu avesso. Aí reside a unidade paradigmática desta obra.

Fica evidente que há uma filiação de seus autores à compreensão de que, nas sociedades capitalistas, as questões engendradas pelas contradições inerentes a este modo de produção permeiam todos os setores da vida societal. Não obstante, ultrapassam a lógica binária das classificações paradigmáticas ou dos conceitos a priori para formularem discursos autorais e atualizados das questões contemporâneas da educação.

O pensamento educacional que configura cada capítulo tem como premissa que a educação está no âmago das sociedades capitalistas, seja como espaço de difusão da ideologia que sustenta o poder dos grupos hegemônicos, seja como espaço de construção da racionalidade instrumental que transforma a educação em investimento no capital humano, segundo as leis do mercado mundanizado e globalizado.

Não obstante, sendo fundada na contradição, em sociedades capitalistas tudo que é, não é, ao mesmo tempo. Esta compreensão crítica analítica está expressa nesta obra, demonstrada por seus autores que explicitam as possibilidades de construção de espaços educativos comprometidos com a transformação e com a promoção de uma sociedade igualitária. Os momentos lógicos históricos são reveladores do movimento da história, ou seja, o movimento da história se faz pela ruptura, pela crítica ao que está posto, pela perspectiva do que pode vir a ser. É a análise dos espaços de experiência para a projeção de horizontes de expectativas. Kosellek contribui com este entendimento ao afirmar que:

> As condições da possibilidade da história real são, ao mesmo tempo, as condições do seu conhecimento. Esperança e recordação, ou mais genericamente, expectativa e experiência —— pois a expectativa abarca mais que a esperança, e a experiência é mais profunda que a recordação — são constitutivas, ao mesmo tempo, da história e de seu conhecimento, e certamente o fazem mostrando e produzindo a relação interna entre passado e futuro, hoje e amanhã. Com isso chego à minha tese: experiência e expectativa são duas categorias adequadas para nos ocuparmos com o tempo histórico, pois elas entrelaçam passado e futuro. São adequadas também para se tentar descobrir o tempo histórico, pois, enriquecidas em seu conteúdo, elas dirigem as ações concretas no movimento social e político. (Kosellek, 2006, p. 308)

Assim, encontramos nesta obra a crítica radical ao neoliberalismo, à racionalidade instrumental, à hegemonia burguesa, à desigualdade social e educativa, ao pensamento conservador, ao instrumentalismo da cultura digital, à dualidade da escola brasileira. Uma crítica formulada na construção do discurso contra hegemônico gramsciano, impulsionador da resistência adorniana, ancorado na dialogicidade freiriana, mas sobretudo, um discurso pautado pelo movimento da história e em defesa de uma sociedade igualitária, constituída de sujeitos livres e autônomos, e de uma educação democrática, porque inclusiva, a serviço da formação humana e da vida neste nosso planeta e deste nosso planeta.

Impossível sintetizar o conteúdo desta obra, a consistência dos textos dispensa essa tentativa e não foi este o propósito deste prefácio. Se é fonte de pesquisa, se é referencial teórico, se é texto para estudo bibliográfico, cabe ao leitor decidir. Da leitura deste livro fica a convicção de que nele se encontra uma expressão importante e significativa do pensamento educacional brasileiro contemporâneo, portanto, leitura obrigatória para quem se interessa por este assunto a partir de diferentes temáticas.

REFERÊNCIA

KOSELLECK, Reinhart. **Futuro passado**: contribuição à semântica dos tempos históricos. Tradução do original alemão Wilma Patrícia Maas, Carlos Almeida Pereira; revisão da tradução César Benjamin. Rio de Janeiro: Contraponto: Ed. PUC – Rio, 2006.

Elianda Figueiredo Arantes Tiballi

Fevereiro de 2024

SUMÁRIO

INTRODUÇÃO 11
Aldimar Jacinto Duarte, Gessione Alves da Cunha & Kátia Pereira Coelho Camargo

A RACIONALIDADE INSTRUMENTALIZADA E OS IMPACTOS NO PENSAMENTO EDUCACIONAL CONTEMPORÂNEO 17
César Pereira Martins & Estelamaris Brant Scarel

DESIGUALDADE SOCIAL E DESIGUALDADE EDUCATIVA NA PERSPECTIVA NEOLIBERAL 35
Édar Jessie Dias Mendes da Silva & Maria Esperança Fernandes Carneiro

O PENSAMENTO CONSERVADOR E A EDUCAÇÃO BRASILEIRA 57
Estelamaris Brant Scarel & Gessione Alves da Cunha

A IDEOLOGIA SUBJACENTE À CULTURA DIGITAL 77
Rafael Vieira de Araújo & Divino de Jesus da Silva Rodrigues

NEOLIBERALISMO E EDUCAÇÃO NA ABORDAGEM DE LIBÂNEO, FREITAS E MANZI FILHO 95
Arnaldo Cardoso Freire & Lucia H. Rincon Afonso

A CONTRIBUIÇÃO DE PAULO FREIRE PARA UM HUMANO DIREITO DAS FAMÍLIAS 111
Jordana de Carvalho Pinheiro & Sonia Margarida Gomes Sousa

PENSAMENTO EDUCACIONAL: CULTURA E HEGEMONIA EM ANTONIO GRAMSCI 127
Aldimar Jacinto Duarte & Elzilene Maria Lopes de Souza

DIALOGICIDADE EM PAULO FREIRE E EDUCAÇÃO ESCOLAR DE PESSOAS SURDAS 145
Janaina Silva de Assis & Raquel Marra Freitas

NOVOS DEBATES NA EDUCAÇÃO BÁSICA COM AS DESIGUALDADES SOCIAIS PÓS-PANDEMIA COVID-19 169
Cinara Rejane Viana Arantes

A DUALIDADE DO ENSINO MÉDIO REFLETIDO NA PANDEMIA 191
Kátia Pereira Coelho Camargo & Made Junior Miranda

SOBRE OS AUTORES 205

INTRODUÇÃO

Aldimar Jacinto Duarte
Gessione Alves da Cunha
Kátia Pereira Coelho Camargo

A disciplina "Pensamento Educacional: Estudos Históricos, Políticos, Sociais e Culturais", do Programa de Pós-Graduação em Educação da Pontifícia Universidade Católica de Goiás, se apresenta como uma instância fundamental para a formação e aprimoramento de profissionais da educação, desvelando a natureza sócio-histórica do campo educacional. Ao explorar a história social e institucional do pensamento educacional, bem como das práticas educativas em diversos tempos e espaços, a disciplina promove uma compreensão aprofundada da interação entre educação, sociedade e política.

O compromisso dessa disciplina vai além do mero acúmulo de conhecimento teórico, sendo essencial para fortalecer os projetos e ferramentas de análises históricas e sociológicas no âmbito das pesquisas educacionais. O objetivo primordial é capacitar profissionais reflexivos, capazes de enfrentar os desafios contemporâneos e contribuir ativamente para as transformações sociais. Os estudos e pesquisas resultantes dessas reflexões não apenas ampliam o repertório acadêmico, mas também alimentam uma cultura inclusiva e multifacetada, promovendo novas perspectivas sobre a sociedade e seus dilemas educacionais.

A disciplina aborda uma gama diversificada de temas, desde as políticas educacionais até as diferentes correntes teóricas que moldaram o pensamento educacional moderno e contemporâneo. A análise crítica dos principais teóricos do campo proporciona uma compreensão abrangente do cenário mundial e nacional que influenciou o desenvolvimento do campo educacional.

Os objetivos traçados para a disciplina visam não apenas fornecer informações históricas, mas também cultivar uma postura reflexiva entre os doutorandos do PPGE. Contribuir para o conhecimento e a compreensão das matrizes do pensamento educacional, promover a reflexão sobre a trajetória dos diferentes pensadores e pedagogos, e analisar as contribuições das Ciências Humanas são passos essenciais para formar pesquisadores capazes de fundamentar seus projetos e análises em referenciais teóricos sólidos.

Dessa forma, a disciplina não apenas se consolida como um componente essencial no Programa de Pós-Graduação, mas também desempenha um papel crucial na formação de profissionais capazes de compreender, analisar e transformar a educação, situando-a de maneira crítica no contexto social mais amplo.

Foi a partir desses princípios que orientam a disciplina "Pensamento Educacional: Estudos Históricos, Políticos, sociais e Culturais" que a turma, ao final do curso ano letivo de 2022, juntamente com os professores Dr.ª Elianda Figueiredo Arantes Tiballi e Dr. Aldimar Jacinto Duarte, em parceria com os respectivos orientadores de cada estudante, perceberam a necessidade de se aprofundar alguns conteúdos propostos no programa na forma de capítulos de uma coletânea. Diante desse cenário, a ideia de produzir um livro como resultado coletivo dessa jornada acadêmica se revela como uma oportunidade para consolidar e difundir as reflexões e aprendizados acumulados ao longo do curso.

A importância de tal empreendimento transcende as fronteiras da sala de aula e estende-se ao cenário acadêmico e à sociedade em geral. Um livro elaborado pela turma representa não apenas um registro do conhecimento adquirido, mas também uma contribuição valiosa para a construção de um repertório teórico consolidado no campo educacional. Tendo em vista que, a produção de um livro oferece uma plataforma para a turma compartilhar as análises, interpretações e reflexões críticas desenvolvidas ao longo do semestre estudado. Pretende-se que esse material sirva não apenas como um recurso de estudo para os futuros estudantes do PPGE, mas também como um recurso valioso para outros pesquisadores, professores e profissionais interessados no entendimento do pensamento educacional em suas dimensões históricas, políticas, sociais e culturais.

O livro *Pensamento Educacional e Desafios Contemporâneos* oferece uma rica análise sobre os desafios enfrentados pelo sistema educacional brasileiro diante das transformações sociais, culturais e políticas contemporâneas. Ao percorrer seus capítulos, somos guiados por uma jornada intelectual que desvela as intricadas relações entre racionalidade, desigualdades sociais, neoliberalismo, conservadorismo, hegemonia, libertação, cultura digital, e os impactos desses elementos na formação de uma práxis educacional.

Estruturamos esta obra em dez capítulos, cada um apresenta pesquisas individuais, porém, de forma abrangente e coesa, estabelecem conexões significativas entre as investigações realizadas, as respectivas linhas de pesquisa a que cada estudante se encontra vinculado e, as perspectivas que delineiam o panorama do campo educacional. Cada capítulo, ao conduzir discussões atualizadas e consistentemente elaboradas, alinha-se de maneira coerente com as questões educacionais contemporâneas, proporcionando uma leitura enriquecedora e relevante.

No primeiro capítulo, *A racionalidade instrumentalizada e os impactos no pensamento educacional contemporâneo,* de autoria da Prof.ª Dr.ª Estelamaris Brant Scarel e do doutorando César Pereira Martins, trazem uma reflexão em torno do aumento das desigualdades sociais provenientes de uma racionalidade técnica que por sua vez articula as relações de produção e sociais na contemporaneidade. Como embasamento teórico buscam como referência Horkheimer para ajudar na compreensão da constituição do pensamento educacional e como esse pensamento é influenciado e influencia a consciência humana.

A obra avança, abordando, no segundo capítulo, sobre a *Desigualdade social e a desigualdade educativa na perspectiva neoliberal,* tendo como autores a Prof.ª Dr.ª Maria Esperança Fernandes Carneiro e a doutoranda Édar Jessie Dias Mendes da Silva, dão continuidade à discussão sobre as desigualdades sociais e educacionais a partir de uma reflexão sobre o capitalismo neoliberal o qual lida com a educação de forma empresarial aumentando ainda mais o abismo entre as classes sociais: proletariado e burguesia. Esse novo paradigma social e, consequentemente, educacional, requer análises e reflexões sobre o acesso, a permanência e a qualidade do ensino e as novas formas de emancipação do homem na contemporaneidade.

No terceiro capítulo, *O pensamento conservador e a educação brasileira,* a Prof.ª Dr.ª Estelamaris Brant Scarel e o doutorando Gessione Alves da Cunha, completando as ideias do capítulo anterior, acrescentam como o pensamento conservador e sua relação com as diversas fases do capitalismo têm influenciado a práxis pedagógica do decorrer dos tempos, contribuindo para as desigualdades sociais e educacionais. Primeiro faz um percurso temporal sobre o conservadorismo, depois aborda a ideia central que é sobre a educação como mercadoria, usando de todos os álibis progressistas, com uma roupagem nova, mas eivado de conservadorismo e finaliza analisando as consequências políticas, econômicas e sociais deste pensamento, que está impregnado na consciência humana.

No capítulo quarto, *A ideologia subjacente à cultura digital*, o Prof. Dr. Divino de Jesus da Silva Rodrigues e o doutorando Rafael Vieira de Araújo, abordam sobre as tecnologias enquanto cultura digital que podem favorecer o desenvolvimento de uma sociedade ou aumentar as desigualdades sociais, dependendo de como a consciência sobre essa cultura digital tem se formado na mente dos sujeitos. As tecnologias podem servir para corroborar com modelos progressistas de sociedade ou de posturas conservadoras. Portanto, podem ter impactos diferentes de acordo com a maneira que são manipuladas.

Tais discussões avançam no quinto capítulo, tendo como título *Neoliberalismo e educação na abordagem de Libâneo, Freitas e Manzi Filho*, cujos autores são a Prof.ª Dr.ª Lucia Helena Rincon Afonso e do doutorando Arnaldo Cardoso Freire, apresentam uma análise teórica sobre a relação da educação e o neoliberalismo abordando três autores da atualidade que refletem sobre esse tema. Neste capítulo são abordadas as ideias do neoliberalismo que se opõem ao Estado do bem-estar social, diminuindo os direitos dos sujeitos sociais e as oportunidades de crescimento econômico para as massas populares, principalmente ao desenvolvimento humano subjacente à educação.

No sexto capítulo, que tem como título *A contribuição de Paulo Freire para um humano direito das famílias*, elaborado pela Prof.ª Dr.ª Sônia Margarida Gomes de Sousa e pela doutoranda Jordana de Carvalho Pinheiro, e que apresentam reflexões sobre a luta pelos direitos humanos por meio das ideias de Paulo Feire considerando a educação como única forma de emancipação do homem em busca de sua transformação e com isso a garantia da liberdade social, econômica e política independe de gênero, raça ou classe social. Consideram a educação libertadora como mediação para que todos os sujeitos se libertem das amarras históricas e opressivas em busca da transformação cultural.

No sétimo capítulo: *Pensamento educacional: Cultura e hegemonia em Antônio Gramsci*, tendo como autores o Prof. Dr. Aldimar Jacinto Duarte e a doutoranda Elzilene Maria Lope de Souza, analisa-se as contribuições do pensamento de Antônio Gramsci, em especial em torno de suas discussões sobre cultura e a sua relação com a hegemonia, em que a classe dominante utiliza de sua influência cultural para manter e conservar o pensamento dominante na consciência das pessoas. Outro aspecto abordado neste capítulo é a força que o poder exerce sobre a sociedade e em especial na educação, lócus principal de formação e manutenção do modelo capitalista hegemônico.

No oitavo capítulo, retoma-se as discussões relativas ao pensamento de Paulo Freire, com o título *Dialogicidade em Paulo Freire e educação escolar de pessoas surdas*, escrito pela Prof.ª Dr.ª Raquel da Madeira Marra Freitas e pela doutoranda Janaina Silva de Assis. As autoras abordam sobre a importância de se trazer para os debates no campo educacional a necessidade de se garantir a igualdade de oportunidades para os surdos e a importância da escola como meio para viabilizar esse processo. Consideram que, embora as pessoas surdas não tenham a capacidade de audição, elas se comunicam entre si e entre ouvintes, fato que é discutido e analisado neste trabalho, em busca de desmistificar a cultura surda na sociedade contemporânea e seus processos de emancipação e liberdade de pensamento.

O oitavo capítulo: *Novos debates na educação básica com as desigualdades sociais pós-pandemia Covid-19*, elaborado pela doutoranda Cinara Rejane Viana Arantes, e constitui como fruto de uma pesquisa realizada com a objetivo de analisar as consequências do Covid-19 no processo de alfabetização e traz a necessidade de novas formas de entender o processo educativo e quais as reais condições de aprendizagens das crianças nos pós-pandemia. Defende que uma das formas para tentar sanar esta nova realidade da educação é entender a diversidade cultural e utilizá-la como mediadora para o desenvolvimento humano. Apontam ainda para a necessidade de se aprofundar nos estudos das teorias educacionais que auxiliem na melhoraria da aprendizagem dos alunos.

Por fim, no décimo capítulo, cujo título é: *A dualidade do ensino médio refletido na pandemia*, elaborado pelo Prof. Dr. Made Junior Miranda e pela doutoranda Kátia Pereira Coelho Camargo, debate-se sobre uma das consequências das desigualdades sociais e educacionais que se configura na dualidade do ensino, em especial em países, como o Brasil, que se afiliam economicamente e socialmente à doutrina neoliberal. Consideram que para se concretizar o poder do capitalismo sobre a sociedade são ofertados dois tipos de ensino distintos, os quais acentuam cada vez mais as desigualdades. Sustentam que, a despeito das promessas do poder público em solucionar integralmente os desafios educacionais por meio de cada reforma implementada, o que efetivamente se verifica é a interferência prejudicial no progresso dos processos pedagógicos em todo o país.

Diante desse panorama, é crucial que mergulhemos nas páginas deste livro, absorvendo as análises e perspectivas apresentadas pelos renomados intelectuais. A educação, como fio condutor da transformação social, precisa ser compreendida em sua complexidade e desafios. É um convite à reflexão crítica sobre o presente e a construção de novas perspectivas em tempos de inovação e busca por mudanças. Este livro não apenas analisa a realidade educacional, mas também aponta caminhos para resistência e transformação, destacando a grande importância da educação para a emancipação e a liberdade, elementos fundamentais para o desenvolvimento humano e global.

A RACIONALIDADE INSTRUMENTALIZADA E OS IMPACTOS NO PENSAMENTO EDUCACIONAL CONTEMPORÂNEO

César Pereira Martins
Estelamaris Brant Scarel

Introdução

Durante o período da pandemia da Covid-19[1] (2019 a 2022) o mundo presenciou o aumento das desigualdades sociais, o que pode ser percebido nos dados divulgados pela Fundação Getúlio Vargas (FGV):

> O contingente de pessoas com renda domiciliar per capita até 497 reais mensais atingiu 62,9 milhões de brasileiros em 2021, cerca de 29,6% da população total do país. Este número em 2021 corresponde 9,6 milhões a mais que 2019, quase um Portugal de novos pobres surgidos ao longo da pandemia. A pobreza nunca esteve tão alta no Brasil quanto em 2021, desde o começo da série histórica em 2012, perfazendo uma década perdida. O ano de 2021 é ponto de máxima pobreza dessas séries anuais para uma variedade de coletas amostrais, conceitos de renda, indicadores e linhas de pobreza testados (Neri, 2022, p. 3).

Diante dessa realidade proliferam-se os discursos econômicos que buscam propor soluções para essa crise. Entre as propostas frequentemente aparece uma, de forma quase unânime, que é a do aumento da produção do Produto Interno Bruto (PIB) mundial, na esperança que empregos e oportunidades sejam gerados. Em julho de 2020, o Ministério de Minas e Energia brasileiro publicou um documento intitulado *Estudos do Plano Decenal de Expansão de Energia 2030: Premissas Econômicas e Demográficas*, que traz a seguinte previsão: "Espera-se uma recuperação da economia

---

[1] A Covid-19 é uma doença infecciosa causada pelo coronavírus SARS-COV-2 e tem como principais sintomas febre, cansaço e tosse seca. Outros sintomas menos comuns e que podem afetar alguns pacientes são: perda de paladar ou olfato, congestão nasal, conjuntivite, dor de garganta, dor de cabeça, dores nos músculos ou juntas, diferentes tipos de erupção cutânea, náusea ou vômito, diarreia, calafrios ou tonturas (Organização Pan-Americana da Saúde, 2023).

global com um crescimento médio de 3,6% a.a. entre 2021 e 2030" (Brasil, 2020, p. 6). Em todo o documento, de modo implícito ou explícito, está presente a tese que advoga o aumento da produção como a solução dos problemas econômicos. Se as previsões desse documento se confirmarem, teremos um aumento no PIB mundial, nesta década, na ordem de 42%[2].

As propostas dos economistas e as previsões de aumento da produção são exemplos da racionalidade que permeia o momento histórico em que vivemos. No entanto, será que é "razoável" esperarmos um crescimento de 42%, em dez anos, sem destruir boa parcela do planeta em que vivemos? O crescimento da produção, em *continuum,* não significa a extinção da vida na Terra? Questões como essas parecem, no entanto, não incomodar, pois é a racionalidade técnica que coordena as relações de produção e sociais na contemporaneidade.

Refletir de que forma esta racionalidade se constituiu e qual a sua influência no pensamento educacional será o objetivo fundante da presente reflexão. Para isso, tomaremos como referência o texto *Sobre meios e fins*, de Horkheimer (2015), que é constante de sua obra *Eclipse da Razão*.

1 A razão instrumentalizada

A Segunda Guerra Mundial (1939-1945) exerceu profunda influência nos escritos dos autores relacionados à escola de Frankfurt[3]. Uma das questões suscitadas pela guerra consistiu no alto grau de organização da indústria da morte, que foi muito bem arquitetada e administrada pelos nazistas. Exigiu um alto desenvolvimento técnico, um número enorme de pessoas envolvidas e uma estrutura de logística assaz refinada. Considerável parcela dos envolvidos nesse "projeto" gozava de uma excelente

---

[2] Considerando que a média é 3,6% a.a. e esta é sempre com referência ao ano anterior, estamos no regime de capitalização composto, o que nos leva a 42% de crescimento, na década em questão (Nota dos pesquisadores).

[3] "A chamada Escola de Frankfurt, composta por alguns membros do *Institut für Sozialfonschung* (Instituto de Pesquisas Sociais), de fato pode ser vista como apresentando de forma quintessencial o dilema do intelectual de esquerda no século XX. Poucos de seus equivalentes foram tão sensíveis ao poder absorvente da cultura dominante e de seus pretensos adversários. Durante toda a existência do Instituto, e especialmente no período de 1923 a 1950, o medo da cooptação e da integração inquietou profundamente seus membros (Jay, 2008, p. 29). Tratava-se de um grupo interdisciplinar e dentre os seus membros, segundo Nobre (2004, p. 15-16), havia os seguintes: no campo econômico encontravam-se Friedrich Pollock (1894-1970), Henryk Grossmann (1881-1950) e Arkadij Gurland (1904-1979); em Ciência Política e Direito, Franz Neumann (1900-1954) e Otto Kirchheimer (1905-1965); na crítica à cultura, Theodor W. Adorno (1903-1969) – que viria posteriormente a ser o grande parceiro de Horkheimer na produção em filosofia – Leo Löwenthal (1900-1993) e, alguns mais tarde, Walter Benjamin (1892-1940); em Filosofia, além de Horkheimer, também Herbert Marcuse (1898-1978); e, em Psicologia e Psicanálise, Erich Fromm (1900-1980)".

formação acadêmica e técnica. Assim como pessoas comuns que, após terminarem o seu turno de trabalho, voltavam para suas casas e sentavam-se às suas mesas de jantar e comiam "em paz" com suas famílias. Para Adorno e Horkheimer (1985), tal estado de extremismo conduziu à constatação de que a promessa feita pelo programa do esclarecimento, de iluminação da razão e de humanização não se efetivou. Pelo contrário, o humano foi reconduzido a um profundo estado regressivo[4], isto é, à barbárie. Adorno (1995, p. 155) concebe a barbárie da seguinte forma:

> Entendo por barbárie algo muito simples, ou seja, que, estando na civilização do mais alto desenvolvimento tecnológico, as pessoas se encontrem atrasadas de um modo peculiarmente disforme em relação a sua própria civilização – e não apenas por não terem em sua arrasadora maioria experimentado a formação nos termos correspondentes ao conceito de civilização, mas também por se encontrarem tomadas por uma agressividade primitiva, um ódio primitivo ou na terminologia culta, um impulso de destruição, que contribui para aumentar ainda mais o perigo de que toda esta civilização venha a explodir, aliás uma tendência imanente que a caracteriza. Considero tão urgente impedir isto que eu reordenaria todos os outros objetivos educacionais por esta prioridade.

Com efeito, essa constatação do autor nos impõe não somente a concordarmos com a sua preocupação no tocante aos rumos tomados pela humanidade, mas, sobretudo, nos conclama a levarmos em conta a premência de considerarmos a educação como um dos antídotos mais

---

[4] De acordo com a psicanálise: "Num processo psíquico que contenha um sentido de percurso ou de desenvolvimento, designa-se por regressão um retorno em sentido inverso desde um ponto já atingido até um ponto situado antes desse" (Laplanche; Pontalis, 2001, p. 440).

urgentes de combate ao estado de barbarização no qual recaiu a civilização contemporânea[5].

Retomando o argumento acima, inferimos que o caminho de retorno à barbárie foi influenciado pelo movimento da história que conduziu ao atual modelo de pensamento técnico. Tal representação não percebe as suas intervenções no mundo em conexão com a totalidade, mas considera apenas a capacidade de manipular a técnica com "eficiência" para atingir os objetivos desejados. As pessoas que projetaram cada uma das armas, que neste momento são usadas na guerra deflagrada pela Rússia à Ucrânia, em fevereiro de 2022, provavelmente se vangloriam da eficiência de seus equipamentos sem a percepção da relação de suas ações com a totalidade. Em outras palavras, quem projetou e construiu esses arsenais assume postura semelhante ao que diz: "eu não tenho nada com isso, apenas cumpri meu trabalho", como se a ação individual fosse neutra, desvinculada do todo. A essa forma de "pensar", Horkheimer (2015, p. 11) denomina razão subjetiva:

> Quando pressionado a responder [o que é razão], o homem médio dirá que coisas razoáveis [reasonable] são as coisas obviamente úteis e que todo homem razoável, supõe-se, é capaz de decidir o que é útil para ele. Naturalmente, as circunstâncias de cada situação, bem como as leis, os costumes e as tradições, devem ser levadas em conta. Mas a força que, em última instância, torna possíveis ações razoáveis é a faculdade de classificação, inferência e dedução, não importando qual o conteúdo específico – o funcionamento abstrato do mecanismo do pensar. Esse tipo de razão pode ser chamado de razão subjetiva. Está essencialmente preo-

---

[5] Neste texto concebemos o adjetivo contemporâneo da seguinte forma: "Do lat. *contemporaneu*. Que é do mesmo tempo, que vive na mesma época em que vivemos). Indivíduo do mesmo tempo ou do nosso tempo" (Ferreira, 2009, p. 535). É oportuno que elucidemos, ainda, qual é a perspectiva de Cambi (1999, p. 377) com relação ao sentido de contemporâneo: "A época contemporânea nasce – convencionalmente – em 1789, com a Revolução Francesa, já que é com aquele evento crucial que caem por terra seculares equilíbrios sociais, econômicos e políticos, enquanto toda a sociedade europeia entra numa fase de convulsão e de transformação que se prolongará por muito tempo e que mudará as características mais profundas da história. sobretudo, eliminará o *Ancien Régime*, com suas conotações ainda medievais de sociedade da ordem, da soberania por direito divino, da relação de organicidade entre as classes, para iniciar um processo totalmente novo caracterizado pela inquietação, pela constante renovação, pela abertura para o futuro (mais que pela referência ao passado) e, portanto, para o pluralismo interno (de grupos sociais, de interesses, de projetos), para o caráter conflitante e para a hegemonia construída pragmaticamente dentro e através dos conflitos".

cupada com meios e fins, com a adequação de procedimentos para propósitos tomados como mais ou menos evidentes e supostamente autoexplicativos. Dá pouca importância à questão de se os propósitos em si são razoáveis.

Os exemplos apresentados no início desta seção demonstram que o conceito de razão subjetiva não é apenas uma entidade abstrata, discutida por filósofos que pretendem preencher páginas de livros. Trata-se de um conceito que se revela no modo de vida contemporâneo, que assume a eficiência e o individualismo como objetivos máximos do viver. A razão subjetiva é o meio para se conhecer, dominar, executar uma tarefa, obter um resultado, sendo essa a expressão máxima do domínio da ciência sobre a filosofia. A razão, que busca o bom, o belo e o verdadeiro e que, portanto, estabelece uma relação dialética entre indivíduo e totalidade foi suplantada, mas não de modo imediato e sim no movimento da história.

Ao refletir sobre as alterações no conceito de razão, chegando à razão subjetiva, Horkheimer (2015) demonstra que de Sócrates ao idealismo alemão imperou a razão objetiva,[6] sendo esta "[...] um órgão de percepção da verdadeira natureza da realidade e de determinação dos princípios orientadores de nossas vidas" (Horkheimer, 2015, p. 19). No período que antecede a sociedade industrial, a razão não é apenas a capacidade do humano de planejar de forma simbólica as suas ações, associadas a um fim, mas "um órgão de percepção da verdadeira natureza da realidade e determinação dos princípios orientadores de nossas vidas" (Horkheimer, 2015, p. 26) e, portanto, nesta concepção, a razão se volta para o objeto e não se restringe a um atributo ou habilidade do sujeito.

Sobre os sistemas filosóficos relacionados à razão objetiva é importante destacar o pensamento elaborado por Horkheimer (2015, p. 20), o qual afirma que eles:

> [...] implicavam a convicção de que uma estrutura abrangente ou fundamental do ser poderia ser descoberta e uma concepção de destino humano que dela derivava. Eles entendiam a ciência, quando digna desse nome, como uma implementação de tal reflexão ou especulação. Eles opunham-se a qualquer epistemologia que reduzisse a base

---

[6] É importante destacar que um fenômeno social, em geral, não desaparece para outro aparecer e pode ser que um não seja disjunto ao outro, como nos chama a atenção o autor de referência para os conceitos de razão objetiva e subjetiva: "A relação entre esses dois conceitos de razão não é meramente de oposição. Historicamente, ambos os aspectos da razão, o objetivo e subjetivo, estiveram presentes desde o princípio e a predominância do primeiro sobre o segundo foi alcançada no curso de um longo processo" (Horkheimer, 2015, p. 15).

objetiva do nosso conhecimento ao caos dos dados não coordenados e que, identificasse nosso trabalho científico à mera organização, classificação ou cômputo de tais dados. Essas últimas atividades, nas quais a razão subjetiva tende a ver a principal função da ciência, são, da ótica dos sistemas clássicos da razão objetiva, subordinadas à especulação.

Na perspectiva da razão objetiva, a ação humana, em especial a ciência, deve estar comprometida com a ética. Dois sistemas de pensamento, segundo Horkheimer (2015), foram fundamentais para o domínio da razão subjetiva sobre a objetiva, sendo estes, o Positivismo e o Pragmatismo:

> No aspecto formalista da razão subjetiva, acentuado pelo positivismo, enfatiza-se sua falta de relação com o conteúdo objetivo; no seu aspecto instrumental, acentuado pelo pragmatismo, enfatiza-se sua rendição a conteúdos heterônimos. A razão foi completamente mobilizada pelo processo social. Seu valor operacional, seu papel na dominação dos homens e da natureza, tornou-se o único critério (Horkheimer, 2015, p. 29).

Assim, para compreendermos as mudanças e implicações na racionalidade do passado para a atual, precisamos retomar o significado do "aspecto formalista do Positivismo" e o "aspecto instrumental do Pragmatismo". Todavia, temos de ressaltar que, ao fazer a crítica a respeito das influências destas teorias na superação da razão subjetiva em relação à objetiva, não estamos desprezando todos os avanços e rupturas que as ciências da natureza e a matemática proporcionaram ao longo da história. Reconhecidamente, os conhecimentos dessas ciências contribuem para a preservação da vida, como no caso das vacinas para Covid-19 ou para a melhoria da qualidade de vida aos grupos que possuem acesso às suas descobertas. Iremos nos ater à interpretação filosófica sobre as influências do Positivismo e do Pragmatismo para a consolidação da razão subjetiva, por ser este o recorte proposto pelo artigo.

O Positivismo é a "doutrina das ciências livre do juízo de valor" (Lowy, 1991, p. 35), o que se adequa muito bem à razão subjetiva. Essa proposição teórica metodológica assim se posiciona por entender que a natureza é regida por leis naturais, imutáveis e, portanto, cabe ao pesquisador descobrir estas leis a partir da observação, da interpretação dos dados estatísticos, da descrição dos fenômenos, com vistas à previsibilidade. Para concluir uma lei universal, tal como "O módulo da força é igual ao produto dos módulos da massa pela aceleração", Newton (1643-1727) usou apenas a observação, a experimentação e a verificação dos dados. A conclusão de Newton só foi possível devido à constância e à regularidade do fenômeno. Entre os séculos XVII e XIX, Condorcet (1743-1794), Auguste Comte (1798-1857) e Émile Durkheim (1858-1917), com o propósito de conferirem rigor científico às pesquisas em Ciências Humanas, teorizaram que os pressupostos metodológicos aplicados às Ciências da Natureza e à Matemática deveriam ser aplicados às pesquisas em Ciências Humanas. O que significa requerer do pesquisador a neutralidade, a descrição do fenômeno, a tabulação dos dados e a busca por leis universais que regessem o fenômeno social. Sobre a exigência da transposição do método das Ciências Naturais para Ciências Sociais, Lowy (1991, p. 36) destaca a seguinte ideia:

> A terceira conclusão, que é talvez a mais importante para a nossa discussão, é que da mesma maneira que as ciências da natureza são ciências objetivas, neutras, livres de juízos de valor, de ideologias políticas, sociais ou outras, as ciências sociais devem funcionar exatamente segundo esse modelo de objetividade científica. Isto é, o cientista social deve estudar a sociedade com o mesmo espírito objetivo, neutro, livre de juízo de valor, livre de quaisquer ideologias ou visões de mundo, exatamente da mesma maneira que o físico, o químico, o astrônomo, etc. Esta é talvez a conclusão mais importante para o nosso debate sobre a relação entre ideologia-utopia e conhecimento social. Significa que a concepção positivista é aquela que afirma a necessidade e a possibilidade de uma ciência social completamente desligada de qualquer vínculo com as classes sociais, com as posições políticas, os valores morais, as ideologias, as utopias, as visões de mundo. Todo esse conjunto de elementos ideológicos, em seu sentido amplo, deve ser eliminado da ciência social.

A busca por rigor científico para interpretar os fenômenos sociais, na Europa dos séculos XVIII e XIX, se justifica pelo contexto do período, sendo este de grande instabilidade. Para citar alguns exemplos importantes: a Revolução Francesa, a Primavera dos Povos, que ocorreu em vários países da Europa, e a Revolução Industrial em pleno apogeu. É importante destacar o surgimento de doutrinas sociais nesse período, tais como o Liberalismo e o Socialismo.

Naquele contexto, a possibilidade de um método que fosse capaz de dar cientificidade às pesquisas em Ciências Humanas, possibilitando a interpretação dos fenômenos sociais e que tivesse por fundamento o método científico, que estava consolidado (haja vista a Revolução Industrial), foi aceita com facilidade por parte dos pesquisadores da época. O princípio do "autointeresse", como se o objeto tivesse início e fim em si mesmo, cindido da totalidade, e o resultado da pesquisa como produto é o que determina o caminho a ser seguido pelo pesquisador. O interesse é o domínio da técnica, que garante o resultado Preciso. Este, advém da observação isenta (neutra) do fenômeno supostamente estático, imutável, logo passível de ser apreendido em sua totalidade e descrito em detalhes, transformado em número, em dados. Essa compreensão, que advoga que todo fenômeno pode ser interpretado pelos mesmos princípios (matemáticos), é que Horkheimer (2015) denomina "aspecto formalista do positivismo". Com efeito, nesse caso, os conceitos de formalismo e forma, se aproximam, respectivamente, de "doutrina que recorre à forma, em qualquer de suas significações" (Abbagnano, 2012, p. 545) e "relação generalizável, ordem, coordenação, ou, mais simplesmente, universalidade" (Abbagnano, 2012, p. 544).

Avançaremos agora para o significado da expressão "o aspecto instrumental do pragmatismo". Restringimo-nos a uma breve síntese dos significados dos termos pragmatismo, instrumento e instrumentalismo. Destacamos que o pragmatismo, como doutrina filosófica, se desenvolveu a partir do final do século XIX, sob a égide de um conjunto variado de autores, daí a relevância da observação feita por Tiballi (2005, p. 88), isto é, de que não é possível

> Pensar o pragmatismo como um sistema homogêneo de ideias. Se os pragmatistas trataram de temas comuns – como o combate às filosofias especulativas; a abordagem da realidade do ponto de vista pensamento, ou seja, do sujeito; a superação da filosofia contemplativa pela racionalidade científica e a formulação de uma nova concepção de verdade – esses temas foram abordados de maneira bastante diferenciada por seus propositores.

Ao introduzirem o texto que tratará da concepção pragmatista Antiseri e Reale (2018, p. 301) dizem o seguinte: "O pragmatismo é a forma que o empirismo tradicional assumiu além do oceano", referenciando seu lócus de desenvolvimento, o Norte da América, e sua vinculação com o experimento[7] como critério para a verdade. Nesse sentido, Dewey destacará a continuidade entre conhecimento comum e conhecimento científico,

---

[7] Conceito que em John Dewey (1859-1952) será ampliado para experiência. Ao leitor interessado sugerimos o texto de Tiballi (2005).

um como elaboração do outro. No processo de elaboração, o pesquisador deve ter como propósito "consequências práticas; validez das proposições e resolução de problemas" (Tiballi, 2005, p. 99). A referência à prática parte da defesa de que o pensamento deve se ocupar de resolver problemas reais,

> [...] a inteligência, portanto, é constitucionalmente operativa. A razão não é meramente contemplativa, é uma força ativa chamada para transformar o mundo, em conformidade com finalidades humanas (Antiseri; Reale, 2018, p. 321).

Dessa maneira, a razão torna-se um instrumento para se chegar a um fim. A este aspecto do pragmatismo – considerar a razão como ferramenta (instrumento) para se obter um determinado fim – é que Horkheimer denomina "aspecto instrumental do pragmatismo". Para maior clareza de sentido destes termos, vejamos a conceituação de Abbagnano (2012, p. 655) para o verbete instrumento, no contexto do pragmatismo:

> Dewey estendeu os sentidos dessa palavra, designando com ela todos os meios capazes de obter um resultado em qualquer campo da atividade humana, prático ou teórico. Dewey diz: "Como termo geral, instrumental significa a relação meios-resultados como categoria fundamental para a interpretação das formas lógicas, enquanto operacional exprime as condições graças às quais a matéria: 1º se torna apta a servir como meio 2º efetivamente funciona como meio para a transformação objetiva, que é o objetivo da indagação.

Essa explicação bem como os argumentos precedentes levam-nos a inferir que as doutrinas filosóficas do positivismo e do pragmatismo contribuíram para o desenvolvimento da cultura industrial contemporânea. Subjacente a esses conceitos, a cultura[8] sofreu alterações, sendo uma mudança importante a substituição da Filosofia pela Ciência. A busca pela

---

[8] Os autores vinculados à Teoria Crítica frankfurtiana compreendem o termo cultura na perspectiva freudiana, que é a concepção adotada no presente texto: "A civilização humana, expressão pela qual quero significar tudo aquilo em que a vida humana se elevou acima de sua condição animal e difere da vida dos animais – e desprezo ter que distinguir entre cultura e civilização –, apresenta, como sabemos, dois aspectos ao observador. Por um lado, inclui todo o conhecimento e capacidade que o homem adquiriu com o fim de controlar as forças da natureza e extrair a riqueza desta para a satisfação das necessidades humanas; por outro, inclui todos os regulamentos necessários para ajustar as relações dos homens uns com os outros e, especialmente, a distribuição da riqueza disponível" (Freud, 1996, p. 15).

verdade[9] (metafísica) foi substituída pela verdade que se obtém pela técnica, isso exige uma outra forma de racionalidade, que se encontra em sintonia com o formalismo e instrumentalismo. "É como se o próprio pensamento tivesse sido reduzido ao nível dos processos industriais, transformando em parte e parcela da produção" (Horkheimer, 2015, p. 29). O pensamento, na categoria de instrumento, não se ocupa da verdade, pois essa se tornou uma categoria relativa. O argumento verdadeiro é o que satisfaz as operações lógicas, dizer "se chove então molha a rua" ou "se a Terra é plana então o homem voa" tem a mesma eficácia, pois ambas as proposições são verdadeiras, estão em conformidade com a lógica. O argumento verdadeiro é o que tem valor de utilidade, como destaca Abbagnano (2012, p. 1186) a seguir:

> [...] verdadeiro em geral significa apenas o que é apropriado para conservação da humanidade. O que me faz perecer quando lhe dou fé não é verdadeiro para mim: é uma relação arbitrária e ilegítima do meu ser com as coisas externas.

A verdade como veracidade das premissas lógicas ou como algo útil à vida prática do humano é fruto do domínio da razão subjetiva sobre a objetiva, a qual é objeto de discussão ao longo deste texto, vem sendo responsável em grande medida pela cisão entre sujeito e objeto, universal e particular, teoria e práxis, segundo a visão dos frankfurtianos Adorno e Horkheimer (1985). Tal sobreposição, no entanto, faz parte do processo de dominação[10] subjacente às ações humanas, em especial às alterações nos meios de produção. Em momentos históricos anteriores, a racionalidade se colocava de outra forma. Segundo Horkheimer (2015, p. 43):

> Quando as grandes concepções religiosas e filosóficas estavam vivas, as pessoas pensantes não exaltavam a humildade e o amor fraternal, a justiça e a humanidade, porque era

---

[9] Neste texto usaremos verdade no sentido metafísico, que é destacado por Horkheimer quando este trata do princípio da maioria, em nosso texto de referência. O que o autor esclarece é que os grandes pensadores da democracia tinham por subjacente o fato que a vontade da maioria só é viável no "pressuposto de que a mesma substância espiritual ou consciência moral está presente em cada ser humano" (Horkheimer, 2015, p. 35). Sendo que esta consciência não se origina da prática, da necessidade do resultado, mas "das grandes concepções religiosas e filosóficas" (Idem, p. 35).

[10] O sentido de dominação neste texto é o mesmo tomado como referência pelos frankfurtianos de Weber (2012, p. 33), que é o seguinte: "Dominação é a probabilidade de encontrar obediência a uma ordem de determinado conteúdo, entre determinadas pessoas indicáveis [...] a situação de dominação está ligada à presença efetiva de 'alguém' mandando eficazmente em outros, mas não necessariamente à existência de um quadro administrativo nem à de uma associação; porém certamente – pelo menos em todos os casos normais – à existência de 'um' dos dois".

realista manter tais princípios e estranho e perigoso desviar-se deles ou porque essas máximas estavam, mais que outras, em harmonia com seus gostos supostamente livres. Elas defendiam essas ideias porque viam nelas elementos de verdade, porque as relacionavam com a ideia de *logos*, seja na forma de Deus ou da mente transcendental, seja mesmo na forma da natureza como um princípio eterno. Não apenas as finalidades mais elevadas eram pensadas como tendo um sentido objetivo, uma significância inerente, como mesmo as mais humildes atividades e caprichos dependiam de uma crença na sua desejabilidade geral, no valor inerente de seus objetos.

Para essa racionalidade descrita pelo autor faz diferença se a teoria que o físico desenvolve irá subsidiar uma arma de destruição em massa ou não. Entretanto, para a razão instrumental, o que importa é a eficiência da teoria. Os fins não são certos ou errados em si mesmos. Esta racionalidade influencia o pensamento educacional brasileiro na contemporaneidade. Na próxima seção traremos algumas reflexões sobre esta temática.

2 Impactos da razão instrumental na educação escolar brasileira

Os docentes que trabalham com a Educação Básica[11] têm constante contato com as famílias dos estudantes nas reuniões escolares e na vida cotidiana das instituições. Nos diálogos com os responsáveis e com os estudantes, por vezes, surgem as questões de por que frequentar a instituição escolar ou qual o motivo de se ter de frequentá-la. As respostas a essas indagações, com frequência, são: "para melhorar de vida"; "para ter um melhor emprego"; "para ter melhores oportunidades na vida"; "para ingressar em um 'bom' curso universitário" e frases semelhantes. Essas respostas trazem de forma implícita o pensamento subjacente aos processos de formação escolar como meios para se atingir um fim, como instrumentos para se obter um resultado prático. Talvez por isso os professores de matemática, quando apresentam ideias abstratas, ouçam tantas vezes a seguinte indagação: "onde eu vou usar isso na minha vida?" O 'isso' se refere ao conhecimento que está sendo apresentado, que, por ser abstrato, não tem sentido prático e, portanto, para o estudante não

---

[11] No contexto brasileiro, a partir da Lei de Diretrizes e Bases da Educação Nacional – LDB n. 9394 (1996), a Educação Básica corresponde às três primeiras etapas do ensino, que consiste na Educação Infantil, no Ensino Fundamental e no Ensino Médio (Brasil, 1996).

tem sentido algum. Horkheimer (2015, p. 61) desvela esta realidade nos seguintes termos:

> A fim de provar seu direito de ser concebido, cada pensamento deve ter um álibi, deve apresentar um registro de sua conveniência. Mesmo se seu uso direto for "teórico", ele é, em última instância, colocado em teste por meio da aplicação prática da teoria na qual funciona. O pensamento deve ser mensurado por algo que não é pensamento, por seu efeito na produção ou seu impacto na conduta social, da mesma forma que hoje a arte está sendo, em última instância, mensurada em cada detalhe por algo que não é arte, pela bilheteria ou pelo seu valor publicitário.

Se o pensamento só deve ser pensado à medida que atende à demanda da produção, então, passam a ser exigidos das instituições escolares currículos e ações que atendam ao mercado de trabalho[12]. Claramente é percebida a influência do mundo empresarial nos documentos que norteiam a educação, na forma generalizada em que termos deste campo estão presentes nos documentos oficiais e nos discursos relacionados aos projetos para uma educação de "qualidade". Refletindo sobre a transposição dos termos oriundos da economia para a educação, Frigotto (1999, p. 55) destaca o seguinte:

> No plano da ordem econômica, os conceitos ou categorias pontes são: flexibilidade, participação, trabalho em equipe, competência, competitividade e qualidade total. No plano da formação humana são: pedagogia da qualidade, multi-habilitação, policognição, polivalência e formação abstrata. Nesta perspectiva configura-se uma crescente unanimidade do discurso da "modernidade" em defesa da escola básica de qualidade.

Indubitavelmente, a escola é um campo de disputa entre os vários atores sociais. O que o autor nos revela nesse fragmento é a presença do discurso empresarial, amalgamado aos discursos educacionais, como se parte desses últimos ele fosse. Essa polissemia de discursos no ideário educacional confunde, mas também convence. Convence, pois qual o docente ou discente se manifestaria contrário a uma escola de qualidade? Porém, a perversidade está no ocultamento do discurso hegemônico, ao

---

[12] Neste contexto usamos mercado de trabalho por entendermos que, de fato, é a este que a razão instrumental quer atender e não ao "mundo do trabalho" (Nota dos pesquisadores).

não explicitar de qual qualidade se está falando. Claro que a qualidade se refere aos interesses de quem detém os meios de produção e que deseja apropriar-se dos recursos oriundos dos fundos públicos destinados à educação. As disputas são intensas e, de modo geral, são vencidas quando uma parte é convencida pela outra ou quando uma se impõe à outra pela força. Por isso, os aparelhos ideológicos de convencimentos assumem papel preponderante nas disputas sociais. E no jogo do convencimento a razão instrumental ocupa papel central. O conhecimento reduzido a instrumento, inserido na lógica da produção, anula a capacidade crítica e conduz os sujeitos à aceitação do mundo como pronto e acabado. E no espaço escolar aceita-se a dualidade "[...] escola disciplinadora e adestradora[13] para os filhos dos trabalhadores e escola formativa para os filhos das classes dirigentes" (Frigotto, 1999, p. 34).

Nesse sentido, a razão instrumental influencia sobremaneira a formação do estudante e, em última análise, o que ele deseja para a sua formação. Porém não apenas isso, porque essa racionalidade, que é regida hoje pela ideologia neoliberal[14], visa, sobretudo, à firmeza para competir e se entregar ao mundo do trabalho.

> No mundo neoliberal, a finalidade educativa da escola é vista como uma "oportunidade" que aluno tem para "competir" – independentemente das suas condições de vida. Ele deve ser "resiliente" na adversidade, pois daí advém o mérito. (Freitas, 2018, p. 114).

Não obstante, engana-se quem imagina que somente o aluno sofre as consequências nefastas da ideologia neoliberal, pois a demanda pela formação pragmática também terá grande impacto sobre a docência. Diante das finalidades desejadas, o docente é quem capacita o estudante para que este obtenha o seu objetivo, logo o "professor se converte lenta, mas inexoravelmente, em vendedor de conhecimentos" (Adorno, 1995, p. 105). O conhecimento e até mesmo o intelecto são produtos a serem adquiridos pelo estudante com vistas à obtenção de seus propósitos. Ao docente cabe formatar ou seguir a formatação proposta pelos produtores

---

[13] Não devemos tomar o termo "escola adestradora" como sinônimo da pedagogia tradicional. O termo se refere às propostas educacionais que têm por finalidade manter a classe trabalhadora no extrato social que esta se encontra. É a escola que "formata" para atender às demandas do mercado de trabalho.

[14] "É importante não esquecermos que o neoliberalismo é uma junção entre liberalismo econômico e autoritarismo social. Esta combinação define também uma 'abordagem para a escola' [...] Isso aplicado à educação gera uma mensagem bem clara para os estudantes e os pais: tolerância zero com a disciplina e com afazeres de casa. Leia-se: mais autoritarismo na escola e, portanto, mais segregação" (Freitas, 2018, p. 116-117).

de conteúdo, que consiste no que será ensinado, de modo que o estudante possa se apropriar dos conhecimentos necessários, reconhecidos como prontos e acabados, só para serem consumidos, arquivados na memória.

Entendemos que um exemplo de reducionismo do ofício do(a) professor(a) a uma atitude instrumental são as "dez competências gerais" (Brasil, 2017, p. 18) propostas pela Base Nacional Comum Curricular (BNCC). Contrariando esta lógica, no entanto, encontramos, a partir de Rios (2010), uma outra concepção de competência, a qual está intrinsecamente ligada à noção de qualidade e, por isso, reveste-se de quatro dimensões imprescindíveis e inter-relacionadas com o exercício da docência qualitativamente reconhecido, são elas: as dimensões técnica, política, ética e estética. Embora seja uma longa passagem, acreditamos ser pertinente transcrevê-la na íntegra visando ao real entendimento do alcance dessas dimensões no trabalho docente.

> [...] a docência da melhor qualidade, que temos de buscar continuamente, se afirmará na explicitação dessa qualidade o quê, por quê, para quê, para quem. Essa explicitação se dará em cada dimensão da docência: na dimensão técnica, que diz respeito à capacidade de lidar com os conteúdos – conceitos, comportamentos e atitudes – e à habilidade de construí-los e reconstruí-los com os alunos; na dimensão estética, que diz respeito à presença da sensibilidade e sua orientação numa perspectiva criadora; na dimensão política, que diz respeito à participação na construção coletiva da sociedade e ao exercício de direitos e deveres; na dimensão ética que diz respeito à orientação da ação, fundada no princípio do respeito e da solidariedade, na direção da realização de um bem coletivo (Rios, 2010, p. 108).

Tendo-se em conta tal compreensão, temos que reconhecer que, ao lançarmos nosso olhar para a BNCC, essas dimensões do trabalho docente ficam à deriva, permanecendo tão somente o caráter de "meta" que as competências nelas contidas assumem, impondo ao professor(a) a organização de sua prática para atingir tais objetivos, o que, ao nosso ver, instrumentaliza aquilo que deveria ser uma prática social denominada de educação. Porém, mesmo na condição de meta, o conjunto de competências é carente de clareza, pois são de uma generalidade que remete à necessidade do "humano flexível", que se adapta facilmente às mudanças do mercado de trabalho. Logo, a educação escolar é convocada a contribuir na adaptação das novas gerações às demandas do mercado, o que novamente reduz o ofício docente ao instrumentalismo.

Mas, como já afirmamos, a educação é um campo de disputas. Em sendo assim, não há apenas uma proposta para formação no interior das instituições escolares. Em oposição à escola administrada pela lógica da razão subjetiva, Coelho (2009, p. 189) preconiza uma escola sob a égide da razão objetiva:

> Educar, formar, é trabalhar no sentido da iniciação crítica ao universo da cultura, da humanização do homem, enfim, para que o educando se reconheça e se afirme como humano na relação com o outro, agindo como ser humano. Mais do que com as coisas, os objetos, as competências, o saber fazer, o pseudomercado, a produção, o consumo, o sucesso, o êxito dos indivíduos e dos grupos, a educação deve se preocupar com tudo o que se refere à existência humana, coletiva e pessoal e, portanto, para ela se voltar. E, então, ela não será vista como privilégio, necessidade, gasto, consumo, enfim, como algo que se refere a interesses, ao que às vezes se imagina que deveria ser exclusivo de alguns indivíduos, classes sociais e nações, mas como um direito, inerente ao sentido mesmo da existência humana e, portanto, de todos, da sociedade, da humanidade, e não privilégio ou propriedade de alguns.

Presumimos serem os objetivos apresentados por Coelho (2009) o anseio de todos que reconhecem a educação como prática social humanizadora. Ao desvelar a razão que predomina sobre o mundo administrado, Horkheimer (2015) contribui para a reflexão crítica que nos possibilita tensionar e resistir a concepção de escola que adere à racionalidade instrumentalizada.

Considerações finais

O texto "Meios e fins", presente na obra *Eclipse da razão* (2015), ao realizar a crítica aos sistemas filosóficos empiristas e objetivistas, procura revelar as mudanças que ocorreram na racionalidade a partir do século XIX. Mudanças que impactaram sobremaneira os métodos de abordagem das pesquisas em Ciências Humanas, em especial a capacidade de fruição do humano, a estética, as linguagens, a concepção de democracia e, em última análise, o conceito de verdade. Como o próprio autor afirma: "O núcleo desta filosofia é a opinião de que uma ideia [...] nada mais é que um plano de ação e, portanto, a verdade nada mais é que o sucesso da ideia" (Horkheimer, 2015, p. 51). Os meios devem ser manejados para um fim prático, que se encerra em si mesmo e, quando o objetivo é alcançado, chegou-se à verdade. Nesta racionalidade as ações não estão vinculadas à totalidade, o que virá depois, as consequências, que podem ser desastrosas, não são levadas em consideração, o que importa é a eficiência, bem como a eficácia.

Ao tencionar a racionalidade contemporânea e procurar desvelar as contradições presentes neste objeto, Horkheimer (2015) subsidia nossas reflexões, principalmente, no que concerne ao pensamento educacional brasileiro, permitindo-nos questionar o modelo hegemônico, que se posiciona como única possibilidade para uma educação de boa qualidade. Superar o modelo hegemônico implica aceitarmos a convocação do autor:

> [...] a filosofia deve hoje encarar a questão sobre se o pensamento pode permanecer senhor de si mesmo nesse dilema, e assim preparar a sua solução teórica, ou se ele deve contentar-se ao papel de metodologia vazia (Horkheimer, 2015, p. 68).

Somos convocados para o trabalho, por conseguinte, isso significa não se curvar à conformação, mas atrelar-se à resistência. De acordo com Adorno (1995, p. 154), "[...] hoje o indivíduo só sobrevive enquanto núcleo impulsionador da resistência".

Referências

ABBAGNANO, Nicola. **Dicionário de filosofia**. Trad. Wolfgang Leo Maar. 6. ed. São Paulo: Martins Fontes, 2012.

ADORNO, Theodor W. **Educação e emancipação**. Trad. Wolfgang Leo Maar. 6. ed. Rio de Janeiro: Paz e Terra, 1995.

ADORNO, Theodor W.; HORKHEIMER, Max. **Dialética do esclarecimento**: fragmentos filosóficos. Trad. Guido Antonio de Almeida. Rio de Janeiro: Jorge Zahar, 1985.

ANTISERI, Dario; REALE, Giovane. **Filosofia, idade contemporânea**. 2. ed. v. III. São Paulo: Paulus, 2018.

BRASIL. **Lei de Diretrizes e Bases da Educação Nacional** – LDB n. 9394/1996. Estabelece as diretrizes e bases da educação nacional brasileira, 1996.

BRASIL. Ministério da Educação. **Base Nacional Curricular Comum**. Brasília: Ministério da Educação, 2017. Disponível em: https://observatoriodoensinomedio.ufpr.br/wp-content/uploads/2017/04/BNCC-Documento-Final.pdf. Acesso em: 18 mar. 2023.

BRASIL. Ministério de Minas e Energia. **Premissas econômicas e demográficas Estudos do Plano Decenal de Expansão de Energia 2030**. Rio de Janeiro: Ministério de Minas e Energia, 2020. Disponível em: https://www.gov.br/mme/pt-br/assuntos/secretarias/spe/publicacoes/plano-decenal-de-expansao-de-energia/pde-2030/cadernos/02-caderno-de-premissas-economicas-e-demograficas.pdf. Acesso em: 18 mar. 2023.

CAMBI, Franco. **História da pedagogia**. Trad. Álvaro Rorencini. São Paulo: Fundação Editora da Unesp, 1999.

COÊLHO, Ildeu Moreira. (org.). Cultura, educação e escola. *In*: COÊLHO, Ildeu Moreira. **Educação, cultura e formação**: o olhar da filosofia. Goiânia: PUC Goiás, 2009. p. 181-201.

FERREIRA, Aurélio Buarque de Holanda. **Novo dicionário Aurélio da língua portuguesa**. Coord. Marina Baird Ferreira e Margarida dos Anjos. 4. ed. Curitiba: Positivo, 2009.

FREUD, Sigmund. **O futuro de uma ilusão, O mal-estar na civilização e outros trabalhos (1927 - 1931).** Trad. Jayme Salomão. Rio de Janeiro: Imago, 1996. (Coleção Obras Psicológicas Completas de Sigmund Freud; v. XXI).]

FREUD, Sigmund. **Obras psicológicas completas de Sigmund Freud**. Trad. Jayme Salomão. Comentários e notas James Strachey. Col. Anna Freud. Rio de Janeiro: Imago, 1996.

FREITAS, Luiz Carlos de. **A reforma empresarial da educação**: nova direita, velhas ideias. São Paulo: expressão Popular, 2018.

FRIGOTTO, Gaudêncio. **Educação e a crise do capitalismo real**. 3. ed. São Paulo: Cortez, 1999.

HORKHEIMER, Max. **Eclipse da razão**. Trad. Carlos Henrique Pissardo. São Paulo: Unesp, 2015.

JAY, Martin. **A imaginação dialética:** história da Escola de Frankfurt e do Instituto de Pesquisas Sociais (1923-1950). Trad. Vera Ribeiro. rev. da trad. César Benjamin. Rio de Janeiro: Contraponto, 2008.

LAPLANCHE, Jean; PONTALIS, Jean-Bertrand. **Vocabulário da psicanálise.** Trad. Pedro Tamen. 4. ed. São Paulo: Martins Fontes, 2001.

LOWY, Michael. **Ideologias e ciências sociais:** elementos para uma análise marxista. 7. ed. São Paulo: Cortez, 1991.

NERI, Marcelo. **Mapa da nova pobreza.** Rio de Janeiro, 2022. Disponível em: https://www.cps.fgv.br/cps/bd/docs/Texto-MapaNovaPobreza_Marcelo_Neri_FGV_Social.pdf. Acesso em: 20 mar. 2023.

ORGANIZAÇÃO PAN-AMERICANA DA SAÚDE. Folha informativa sobre COVID-19. Disponível em: palro.org/pt/covid19. Acesso em: 1 maio 2023.

NOBRE, Marcos. **A teoria crítica.** 3 reimp. Rio de Janeiro: Zahar, 2004.

RIOS, Terezinha Azeredo. Dimensões da competência. *In*: RIOS, Terezinha Azeredo. **Compreender e ensinar:** por uma docência de melhor qualidade. 8. ed. São Paulo: Cortez, 2010. p. 63-92.

TIBALLI, Elianda F. A. Sobre a concepção pragmatista de experiência. *In*: TIBALLI, Elianda F. A.; NEPOMUCENO, Maria de Araújo (org.). **Pensamento educacional brasileiro.** p. 81–112. Goiânia: UCG, 2005.

WEBER, Max. **Economia e sociedade:** fundamentos da sociologia compreensiva. Trad. Regis Barbosa e Karen Elsabe Barbosa. rev. téc. Gabriel Cohn. 4. Ed. Brasília: UNB, v. 1, 2012.

DESIGUALDADE SOCIAL E DESIGUALDADE EDUCATIVA NA PERSPECTIVA NEOLIBERAL

Édar Jessie Dias Mendes da Silva
Maria Esperança Fernandes Carneiro

Introdução

O interesse pelo tema Desigualdade Social e Desigualdade Educativa na Perspectiva Neoliberal, emergiu das discussões e reflexões durante as aulas da disciplina Pensamento Educacional: estudos históricos, políticos, sociais e culturais do doutorado em Educação da Pontifícia Universidade Católica de Goiás (PUCGO) no segundo semestre de 2022.

A desigualdade educativa é uma expressão da desigualdade social? Esse foi o questionamento gerador de inquietude que norteou a elaboração desse estudo. Para dar conta dessa construção textual foi utilizada uma pesquisa bibliográfica a partir de análise de referenciais teóricos adotados em sua maioria pela disciplina, releitura das anotações realizadas em sala de aula (Severino, 2013).

Desigualdade é sempre desigualdade. São resultados das práticas humanas instituídas em um ponto de vista das relações sociais. Mas, pensar a partir dessa lógica, desigualdade é algo natural, da própria natureza humana. No entanto é preciso ir além, é preciso refletir a existência da desigualdade e seus desdobramentos, expressões, principalmente que caracterizam a relação de produção no sistema capitalista.

Ao progredir, o homem, segundo Rousseau (2003), se apropria da propriedade, assim, a propriedade privada passa a ter um único dono, ou poucos donos é sinônimo de desigualdade social. A separação do homem dos seus meios de produção estabelece um hiato entre a relação do homem com a natureza, o trabalho passa a ser uma categoria mediada pelos donos do meio de produção e os que vendem sua força de trabalho.

Nesse contexto, do homem e dos seus meios de produção na sociedade capitalista, segundo Marx e Engels (2005), temos a efetivação de duas classes sociais: a burguesia e o proletariado.

Para essa sociedade moderna, novas relações se consolidam e as instituições (Estado, escola, família, fábricas, organizações) se reestruturam para propiciar o modo de vida inerente à produção capitalista. Nessa concepção a educação ganha relevância como forma de contribuir com a sociabilidade, qualificação, formação, especialização do trabalho. Os aspectos econômicos ganham centralidade, o capital é o valor que se expande para mais valor e isso só é possível na apropriação da força do trabalho do homem, em especial, do trabalho assalariado. Por sua vez, o trabalho assalariado, não oportunizou o acesso às necessidades de moradia, de alimentação, de saúde, de vestuário, de cultura, de transporte. Esses recursos sociais passaram a ser necessários ao homem moderno e requisitados como bens sociais os quais, o capital se isenta de ofertar e incube ao Estado essas condicionalidades.

As diferentes abordagens sobre a educação a inserem como espaço de reprodução das relações capitalistas e/ou como espaço de mediação da emancipação da classe trabalhadora. Meszáros (2008), especifica que ela pode ser tanto o local da reprodução da relação social do capital, quanto de mediação para a emancipação da classe trabalhadora.

A crise do capital, nos anos 1970, intensificou estratégias da continuidade do acúmulo do capital e a educação passa a ser uma das instituições na reformulação dessa ordem social, o homem capacitado, diplomado, qualificado, pelos seus méritos e aproveitamento das oportunidades, tem potencial de empregabilidade, principalmente, com as mutações sofridas no mundo do trabalho (Antunes, 2000).

Na contemporaneidade acesso à educação é um direito social, assim, a educação pública e gratuita é requisitada como pertencimento social, mas, o acesso à educação, não reduz as desigualdades educativas, essas no dizer de Bourdieu (2007) são impregnadas de outros elementos, entre eles o capital cultural. Então o que dizer da desigualdade social e desigualdade educativa nesse turbilhão de desproteções e desconstruções sociais do ideário neoliberal?

Questionamentos e inquietudes, movimentam esse estudo e assim propomos uma reflexão-teórica para ampliar conhecimentos e aumentar a compreensão sobre as desigualdades sociais e educacionais em um contexto neoliberal entendendo que a educação ao longo do sistema capitalista assumiu diferentes expressões, mas, foi somente a partir da lógica neoliberal que passou a ser mercadoria.

1 Desigualdade social e desigualdade educativa: Reflexão teórica-analítica

Os teóricos Émile Durkheim, Max Weber e Karl Marx, a seu tempo, retrataram a sociedade moderna e seus determinantes na construção dessa nova sociedade e desse novo homem, pós-feudal. Em suas abordagens os aspectos da desigualdade estão presentes na sociedade, ou como forma de divisão do trabalho, ou pela diferenciação estamental, e/ou como antagonismo de classes.

Em Durkheim os indivíduos da sociedade moderna estão inseridos em uma sociedade perpassada por uma divisão do trabalho, cada vez mais especializada que requer destes assumirem como suas as necessidades advindas dessa divisão. A necessidade gerada no homem para corresponder a essa divisão do trabalho obriga-o a "procurar, como acréscimo de reparações, esses bens da civilização que, de outro modo, não teriam interesse para ele" (Durkheim, 1999, p. 21). Sendo, portanto, esses bens, as necessidades da sua vida prática para a sua ocupação no trabalho, visto que o progresso das especializações na divisão do trabalho contribui na formação da personalidade individual desse novo homem nesse contexto. Assim, as desigualdades são pertinentes do processo civilizatório, são condições a serem superadas pelos indivíduos como um processo de ajustar-se a esse novo construto social, ser funcional para a harmonia e formação de uma solidariedade social.

> Somos levados, assim, a considerar a divisão do trabalho sob um novo aspecto. Nesse caso, de fato, os serviços econômicos que ela pode prestar são pouca coisa em comparação com o efeito moral que ela produz, e sua verdadeira função é criar entre duas ou várias pessoas um sentimento de solidariedade (Durkheim, 1999, p. 21).

Weber (1999) reconhece que a razão de ser dos indivíduos modernos estão para além dos aspectos econômicos. Esclarece que o indivíduo moderno necessita de reconhecimento, ser aceito, necessitando de investimentos outros que lhe proporcione status e privilégios e que o permita transitar no meio social, um "monopólio de especificidades", conceituado de estamentos, "segundo os princípios de seu consumo de bens, que se manifestam em 'conduções da vida' específica... uma categoria profissional é um 'estamento', isto é, costuma pretender, com êxito, certa 'honra' social eventualmente condicionada pela profissão".

> O privilégio de usar determinados trajes, de comer determinados alimentos proibidos aos outros por um tabu, o privilégio de usar armas (que tem consequências bastante sensíveis), o direito de praticar determinadas artes, não como profissional, mas como diletante (por exemplo, de tocar determinados instrumentos musicais) - existem monopólios materiais de todas as espécies. Precisamente estes contribuem, por sua natureza, com os motivos mais eficazes para a exclusividade estamental, ainda que raramente sejam sua fonte única (Weber, 1999, p. 183).

Karl Marx (2005) situa que na relação de produção capitalista existe um antagonismo entre a classe burguesa e a classe trabalhadora, visto que "a sociedade burguesa moderna, não aboliu os antagonismos de classe" de acordo com (Marx, 2005, p. 40), da mesma forma,

> [...] a relação capitalista pressupõe a separação entre os trabalhadores e a propriedade das condições da realização do trabalho. Tão logo a produção capitalista esteja de pé, ela não apenas conserva essa separação, mas a reproduz em escala cada vez maior (Marx, 2011, p. 515).

O trabalhador produz a riqueza, mas, não tem acesso a ela.

> Mas a moderna propriedade privada burguesa é a expressão última e mais consumada da geração e apropriação dos produtos que repousam em oposições de classes, na exploração de umas pelas outras (Marx; Engels, 2005, p. 43).

Na realidade, o trabalhador pertence ao capital ainda antes de vender-se ao capitalista, pois, desapropriado das condições de trabalho, só consegue assegurar sua sobrevivência por meio da venda da sua força de trabalho o que o condiciona a manter

> [...] sua servidão econômica, mediada e escondida pela renovação periódica de sua venda de si mesmo, pela mudança de seus patrões individuais e pela oscilação do preço de mercado do trabalho o processo capitalista de produção[...] reproduz a própria relação capitalista (Marx, 2011, p. 430).

A partir de Durkheim, Weber e Karl Marx podemos considerar que o contexto pós-feudal, o mundo moderno, inquiriu ao indivíduo a compreensão e a construção de uma sociedade embasada em um modelo de produção em que o homem agora livre para vender a sua força de trabalho e em condições de igualdade tende a constituir a solidária e os esforços são para a estruturação dessa uma nova ordem. Mas, também esse homem livre e igual é constituído de um hiato entre as necessidades humanas de sobrevivência e as necessidades requeridas dessa nova lógica, de produção, o que determinará o lugar dos indivíduos na sociedade, entre aqueles que são os donos dos meios de produção e aqueles que são os proletariados, os que são os dominados e os que são os dominantes.

"Mas, para viver, é necessário antes de mais beber, comer, ter um teto onde se abrigar, vestir-se, etc. O primeiro fato histórico é, pois, a produção dos meios que permitem satisfazer as necessidades, a produção da própria vida material" (Marx; Engels, 1998, p. 2) e na sociedade burguesa, diferentemente das outras sociedades, as desigualdades, as privações decorrem de uma escassez produzida socialmente, de uma escassez que resulta necessariamente da contradição entre as forças produtivas (Netto, 2006), que infere na produção da própria vida material. Desprovidos dos meios de trabalho, o proletário, por meio do trabalho assalariado, obtém com o seu trabalho o estritamente necessário para a mera conservação e reprodução de sua vida, não nutre de fato suas necessidades.

> Mas, o trabalho do proletário, o trabalho assalariado cria propriedade para o proletário? De nenhum modo. Cria o capital, isto é, a propriedade que explora o trabalho assalariado e que só pode aumentar sob a condição de produzir novo trabalho assalariado, a fim de explorá-lo novamente (Marx; Engels, 2005, p. 44).

Vê-se acentuada na sociedade moderna as desigualdades sociais, econômicas, desemprego, fome, doenças, desproteção e desamparo, que são definidas por Netto (2012), como manifestações da questão social, advindas e fortalecidas na relação social de produção capitalista.

> Passam a ser vistas como o desdobramento, na sociedade moderna (leia-se: burguesa), de características inelimináveis de toda e qualquer ordem social, que podem, no máximo, ser objeto de uma intervenção política limitada (preferentemente com suporte "científico"), capaz de amenizá-las e reduzi-las através de um ideário reformista (aqui, o exemplo mais típico é oferecido por Durkheim e sua "escola" sociológica) (Netto, 2012 p. 204).

A questão social concebe possibilidades de análise das contradições existentes na sociedade no modelo capitalista de produção. "A questão social deixa de ser apenas contradição entre abençoados e desabençoados pela fortuna, pobres e ricos ou entre dominantes e dominados, para constituir-se essencialmente, na contradição antagônica entre burguesia e proletário" (Iamamoto, 2006, p. 126).

> [...] a questão social é um conjunto das expressões das desigualdades da sociedade capitalista madura, que tem uma raiz comum: a produção é cada vez mais coletiva, o trabalho torna-se mais amplamente social enquanto a apropriação de seus frutos mante-se privada, monopolizada por uma parte da sociedade (Iamamoto, 2015, p. 27).

A desigualdade manifestada pelas expressões da questão social é posta sempre na história e suas contradições. "Essa coexistência de temporalidades históricas desiguais faz com que apresente, hoje, tanto marcas do passado quanto do presente, radicalizando-a" (Iamamoto, 2015, p. 37), pois, os projetos hegemônicos estarão presentes em uma relação de poder entre aqueles que dominam e aqueles que são os dominados. A sociedade sempre está envolta na questão social sendo que novas expressões estarão presentes e/ou revestidas por uma nova roupagem, em que as relações entre capital e trabalho sempre se confrontam.

A produção da vida, tanto a própria através do trabalho como a alheia através da procriação, surge-nos agora como uma relação dupla: por um lado como uma relação natural e, por outro, como uma relação social (Marx; Engels, 2005, p. 15). A relação social é constituída e constitui-se da produção e reprodução de elementos que estabelecem entre os indivíduos uma sociabilidade. No caso do sistema capitalista essa sociabilidade é um processo que cria e reproduz os seus antagonismos (Iamamoto; Carvalho, 2006, p. 66), mas, que submete os interesses privados do capital como proposta coletiva de interesse coletivo, "que tem como função apresentar a desigualdade entre classes como normais, naturais, destituídas de conflitos contradições" (Iamamoto; Carvalho, 2006, p. 67).

Para essa nova ordem a educação ocupa um caráter social e tem relevância na relação com as demais instituições para a compreensão e estruturação da sociedade moderna. A educação influenciada por esse novo modelo social e econômico, da modernidade, se institui como espaço de formação para atender as necessidades do sistema que se constitui, agora não mais baseado no feudalismo, para além, busca fortalecimento do capital. E é ela, a educação, uma das mediações da formação e do acesso ao conhecimento moderno.

No dizer de Durkheim (1999, p. 17):

> Há, desde já, certo número de conhecimentos que todos devemos possuir. Ninguém é obrigada a se lançar no grande turbilhão industrial; ninguém é obrigado a ser artista; mas todo mundo, agora, é obrigado a não ser ignorante.

Nesse caso, a educação é a instituição que possibilitará a integração da ordem social.

Para Weber a educação passa a ser também um novo tipo de controle, a dominação burocrática:

> Atrás de todas as discussões atuais sobre os fundamentos do sistema educacional encontra-se, em algum ponto decisivo, sempre a luta, condicionada pelo avanço irrefreável da burocratização de todas as relações de dominação públicas e privadas e pela importância cada vez maior do conhecimento especial, entre o tipo do "homem especializado" e a antiga ideia do "homem culto" (Weber, 1999, p. 232).

Em Marx a educação como um direito que deve ser acessado pela classe trabalhadora, para a formação dessa classe sem influência da intervenção educacional da classe dominante. Ao requisitar a educação como lugar da formação, vê nesse espaço escolar o caminho para acabar com a exploração das crianças nas fábricas as quais são inseridas no trabalho infantil para aumentar o ganho da renda familiar e submetidos às formas precárias de infância já condicionados a exploração pelo capital.

> Censurai-nos de querer acabar com a exploração de crianças por seus próprios pais? Confessamos esse crime. Dizeis também que destruímos as relações mais intimas mais sublime das relações ao substituirmos a educação doméstica pela educação social. E a vossa educação não é também determinada pela sociedade? sob as quais educais vossos filhos, pela intervenção direta ou indireta da sociedade, por meio de escolas etc.? Os comunistas não inventaram a intervenção da sociedade na educação; procuram apenas transformar o tipo dessa intervenção, arrancando-a à influência da classe dominante (Marx; Engels, 2005, p. 42).

Nesse caso, a educação escolar é condição para que a classe trabalhadora modifique "a natureza humana geral de tal modo que ela alcance habilidade e destreza em determinado ramo de trabalho, tornando-se força de trabalho desenvolvida e específica" (Marx; Engels 1996, p. 289), e quanto mais qualificada aumenta a possibilidade de negociações em relação a sua força de trabalho.

A educação, nesse sentido, passa a ser requerida como um bem social, passou a ser objeto de necessidade da classe trabalhadora que nesse caso, incluem na sua luta o direito ao acesso à educação. A educação como direito da burguesia e da classe trabalhadora, institui-se como política social objeto público devendo ser ofertada pelo Estado.

> A inteira função de educação e formação das novas gerações torna-se, ao invés de privada, pública, pois somente assim pode ela envolver todas as gerações, sem divisões de grupos ou castas (Gramsci, 1982, p. 121).

Na relação capital trabalho, no ideário moderno, não há castas, a diferença de classes não é estranha no primeiro momento, é dada como natural da constituição do sistema capitalista, assim, o proletário se torna proletário e o capitalista se torna capitalista, apenas quando a classe trabalhadora se reconhece como classe, requisita para si direitos sociais, e a educação é uma dessas requisições. A educação enquanto direito social não pode ser restrito, cabe ao estado, torná-la pública, gratuita e universal. Dessa forma o não acesso à educação, e o não acesso aos seus direitos sociais, passa a ser uma expressão da questão social, que traz o embate entre as relações de forças, aquele que tem o capital e o que tem sua força de trabalho (Iamamoto, 2006).

O acesso à educação, como bem social, requerido, institui-se como fator de redução das desigualdades sociais, de inclusão das classes e de conhecimento, contribui na formação de uma consciência crítica impulsionando a formação e a transformação cultural, portanto, a falta do acesso à educação pública e gratuita ou condições de acesso sem qualidade favorece a desigualdade social.

A educação no modelo capitalista está centrada na reprodução das relações de produção social com antagonismos e contradições entre burguesia e proletariado. Tal sentido implica em uma relação política por demandar, de um lado, a ideologia dominante e, por outro, o espaço de formação da existência da própria classe trabalhadora em que pese sua defesa e consciência de classe para garantir seus direitos sociais (Severino, 2001).

Ao mesmo tempo em que a educação é primordial, também é tida como uma proposta de atividade como qualquer outra que consiste em trabalho, prática social e simbólica, pois ela se denomina como parte de um processo que propõe, em sua essência, formas de integração do indivíduo no cotidiano, ou seja, ao mesmo tempo em que é mediadora, também faz parte do processo técnico do trabalho (Severino, 2001).

A educação propicia uma construção de consciência crítica que proporciona a criticidade e compreensão da realidade, possibilitando a transformação do homem e da sociedade, esse homem afasta-se cada vez mais do senso comum e aproxima-se da realidade crítica. Mas, é preciso uma educação que pense no homem enquanto sujeito, que promova sua própria história

> Uma educação que procura desenvolver a tomada de consciência e a atitude crítica, graças à qual o homem escolhe e decide, liberta-o em lugar de submetê-lo, de domesticá-lo, de adaptá-lo, como faz com muita frequência a educação em vigor num grande número de países do mundo (Freire, 1979, p. 19).

De fato, o acesso à educação é um dos indicadores que contribui com a redução da desigualdade social, mas, não o único. E a própria permanência na escola e conclusão com êxito dos anos escolares, são permeados por situações que nem sempre estão ligadas a fatores socioeconômicos, perpassam por aspectos culturais, políticos, entre outros. Portanto a educação por si só não possui todos os elementos e as condições necessárias ao êxito dos indivíduos. Indivíduos diplomados não é sinal de empregabilidade, de mudança nas condições econômicas e na redução do domínio de uma classe sobre a outra, pois, a educação foi se instituindo no sistema capitalista para dar respostas às relações sociais estabelecidas entre capital e trabalho. Para uma educação além do capital é necessário romper com o sistema capitalista (Mészáros, 2008).

> Até meados do século XX, predominava nas Ciências Sociais e mesmo no senso-comum uma visão extremamente otimista, de inspiração funcionalista, que atribuía à escolarização um papel central no duplo processo de superação do atraso econômico, do autoritarismo e dos privilégios adscritos, associados às sociedades tradicionais, e de construção de uma nova sociedade, justa (meritocrática), moderna (centrada na razão e nos conhecimentos científicos) e democrática (fundamentada na autonomia individual). Supunha-se que por meio da escola pública e gratuita seria resolvido o problema do acesso à educação e, assim, garantida, em princípio, a igualdade de oportunidades entre todos os cidadãos. Os indivíduos competiriam dentro do sistema de ensino, em condições iguais, e aqueles que se destacassem por seus dons individuais seriam levados, por uma questão de justiça, a avançar em suas carreiras escolares e, posteriormente, a ocupar as posições superio-

res na hierarquia social. A escola seria, nessa perspectiva, uma instituição neutra, que difundiria um conhecimento racional e objetivo e que selecionaria seus alunos com base em critérios racionais (Nogueira; Nogueira, 2002, p. 2).

Essa visão de oferta educacional de mesmas oportunidades e êxito pelos méritos, constituíram na realidade a permanência e legitimidade dos privilégios sociais, "Bourdieu oferece-nos um novo modo de interpretação da escola e da educação que, pelo menos num primeiro momento, pareceu ser capaz de explicar tudo o que a perspectiva anterior não conseguia" (Nogueira; Nogueira, 2002, p. 2).

Bourdieu, ao mesmo tempo em que colocava novos questionamentos, "fornecia respostas originais, renovando o pensamento sociológico sobre as funções e o funcionamento social dos sistemas de ensino nas sociedades contemporânea" (Nogueira; Catani, 2007, p. 7).

No pensamento de Bourdieu, a cultura é um capital que infere nas condições de êxito nos aspectos educacionais. Não levar em consideração essa premissa é favorecer a conservação social e não possibilitar "os mecanismos objetivos que determina a eliminação contínua das crianças desfavorecidas" (Bourdieu, 2007, p. 41).

A partir de Bourdieu, compreende-se que o êxito escolar mensurado pelos diferentes mecanismos de avaliação que não insere na identificação do desempenho escolar e seu sucesso, os aspectos do capital cultural, mantém as explicações "fundadas em aptidões naturais e individuais" na Perspectiva (Bourdieu, 2007, p. 73), o mito do dom, criticado por Bourdieu.

As avaliações que definem os melhores cursos, as melhores escolas, os melhores alunos, também evidenciam os piores cursos, as piores escolas e os piores alunos, criam representações de sucesso e insucesso que incidem na busca frenética por parte das coordenações de unidades escolares em formas de saírem na frente.

A exemplo de uma escola na cidade de Aparecida de Goiânia que no ano de 2019 estabeleceu estratégias para a Avaliação Nacional do Rendimento Escolar (Anresc), levando os (as) alunos(as) assumirem o desejo pela vitória (assim entendida por eles), os quais seriam premiados por esse feito. Dessa maneira os próprios alunos e alunas competiam entre si, um duelo, na busca dos melhores resultados.

> Os alunos do ensino fundamental de Aparecida terão que fazer esse ano a Avaliação Nacional do Rendimento Escolar (Anresc), também conhecida como Prova Brasil. E com o objetivo de preparar os alunos para a prova... realizou, na manhã desta terça-feira, 08, um simulado digital com os estudantes que farão o exame. O simulado digital faz parte

> de uma série de ações que a escola promove, desde o início do ano letivo, para que as crianças se preparem para a aplicação das avaliações, que serão realizadas entre os dias 21 de outubro e 1º de novembro [...] as atividades preparatórias para a Prova Brasil é pioneira na unidade escolar e serve de exemplo para outras escolas. "Com os simulados no calendário escolar, os alunos da rede municipal de Aparecida serão destaques em âmbito nacional, pois estarão muito mais preparados que qualquer outro" [...] os simulados impressos e digitais são elaborados pelos professores e aplicados nos moldes da prova real. "Para incentivá-los, buscamos premiar os melhores resultados nos testes, além de aplicar a prova por meio dos aparelhos de celular, tablet e notebook. Com o resultado de cada simulado conseguimos avaliar o aprendizado deles" (Vieira, 2019, p. 2).

Mais do que avaliar o aprendizado, é ter a certeza de que a escola não será inserida em baixo desempenho. A preparação e todo acontecimento da escola no período (não bastam os resultados dos anos anteriores, as avaliações realizadas, as atividades desenvolvidas) tudo se resume em estar mais preparado que qualquer outra escola, essa é a garantia de que a unidade escolar terá procura para matrículas, os professores serão destaques e por isso permanecerão na escola, os alunos e alunas premiados e vitoriosos mostrarão aos seus professores e colegas o desempenho. "O uso de testes em larga escala se presta muito mais para alimentar mecanismos regulatórios do mercado educativo e para o controle das escolas e dos professores do que para atender ao direito à educação" (Libânio, 2018, p. 64).

Para os alunos e alunas saírem-se bem no simulado e estarem em situação de destaque:

> Fiz o teste pelo meu celular e achei muito legal porque o resultado sai na hora. Como eu quero ficar em primeiro lugar, estudei bastante para fazer o simulado. Além disso, é importante para a professora saber o nível do nosso desempenho (Vieira, 2019, p. 2).

Dizer, que quer ficar em primeiro lugar pelo esforço, expressa uma necessidade de reconhecimento, de mérito, de ter atingido o ápice, e isso o diferencia, o torna especial. E esse sentimento é coletivo, todos, ou, a maioria, se envolverá para ser premiado. Essa escola inspiradora, se bem avaliada, torna-se objeto de desejo da família. Objetivamente, essa escola, avaliada com melhor desempenho, vai abrir espaços para o que Bourdieu descreveu como a busca de oportunidades de ascensão social pela escola, a visão em que as crianças e as famílias se orientam na busca objetiva de oportunidade de futuro.

> De maneira geral, as crianças e sua família se orientam sempre em referência às forças que as determinam. Até mesmo quando suas escolhas lhes parecem obedecer à inspiração irredutível do gosto ou da vocação, elas traem a ação transfigurada das condições objetivas. Em outros termos, a estrutura das oportunidades objetivas de ascensão social e, mais precisamente, das oportunidades de ascensão pela escola condicionam as atitudes frente à escola e à ascensão pela escola – atitudes que contribuem, por uma parte determinante, para definir as oportunidades de se chegar à escola, de aderir a seus valores ou a suas normas e de nela ter êxito; de realizar portanto, uma ascensão social – e isso por intermédio de esperanças subjetivas [...], que não são senão as oportunidades objetivas intuitivamente apreendidas e progressivamente interiorizadas (Bourdieu, 2007, p. 49).

A centralidade no capital humano, na sua formação como mito do mérito e dom, constitui no sistema de ensino o privilégio da certificação e dos títulos, símbolo de competência e empregabilidade, situando o dom como coisa natural e o mérito e sucesso como próprio do indivíduo, de certa forma culpabiliza os sem dom e quem não alcançou o mérito, pelos fracassos. Ignorar o capital cultural é restringir a compreensão das desigualdades sociais como responsabilidade da escola (Bourdieu, 2007).

> Com efeito, para que sejam favorecidos os mais favorecidos e desfavorecidos os mais desfavorecidos, é necessário e suficiente que a escola ignore, no âmbito dos conteúdos do ensino que transmite, dos métodos e técnicas de transmissão e dos critérios de avaliação, as desigualdades culturais entre as crianças das diferentes classes sociais. Em outras palavras, tratando todos os educandos, por mais desiguais que sejam eles de fato, como iguais em direitos e deveres, o sistema escolar é levado a dá sua sanção às desigualdades iniciais diante da cultura (Bourdieu, 2007, p. 53).

A situação da educação na contemporaneidade, a partir do ideário neoliberal, amplia o debate sobre sua relação com o fortalecimento do sistema capitalista. Os aspectos da desigualdade social e desigualdade educativa, ficam mais evidentes com a subordinação dos processos educativos, com enfoque da mercantilização da educação (Frigotto, 2010).

2 A educação no contexto neoliberal

"A natureza da educação – como tantas outras coisas essenciais nas sociedades contemporâneas – está vinculada ao destino do trabalho" (Sader, 2008, p.15). As mudanças ocorridas no mundo do trabalho na sociedade capitalista refletem na educação. Assim, a análise das condições da educação no ideário neoliberal está associada aos aspectos das transformações ocorridas principalmente no mundo do trabalho.

> Mercado e capital sem controles da sociedade - flexível e desregulamentado que gera desemprego, subemprego e exclusão. Neste horizonte a educação em geral e, particularmente, a educação profissional se vincula a uma perspectiva de adestramento, acomodação, mesmo que se utilizem noções como as de educação polivalente e abstrata. Trata-se de conformar um cidadão mínimo, que pensa minimamente e que reaja minimamente. Trata-se de uma formação numa ótica individualista, fragmentária - sequer habilite o cidadão e lhe dê direito a um emprego, a uma profissão, tornando-o apenas um mero "empregável" disponível no mercado de trabalho sob os desígnios do capital em sua nova configuração. Explicita-se, aqui, a subordinação ao ideário do Banco Mundial para os países semiperiféricos ou periféricos do capitalismo (Frigotto, 2001, p. 80).

Montaño (2001, p. 2) explicita que a crise do capital nos anos de 70[15] deu evasão ao neoliberalismo como forma de resgatar o mercado, reestruturar o capital. Nesse modelo o Estado é reconfigurado em diversas áreas desregulamentando e flexibilizando as relações trabalhistas e a reestruturação produtiva desmontando direitos e aumentando as expressões da questão social. "Agora o mercado será a instância por excelência, de regulação e legitimação social. O 'igualitarismo' promovido pelo Estado intervencionista deve ser, na ótica neoliberal, combatido. No seu lugar, a desigualdade e a concorrência são concebidas como motores do estímulo e desenvolvimento social".

Associar educação e trabalho é uma estratégia do capital para fortalecer e manter a hegemonia da produção capitalista. As alterações no

---

[15] José Paulo Netto (2012) Na entrada dos anos 1970, porém, esgotou-se a "onda longa expansiva" (E. Mandel) da dinâmica capitalista, que garantiu mais de duas décadas de significativo crescimento econômico. À redução das taxas de lucro, condicionadas também pelo ascenso do movimento operário, que alcançara expressivas vitórias naqueles anos e nos imediatamente anteriores, o capital respondeu com uma ofensiva política (de início, basicamente repressiva – recorde-se o trato que ao movimento sindical brindaram a Senhora Thatcher e R. Reagan –, depois fundamentalmente de natureza ideológica) e econômica. Argumentum, Vitória (ES), v. 4, n.1, p. 202-222, jan./jun. 2012

campo da educação e do trabalho, quando ocorrem no sistema capitalista, estavam relacionadas a alguma exigência do capital. Antunes considera que o neoliberalismo e a reestruturação produtiva flexibilizada são referências da sociedade contemporânea, da sua forma de transformação, que reflete na relação social de produção, principalmente no que concerne à classe trabalhadora, pois, essas transformações, são "dotadas de forte caráter destrutivo, têm acarretado, entre tantos aspectos nefastos, um monumental desemprego, uma enorme precarização do trabalho e uma degradação crescente, na relação metabólica entre homem e natureza" (Antunes, 2000, p. 35), cujo objetivo principal é a produção de mercadorias.

> É preciso que se diga de forma clara: desregulamentação, flexibilização, terceirização, bem como todo esse receituário que se esparrama pelo "mundo empresarial", são expressões de uma lógica societal onde o capital vale e a força humana de trabalho só conta enquanto parcela imprescindível para a reprodução deste mesmo capital. Isso porque o capital é incapaz de realizar sua auto valorização sem utilizar-se do trabalho humano. Pode diminuir o trabalho vivo, mas não eliminá-lo. Pode precarizá-lo e desempregar parcelas imensas, mas não pode extingui-lo (Antunes, 2000, p. 38).

Paiva (2000, p. 52) considera que nesse novo modelo econômico, neoliberal, retornam-se formas "arcaicas que também se manifestam num retrocesso da meritocracia em favor de uma 'refeudalização' do mercado de trabalho, cujo acesso é favorecido pelo capital social de cada postulante numa situação de abundância de qualificação".

> Num contexto de reordenamento social das profissões, em que assistimos a um processo no qual a qualificação se eleva e se intensifica ao mesmo tempo em que os salários caem e o status profissional se esvai (como no caso de médicos, professores, diversas especializações na engenharia, etc.) faz-se necessário o acionamento de mecanismos de complementação de renda e de busca de alternativas profissionais que cada vez mais passam pela descoberta de nichos de mercado e pelo autoempreedimento ou pelo exercício de profissões liberais fora das estruturas formais existentes (Paiva, 2000, p. 52).

A busca pela qualificação e requalificação como mecanismos de manutenção das condições de empregabilidade, incidem também na transformação da educação como mercadoria. Talvez nada exemplifique melhor o universo instaurado pelo sistema capitalista em que tudo se vende, tudo se compra, tudo tem preço, do que a mercantilização da educação (Sader, 2008, p.16). O aumento do aspecto de mercantilização na educação tem como base dar respostas ao sistema capitalista e sua reorientação na proposta neoliberal. A proposta é enquadrar a educação na lógica do mercado. Assim, a educação a partir da gestão neoliberal tem que dar conta de atender e manter o mercado (Frigotto, 2010).

A transformação da educação em mercadoria, ocorre quando o produto se converte para uso imediato, são produzidas mercadorias para a comercialização como produção de pacotes de cursos e aulas, e com ofertas de ferramentas e tecnologias[16] para tornar as aulas atualizadas e atrativas.

> De fato, o reordenamento do poder econômico, político e bélico e a astúcia dos homens do capital em busca do livre comércio, puseram centralidade no projeto hegemônico das elites econômicas. Este reordenamento, carregado de ideologia neoliberal dissimulada, proclama seus interesses como se fossem coletivos e gerais. Para consolidar essa organização supranacional, estes senhores do capital ordenam e conduzem os dispositivos político-econômicos e jurídicos com grupos empresariais nacionais e governos. Juntos, atuam para reequilibrar e manter, em segurança, o sistema capitalista de produção e sua formação social. Nesse sentido, de 1990 e 2000 em diante, cresceu o interesse de corporações e grupos empresariais ávidos em negociar serviços de Educação sob a lógica empresarial privatista na Educação brasileira. Estes grupos e empresários atuam no país por meio de tratados, acordos, subscrição a convenções internacionais, convênios, programas, projetos, parcerias privadas, planos, consultorias, assistência técnica, fundações, empréstimos financeiros, condicionalidades inscritas e cruzadas nos acordos e protocolos, subscrição aos documentos decorrentes de conferências para expandir negócios empresariais lucrativos na Educação e, assim, aumentar a circulação de produtos, equipamentos e mercadorias, além de induzir novos consumidores (Silva, 2018, p. 9-10).

Libânio (2018, p. 64) argumenta que uma das restrições do neoliberalismo, é a "subordinação da educação à economia", que se justifica na qualificação para o trabalho produtivo, "trata-se de buscar no ensino

---

[16] Não se trata de negar o potencial e benefícios da tecnologia, mas, sim a forma como se apresentam essas ferramentas tecnológicas à educação, como resolução do sucesso educacional.

formas externas de mudanças no comportamento humano dos alunos ignorando os processos psíquicos ou mentais, o contexto sociocultural, a relação pedagógica" (p. 66).

> O problema aqui é pensar a educação como uma empresa. O passo central para que isso ocorra é a concepção de administração na educação: assim como se organiza e planeja a compra e venda de produtos, a educação passa por um processo semelhante (Manzi, 2022, p. 254).

A ênfase é a venda e para tanto são inseridos novos profissionais para mercadoligizar a educação, criar os marketings, as marcas, ensinar ao professor a elaborar e produzir produtos vendáveis para o alcance de metas de produção e vendas no mercado. Aulas passam a ser pacotes e produtos de venda; alunos são clientes e o professor(a) o proletário.[17] Essa nova lógica interfere nas condições de trabalho, novas formas de contratação flexibilizadas e precarizadas.

> Aplicando a ideologia administrativa na educação, temos como temas centrais: a autonomia, a flexibilidade, a qualidade e a avaliação. No primeiro caso, a autonomia, se dá a partir de um contrato (de gestão) em que se prevê metas a serem cumpridas e indicadores pré-estabelecidos a serem alcançados. A flexibilidade se dá da mesma forma que em uma empresa 9 se adequar ao mercado). A qualidade tem como guia a produtividade (o quanto se produz; quanto tempo leva para produzir; qual custo para isso: quantidade, tempo e custo). A avaliação se dá pela qualidade produtividade (Manzi, 2022, p. 254-255).

Pensar que nada pode ser feito, é negar a essência humana de resistência e luta e das formas articuladas a partir dos "movimentos sociais na luta intransigente pelo fim dos mecanismos de mercado e suas políticas legitimadoras, pelo fim da exclusão social. A luta em defesa da educação pública e gratuita, de qualidade e democrática" (Del Pino, 2000, p. 82).

> E, finalmente, não podemos esquecer que nem tudo neste país e na América Latina são políticas neoliberais. Temos que prestar um pouco mais atenção às políticas que existem,

---

[17] A ênfase é na produção pela produção para a venda e não a quem produz. Se distanciam as condições e meios de trabalho do trabalhador.

> a rede de políticas e de propostas que existem que vão em outra direção, que afirmam a cidadania (Arroy; Almonacid, 2000, p. 275)

Portanto, aos professores com consciência crítica para "captar o caráter restrito de qualidade de ensino do modelo educacional cabe compreender que as políticas educacionais se articulam de fato com demandas econômicas, mas jamais podem subordinar-se a essas" (Pino, 2000, p. 81).

"As questões que o neoliberalismo nos trouxe para a educação está em torno de nossas formas de vida; não se trata de um problema interior à educação em si. Trata-se de um problema social antes de tudo" (Manzi, 2022, p. 312). E no contexto das relações de produção capitalista esses problemas sociais, são expressões da questão social, conforme tratam Iamamoto e Carvalho e Netto, sendo, as desigualdades e suas multifaces expressões dessa questão social.

> Assim, no tempo presente, considerar a educação como condição para a democracia não significa considerá-la como suficiente para eliminar as desigualdades sociais, mas sim que sem os processos educativos escolares as desigualdades sociais se ampliam (Tiballi, 2020, p. 7).

Considerações Finais

Refletir sobre a Desigualdade Social e Desigualdade Educativa na Perspectiva Neoliberal só é possível a partir das relações de produção capitalista, por ser o neoliberalismo uma forma de gestão do capital.

Nas reflexões de Iamamoto e Carvalho e Netto, a desigualdade social é pertencente à questão social estabelecida a partir das relações sociais gestadas no sistema capitalista. Nessa lógica a desigualdade social e a desigualdade educativa são expressões da questão social, são faces da desigualdade.

A sociedade moderna constituiu uma forma de trabalho em que o homem/proletário/trabalhador não tem os meios de produção, as ferramentas para o desenvolvimento do trabalho. Nesse contexto aqueles que possuem os meios de produção ditam as condições da vida social. Aos que não possuem os meios de produção, são livres para vender sua força de trabalho, tornam-se assalariados, produzem a riqueza, mas, não tem acesso de forma igualitária a ela.

A educação a partir do sistema capitalista firma-se como um recurso social, portanto de caráter público. As políticas educacionais são gestadas para o fortalecimento do capital e na proposta de sociabilidade desse sistema. Mas, para além do capital, a educação é um espaço contraditório, de movimentos e reflexões, que permeiam tantos projetos societários de defesa a ordem vigente, quanto a projetos de transformação dessa ordem social. Os professores(as) possuem um lugar estratégico de intelectuais orgânicos (Gramsci,1995).

A forma mais acirrada do capital na educação advento do neoliberalismo, em que, conforme Manzi (2020, p. 254), se insere a "concepção de administração na educação", atento às estratégias de capitalização, mercantilização e produção. Transformando tudo em produto para venda.

Mas, como afirma Del Pino (2000) existem professores(as) críticos, que vão em outra direção, no fortalecimento da educação como projeto humano de construção da vida social, não sendo a educação como um fim (Tiballi, 2020).

Retomado ao questionamento que nos direcionou o estudo: A desigualdade educativa é uma expressão da desigualdade social? A partir dos referenciais analisados é possível dizer que a desigualdade educativa e a desigualdade social, são faces da desigualdade, devendo serem, cada uma, analisadas a partir de dimensões específicas. Enquanto a desigualdade social está relacionada à escassez social, a desigualdade educativa envolve outras dimensões, tais como: família, cultura, relações, sociabilidade, entre outras. Mas, em ambas o papel do estado na redução dos fatores que geram essas desigualdades é imprescindível.

A forma neoliberal de gestão do capital é dentre tantas faces do capitalismo a que incide sobre os direitos humanos conquistados, provocando seus desmontes, principalmente na questão trabalho. Reverte a administração das políticas públicas às instituições privadas, e na questão educacional insere elementos que aliam a condução das políticas educacionais à gestão de mercado. A educação como mercadoria que transforma o aluno em cota e as aulas em pacotes de vendas. As desigualdades no cenário neoliberal se acirram e são justificadas como culpa do próprio indivíduo. São os indivíduos que não estão preparados e não aproveitam as oportunidades. São eles responsáveis pela sua pobreza, pelo seu fracasso.

Porém, é preciso, como diz Mészáros (2008), olhar para além do capital. É pensar, entre outras coisas, que nem tudo é neoliberalismo (Arroy; Almonacid, 2000; Pino, 2000; Libânio, 2018), e que os direitos sociais, entre eles a educação, é formada por profissionais críticos, que se movimentam e se articulam, se comprometem e ainda resistem na luta por para "viabilizar alternativas que tornem possível a sobrevivência da escola pública à serviço da formação humana e da democracia" (Tiballi, 2020, p. 13).

Referências

ANTUNES, Ricardo. Trabalho e precarização numa ordem neoliberal. *In*: ANTUNES, Ricardo. **A cidadania Negada:** Politicas de exclusão na educação e no trabalho. 3. ed. São Paulo: Cortez: [Buenos Aires, Argentina]: Clacso, 2002.

ARROYO, Miguel; ALMONACID, Claudio. Educación, trabajo y exclusión social: tendencias y conclusiones provisorias. *In*: ANTUNES, Ricardo. **A cidadania Negada:** Politicas de exclusão na educação e no trabalho. 3. ed. São Paulo: Cortez: [Buenos Aires, Argentina]: Clacso, 2002.

DURKHEIM, Emile. **Da divisão do trabalho social**. Tradução Eduardo Brandiio. – 2. ed. São Paulo: Martins Fontes, 1999. (Coleção tópicos).

FREIRE, Paulo. **Conscientização.** São Paulo: Cortez e Moraes, 1979.

FRIGOTTO, Gaudêncio. **Educação e a Crise do Capitalismo real**. 6 ed. - São Paulo: Cortez, 2010.

FRIGOTTO, Gaudêncio Educação e Trabalho: bases para debater a Educação Profissional Emancipadora. **PERSPECTIVA**, Florianópolis, v.19, n.1, p. 71-87, jan./jun. 2001. Disponível em: https://www.feis.unesp.br/Home/DSAA/DSAA/ProjetoGQT-SCM/documentos/educacao/04_frigotto.pdf Acesso em: jan. 2023.

GRAMSCI, Antônio. **Os intelectuais e a organização da cultura**. Trad. Carlos Nelson Coutinho 4 ed. Botafogo-RJ: Civilização brasileira, 1982.

IAMAMOTO, M. O Serviço Social na cena contemporânea. *In*: IAMAMOTO, M. CFESS/ABEPSS. **Serviço Social: Direitos Sociais e Competências Profissionais**. Brasília: CFESS/ABEPSS, 2009;

IAMAMOTO, M. **O serviço social na contemporaneidade:** trabalho e formação profissional 25 ed. São Paulo: Cortez, 2015.

IAMAMOTO, Marilda Vilela; CARVALHO, Raul. **Relações Sociais e Serviço Social no Brasil:** esboço de uma interpretação histórico-metodológica 16 ed. São Paulo: Cortez, 2006.

LIBÂNIO, José Carlos; FREITAS, Raquel A. Marra da Madeira. (org). **Políticas educacionais neoliberais e escola pública:** uma qualidade restrita de educação escolar. 1 ed. Goiânia: Editora Espaço Acadêmico, 2018.

MANZI, Filho Ronaldo. **Neoliberalismo e educação:** conversas e desconversas 1. ed. Curitiba: Editorial Casa, 2022.

MARX, K.; ENGELS, F. (2005). **Manifesto Comunista.** Tradução de Álvaro Pina. 4. reimpressão, São Paulo: Boitempo Editorial, 2005.

MARX, K.; ENGELS, F. **A ideologia Alemã.** [Introdução de Jacob Gorender]. Tradução: Luís Claudio de Castro e Costa. São Paulo: Martins Fontes, 1998.

MARX, K.; ENGELS, F. (2005). **O Capital - Crítica da Economia Política.** Livro 1 - O processo de produção do capital. Tradução Rubens Ederle. São Paulo: Boitempo, 2011.

MARX, K.; ENGELS, F. (2005). **O capital.** Livro I, Volume II Tradução por Regis Barbosa e Flávio R. Kothe São Paulo: Nova Cultural, 1996 b. Disponível em: http://www.laurocampos.org.br/wp-content/uploads/2021/01/O-Capital-Livro-1-Tomo-2.pdf. Acesso em: dez. 2022.

MÉSZÁROS, István. **A educação para além do capital**. 2. ed. Tradução de Isa Tavares. São Paulo: Boitempo, 2008.

MONTAÑO, Carlos. **O projeto neoliberal de resposta à "questão social" e a funcionalidade do "terceiro setor".** Pontifícia Universidade de São Paulo: 2001. Disponível em: https://revistas.pucsp.br/index.php/ls/article/view/18912/14067, Acesso em: jan. 2023.

NETTO, J. P. **A construção do projeto ético-político contemporâneo.** *In*: Neto, José Paulo. Capacitação em Serviço Social e Política Social. Módulo 1. Brasília: CEAD/ABEPSS/CFESS, 1999.

NETTO, J. P. **Ditadura e Serviço Social.** São Paulo: Cortez, 2015.

NETTO, J. P. **A ordem social contemporânea é o desafio central. 33º Conferência Mundial de Escolas de Serviço Social.** Santiago do Chile, 28/31 de agosto de 2006.

NETTO, J. P. **Capitalismo e barbárie contemporânea.** Argumentum, Vitória (ES), v. 4, n.1, p. 202-222, jan./jun. 2012. Disponível em: https://periodicos.ufes.br/argumentum/article/view/2028/2717. Acesso em dez. 2022.

NOGUEIRA, Maria Alice Nogueira; Catani, Afrânio. (Org.) (1998). **Pierre Bourdieu:** Escritos em Educação. Petrópolis: Vozes, 2007.

PAIVA, Vanilda. Transformação produtiva, crise do assalariamento e exclusão social. *In:* PABLO, Gentili. **A cidadania Negada: Políticas de exclusão na educação e no trabalho.** 3. ed. São Paulo: Cortez [Buenos Aires, Argentina]: Clacso, 2002.

PINO, Mauro Del. **Política Educacional, emprego e exclusão social.** *In*: PABLO, Gentili. A cidadania Negada: Políticas de exclusão na educação e no trabalho. 3 ed. São Paulo: Cortez [Buenos Aires, Argentina] Clacso, 2002.

SADER, E. Prefácio. *In*: MÉSZÁROS, I. **A educação para além do capital.** 2. ed. Tradução Isa Tavares. São Paulo: Boitempo, 2008.

SEREVINO, Antônio Joaquim. **Educação Sujeito e História.** São Paulo: Olho d'água, 2001.

SEVERINO, Antônio Joaquim. **Metodologia do trabalho científico** [livro eletrônico]

1. ed. São Paulo: Cortez, 2013. 1,0 MB; e-PUB;

SILVA, Maria Abadia. Prefácio. *In*: LIBÂNIO, José Carlos; FREITAS, Raquel A. Marra da Madeira. (Org). **Políticas educacionais neoliberais e escola pública:** uma qualidade restrita de educação escolar. 1 ed. Goiânia: Editora Espaço Acadêmico, 2018.

TIBALLI, E. F. A. Universalização da Educação Básica: a desigualdade educativa no discurso educacional brasileiro. *In*: MIRANDA, M. G. **Educação e desigualdades sociais.** Campinas/SP: Mercado das Letras, 2016. (p. 90 -128);

VIEIRA, Rackel. **Escola da rede municipal de Aparecida prepara alunos para avaliação do desempenho escolar.** 2019. Disponível em: https://www.aparecida.go.gov.br/escola-da-rede-municipal-de-aparecida-prepara-alunos-para-avaliacao-do-desempenho-escolar; / Acesso em: dez. 2022.

WEBER, Max. **Economia e sociedade:** fundamentos da sociologia compreensiva. tradução de Regis Barbosa e Karen Elsabe Barbosa. Revisão técnica de Gabriel Cohn Brasília, DF: Editora Universidade de Brasília: São Paulo: Imprensa Oficial do Estado de São Paulo, 1999. Estudos históricos, políticos, sociais e culturais.

O PENSAMENTO CONSERVADOR E A EDUCAÇÃO BRASILEIRA

Estelamaris Brant Scarel
Gessione Alves da Cunha

Introdução

A presente pesquisa objetiva compreender o pensamento conservador a partir de autores conservadores, críticos e intérpretes desta ideologia, em interface com a educação brasileira. Para tanto, divide-se em três partes. A primeira busca traçar, resumidamente, a trajetória histórica do conservadorismo como categoria de pensamento filosófico e político. Além disso, enfatiza que há diversos conservadorismos como fatos históricos, constituindo-se numa rica fonte de reflexão sobre a ordem política na modernidade. Distingue, ademais, o conservadorismo do reacionarismo, trazendo à tona a abordagem política do tema nas perspectivas psicológica, sociológica ou antropológica.

A segunda recorta a temática do conservadorismo para a realidade brasileira. O conservadorismo, historicamente, presente no Brasil contemporâneo[18] como defesa do poder vigente, entra em uma nova fase, isto é, a do neoconservadorismo. O modelo estadunidense é aplicado ao Brasil com peculiaridades próprias desta nação, de modo especial a presença na economia de uma herança escravocrata e rural. Assim como lá, a religião, particularmente o neopentecostalismo protestante, torna-se um elemento determinante das bandeiras conservadoras no Brasil.

Por último, busca apontar os impactos trazidos pelo conservadorismo à educação pública brasileira, apresentando algumas investidas feitas pelo neoconservadorismo neoliberal para monopolizar os rumos da educação, bem como diversos agentes sociais (individuais ou articulados em fundações) para realizarem as aspirações do mercado no campo da educação.

---

[18] Etimologicamente, o termo contemporâneo deriva do latim *contemporaneu* com o seguinte sentido: "Adj. Que é do mesmo tempo, que vive na mesma época (particularmente a época em que vivemos). S.m. Indivíduo do mesmo tempo ou do nosso tempo" (Ferreira, 2005, p. 535).

1 A construção de uma categoria: trajetória histórica

Constitui-se tarefa árdua e necessária categorizar o objeto pesquisado. Parte-se da metodologia, já estabelecida na academia, a fim de elaborar o estado da arte ou do conhecimento. Por intermédio das leituras e de estudos já realizados, a nova pesquisa demarca uma trajetória histórica do objeto para, então, analisá-lo dentro de recortes socioculturais e temporais, e em interfaces com outras categorias.

Dessa forma, para a compreensão do conservadorismo, optou-se por não ler apenas os críticos posicionados do lado oposto, mas ir à fonte do próprio pensamento conservador para apreender-se o que pensam e dizem de si mesmos os pensadores assim denominados conservadores. A primeira constatação, oriunda de um cientista político conservador, é de que não existe conservadorismo no singular. Para Coutinho[19] (2014), existem diversos conservadorismos, já que essa ideologia[20] se manifestou – e se manifesta – no tempo e no espaço de maneira plural, heterogênea e mutável.

Outro porta-voz do conservadorismo, o intelectual britânico Roger Scruton (1944-2020), mais entusiástico, afirma que "ser conservador é uma maneira distinta de ser humano, e em todas as esferas da vida o temperamento conservador se afirmou: arte, música, literatura, ciência e religião" (Scruton, 2019, p. 7). Para além de ímpetos inflamados – característicos de posicionamentos políticos – ou, ainda, de assumência de ideologias confrontadoras de concepções dialéticas, tem-se que reconhecer que a afirmação do autor, quando aponta que o conservadorismo é uma rica fonte de reflexão sobre a ordem política, não deixa de ser pertinente.

Para Bonazzi (1998), o substantivo conservadorismo requer a presença de um conceito. É próprio dessa classe de palavras nomear os seres em geral. Por outro lado, o adjetivo conservador, comumente utilizado,

---

[19] José João de Freitas Barbosa Pereira Coutinho (1976) é um cronista, cientista político e escritor português. Sua tese de doutorado foi *Política e Perfeição: Um estudo sobre o pluralismo de Edmund Burke e Isaiah Berlin*. Publicou a obra *Por Que Virei à Direita*, em coautoria com Luiz Felipe Pondé e Denis Lerrer Rosenfield (2012).

[20] O sentido de ideologia que se adota neste texto é o mesmo que foi concebido por Adorno e Horkheimer (1978, p. 193), a partir da obra *Temas Básicos da Sociologia*, que é explicitado da seguinte maneira: "A ideologia contemporânea é o estado de conscientização e de não-conscientização das massas como espírito objetivo, e não os mesquinhos produtos que imitam esse estado e o repetem, para pior, com a finalidade de assegurar a sua reprodução. A ideologia, em sentido estrito, dá-se onde regem relações de poder que não são intrinsecamente transparentes, mediatas e, nesse sentido, até atenuadas. Mas, por tudo isso, a sociedade atual, erroneamente acusada de excessiva complexidade, tornou-se demasiado transparente".

qualifica tão somente falas, atitudes, comportamentos, práticas etc. Devido à polissemia do termo, nota-se que é empregado mais o adjetivo do que o substantivo. Um dicionário da língua portuguesa denomina conservadorismo como característica de conservador: que não aceita inovações, mudanças morais, sociais, políticas, religiosas e comportamentais. Diz ainda ser qualidade de quem é muito apegado às tradições. Apresenta também seu antônimo: conservador é o contrário de liberal, moderno, inovador e revolucionário (Ferreira, 2009).

Para além do significado etimológico e suas aplicações às diversas áreas da ciência (Antropologia, Psicologia, Sociologia etc.) interessa aqui o significado para a ciência política, já que é no campo das ideias e das ações políticas que se vê com "aparente clareza" a ideologia conservadora e sua atuação na sociedade. Contudo, ainda que delimitando o uso do termo ao campo político, resta ainda distinguir nuanças. Para Bonazzi (1998, p. 242), faz-se necessário porque

> A inexistência de uma teoria política comum a que se possam referir todos aqueles que se autodefinem ou são definidos como conservadores, a pouca propensão dos conservadores a sistematizar as próprias ideias e o abuso que se faz desse termo na linguagem quotidiana, política ou não, fizeram com que se reduzisse o Conservadorismo a uma atitude e se estudasse desde o ponto de vista psicológico, na busca das motivações que impelem certos indivíduos a assumir posições consideradas na prática política como conservadoras.

Vê-se a necessidade de pontuar qual conservadorismo descreve-se, de qual período e localidade geográfica. Na ciência política, segundo Bonazzi (1998), o termo conservadorismo denomina ideias e ações que objetivam manter o sistema político hegemônico, assim como seu funcionamento. Trata-se de um contrapeso às forças progressistas e inovadoras. No entanto, contrapor-se a este outro termo igualmente ambíguo, progressismo, revela uma função do conservadorismo, não seu conteúdo. O autor, descrevendo o verbete conservadorismo no dicionário de política, esclarece o seguinte:

> Na relação que se estabelece entre progressismo e Conservadorismo, este é sempre apresentado como negação, mais ou menos acentuada, daquele; aparece como tal, mostrando assim seu caráter alternativo; existe só porque existe uma posição progressista. Daí a conhecida tendência dos con-

servadores a não sistematizar o próprio pensamento que, sendo alternativo, nunca poderá ser concluído e fixado de uma vez para sempre; tem de acompanhar de perto a natureza dinâmica e a contínua tendência expansiva do progressismo (Bonazzi, 1998, p. 243).

O conteúdo do termo conservadorismo é histórico e é na história que se deve procurar sua origem, seu construto e seu desenvolvimento. Leva-se em conta nesta trajetória histórica a condição de ideologia alternativa que o conservadorismo representou em relação ao progressismo e sua dinâmica (Bonazzi, 1998). Sublinha-se igualmente sua inseparabilidade do processo de laicização do pensamento político na modernidade. Bonazzi traça a diferença de épocas:

> O pensamento cristão que o precedera jamais se havia proposto a alternativa conservadorismo-progressismo, uma vez que a sua perspectiva histórica era, sob o ponto de vista dos valores, inteiramente estática. Já que o fim último do homem era ultraterreno, as vicissitudes humanas na história não tinham senão um objeto, o de tentar, por meios estruturalmente idênticos, adequar-se individualmente aos imperativos impostos por tal fim (Bonazzi, 1998, p. 243).

A partir do século XVIII o conservadorismo surge como resposta às teorias distanciadas da visão antropológica tradicional e estática. Essa ruptura com a tradição causou fissuras culturais e políticas. O conservadorismo procurou atuar aqui e acolá como mediação e ponto de equilíbrio das revoluções em curso no alvorecer da modernidade. Por um lado, aquiesceu à tese da contínua evolução da sociedade, por outro lado compreendeu tal desenvolvimento "como progresso evolutivo, mediante a acumulação de conhecimentos e experiências – e não como superação dialética do passado" (Bonazzi, 1998, p. 243). Tal postura diante do desenvolvimento da humanidade foi tomada para se contrapor aos propósitos do progressismo.

No ensaio *As Ideias Conservadoras Explicadas a Revolucionários e Reacionários*, Coutinho (2014) reitera o que já se tornou consenso: as raízes do conservadorismo moderno remontam à Revolução Francesa (1789). Sua ideologia foi personificada no filósofo e teórico político irlandês Edmund Burke (1729-1797). Esse pensador significou uma resposta antirrevolucionária e antiutópica. Naquele período histórico o conservadorismo emancipou-se como ideologia política (Coutinho, 2014). Para Scruton

(2019, p. 7) "[...] o conservadorismo como filosofia política é um fenômeno recente, surgido durante o curso de três grandes revoluções – a Revolução Gloriosa de 1688, a Revolução Americana que terminou em 1783 e a Revolução Francesa de 1789". Portanto, nasceu em decorrência do ideário iluminista, tendo como referência um de seus princípios fundamentais, isto é, o individualismo. Nas palavras do autor:

> O conservadorismo como conhecemos hoje é uma mentalidade distintamente moderna, modelada pelo Iluminismo e pela emergência de sociedades nas quais o "nós" do pertencimento social é contrabalançado, em todos os pontos, pelo "eu" da ambição individual (Scruton, 2019, p. 14).

Quanto à caracterização da qual se reveste o indivíduo conservador, crê-se que uma possível definição é dada pelo filósofo e teórico político Michael Joseph Oakeshott (1901-1990):

> Ser conservador [...] é preferir o familiar ao desconhecido, o testado ao nunca testado, o fato ao mistério, o atual ao possível, o limitado ao ilimitado, o próximo ao distante, o suficiente ao abundante, o conveniente ao perfeito, o riso presente à felicidade utópica (Oakeshott, 1957 *apud* Coutinho, 2014, p. 22).

Por outro lado, mais do que definir o conservadorismo, Coutinho (2014) propõe-se a apresentar princípios norteadores do pensamento conservador. Sua obra contrapõe-se, veementemente, ao que categoriza como rotulações açodadas, aligeiradas e até mesmo preconceituosas. Defende o conservadorismo de ataques que o caracterizam como imobilista, reacionário, autoritário e inclusive fascista. O autor distingue, para tanto, a disposição conservadora do conservadorismo político, que nem sempre se apresentam de maneira concomitante no indivíduo.

Há que se fazer outra distinção incipiente: distinguir o conservador do reacionário[21]. O autor português, emprestando as ideias de Samuel

---

[21] O termo "reacionário" (do francês *réactionnaire*) emergiu mais ou menos na época da Revolução Francesa para denotar aqueles que desejavam desfazer todo o projeto e restaurar parte, talvez a maior parte, do que fora destruído. O mais articulado dos reacionários, que também merece lugar na história do conservadorismo, foi o diplomata e conde Joseph-Marie de Maistre (1753-1821), que defendia a doutrina do direito divino dos reis e acreditava que somente a restauração da monarquia Bourbon poderia recolocar a França e o povo francês no caminho do governo justo. Ele via a revolução como desafio à herança cristã francesa e foi um dos principais expoentes do "ultramontanismo", a doutrina teológica que favorece a centralização da autoridade da Igreja católica romana no papado – a fonte espiritual "para além das montanhas", ou seja, dos Alpes (Scruton, 2019, p. 58).

Huntington (1927-2008), cientista político estadunidense, e de Anthony Quinton (1925-2010), filósofo inglês, afirma que o reacionário é um revolucionário às avessas:

> Não existe uma distinção válida entre "mudar para trás" e "mudar para a frente". "Mudança é mudança; a história não se retrai nem se repete"; e toda mudança se afasta do *status quo*. À medida que o tempo passa, o ideal do reacionário distancia-se cada vez mais de qualquer sociedade real que tenha existido no passado. O passado é romantizado e, no fim, o reacionário acaba por defender o regresso a uma Idade de Ouro idealizada que nunca de fato existiu. Ele torna-se indistinguível de outros radicais, e normalmente exibe todas as características da psicologia radical (Huntington, 1957 *apud* Coutinho, 2014, p. 25).

Na defesa do conservadorismo, Coutinho (2014) reforça que o conservador não é imobilista nem avesso às mudanças, mas cuidadoso e prudente. Nesse sentido, recusa qualquer utopia vinda de revolucionários ou reacionários. Tanto a fuga para o passado quanto para o futuro é recusada pelo pensamento conservador como política possível para o presente. Assim, definitivamente, o pensamento conservador clássico, aquele nascido com Burke no século XVIII, rechaça toda e qualquer revolução que rompe com o que foi constituído pela tradição ao longo dos anos. A realidade nova que possa surgir – desejável, porém desconhecida – é tida pelo conservadorismo como imprudência e susceptível de destruição.

Burke, como mentor do conservadorismo moderno, não criticava qualquer revolução. Escreveu especificamente contra a revolução[22] ocorrida na França de fins do século XVIII. Seus julgamentos ecoaram pelos anos seguintes nos escritos de outros conservadores. Coutinho (2014) reforça ainda que o conservadorismo faz frente tanto à utopia romântica do revolucionário, que busca um terreno futuro glorioso quanto ao saudosismo do reacionário ancorado numa era de ouro ou num paraíso idílico perdido.

Ao recusar trocar o certo pelo duvidoso, evocando o filósofo político conservador Russell Kirk (1918-1994), Coutinho (2014) adere à ideia de que a política é a arte do possível. Este conservadorismo aceita que a humanidade é imperfeita e incapaz de produzir uma sociedade perfeita. Contudo, isso não significará resignação inerte, mas reformas feitas com

---

[22] Para mais conhecimento acerca desse contexto, indica-se a leitura da obra *A Era das Revoluções*: 1789-1848, segundo Hobsbawn (1998).

paciência, prudência e segurança. Ao buscar por mudanças, o conservador deve levar em conta as tradições, pois elas, segundo Burke, exercem uma função pedagógica: "[...] a reforma não só não exclui a tradição como *exige* uma tradição, entendida como ponto de partida para qualquer ação reformista" (Coutinho, 2014, p. 72).

Para o conservador europeu dos séculos XVIII e XIX, as tradições permitem ao indivíduo travar um diálogo com a humanidade. Portanto, nas reformas conservadoras – que admitem que a mudança é inevitável – não se deve excluir a tradição, mas valorizá-la como ponto de partida. Assim, como ideologia de oposição ao progressismo, o conservadorismo "[...] assumirá desde logo a importância das circunstâncias como base de qualquer atuação política consequente e prudente" (Coutinho, 2014, p. 44).

Para conservadores o que faz uma ordem política legítima são as escolhas livres que ela gera. Essa disputa entre o que viria antes – liberdade ou ordem – demarcou a linha divisória entre conservadores e liberais durante os séculos XVIII e XIX. O território ideológico começou a ser dividido no campo político pós-religioso. Com o passar do tempo ameaças os uniram. As principais foram o crescimento do Estado Moderno e o socialismo[23] (Scruton, 2019). Ainda sobre o tema da liberdade, Scruton esmiúça o pensamento burkeano afirmando o que se segue:

> A liberdade certamente é um bem humano, mas somente quando limitada de maneiras que impeçam seu abuso. As leis liberais são o triunfo da ordem política, mas somente quando as pessoas possuem o conhecimento social necessário para compreendê-las e obedecê-las. E, em resposta a essas realidades, o conservadorismo surge com uma filosofia alternativa. Somente quando os costumes e as tradições estão presentes, a soberania do indivíduo leva à verdadeira ordem política, e não à anarquia; somente em uma comunidade de obrigações não contratuais, a sociedade possui a estabilidade e a ordem moral que tornam possível o governo secular (Scruton, 2019, p. 47).

Burke defendeu que a lei deve proteger a liberdade, já que ela está sempre ameaçada. Para tanto, a sociedade precisa organizar-se politicamente de forma emancipada dos laços religiosos, tribais e familiares.

---

[23] "As teorias sociais que explicavam essa classe [a classe trabalhadora] e as doutrinas políticas que a defendiam assumiram posição central nos debates da época, e, durante o século XIX, essas teorias e doutrinas se uniram no movimento socialista. Na virada do século XX, já não era contra o liberalismo que o conservadorismo se definia, mas contra o socialismo, em particular a concepção socialista de Estado" (Scruton, 2019, p. 68).

Contudo, vê na religião e na família uma sabedoria coletiva. Sua visão conservadora de mundo excluía o individualismo extremo, já que a pertença social auxilia na escolha livre e racional. Sua ideia de conservar rechaçava o pensamento liberal de contrato social. Defendia a ideia de que a sociedade não é formada apenas pelos vivos, mas também pelos mortos e os que viriam a nascer. No lugar do contrato propunha uma tutela das tradições, tornando assim um pacto de salvaguarda do que se recebeu da geração passada para entregar à futura. Nessas tradições estão a honra militar, a dedicação à família e a devoção aos deuses (Scruton, 2019).

Scruton (2019) trata em sua obra, ademais, sobre o conservadorismo cultural. Esse movimento tratou de transferir o conservadorismo do campo de disputa política para a literatura e à vida acadêmica. Porém, já no final da Primeira Guerra Mundial (1914-1918) esse intento já não possuía consistência política coerente. De resposta ao liberalismo clássico, a filosofia política do conservadorismo passa a debater-se contra os esquemas de uma sociedade justa promovida pelo socialismo. Nesse momento histórico o liberal clássico e o conservador se uniram contra esse inimigo comum.

No século XXI, ao fazer uma atualização do conservadorismo – na Europa sobretudo – Scruton o descreve dessa maneira:

> O conservadorismo moderno começou como defesa da tradição contra as reivindicações de soberania popular e se tornou um apelo em nome da religião e da alta cultura contra a doutrina materialista do progresso, antes de unir forças com os liberais clássicos na luta contra o socialismo. Em sua mais recente tentativa de se definir, tornou-se o defensor da civilização ocidental contra seus inimigos, em particular contra dois deles: o politicamente correto (notadamente suas restrições à liberdade de expressão e sua ênfase na culpa ocidental) e o extremismo religioso, especialmente o islamismo militante (Scruton, 2019, p. 111).

Scruton (2019) conclui seu raciocínio afirmando que conservadores e liberais vivem numa sociedade onde as liberdades de expressão e de opinião estão ameaçadas. Voltam-se para o legado cristão invocando o papel da religião numa sociedade que tem na liberdade de consciência um dos seus pilares mais importantes. A invenção do neoconservadorismo, surgida nos Estados Unidos da América em 1950, distingue a nova empreitada do conservadorismo. Já não se trata de economia de mercado, mas de uma agenda ampla e global. É nesse contexto que se faz necessária uma análise do neoconservadorismo no Brasil.

2 Conservadorismo e neoconservadorismo no Brasil

O conservadorismo no Brasil constituiu-se, desde a colonização (1500-1822), em defesa do poder vigente, dos interesses e privilégios da elite econômica e da igreja. O embate conservador no Brasil até o século XX era pragmático e por poder, não era marcado pelo discurso no campo ideológico. Para Souza (2016), o conservadorismo tem sido o teor da política brasileira:

> Em um país de inserção periférica, dependente e heterônoma no circuito da divisão internacional do trabalho, como o Brasil, as ideologias conservadoras em geral, e o conservadorismo em particular, tendem a ressoar e a repercutir com intensidade sobre a cultura, a economia e a política (Souza, 2016, p. 360).

Em face disso, observa-se no Brasil contemporâneo um certo tipo de indivíduo ou grupo político conservador, que se alinha de forma contrária à luta por mais direitos sociais e até mesmo se posiciona avesso a princípios inerentes à democracia. Há ainda outra especificidade da tropicalização do conservadorismo: uma adesão à ideologia neoliberal, mediante a qual são mercantilizados os direitos sociais tais como a saúde, a educação, o transporte etc. Alguns setores do conservadorismo político brasileiro se insurgem até mesmo contra os direitos humanos (Souza, 2016). Assim como em outros momentos históricos, conservadorismo e liberalismo se uniram em causas comuns. Na década de 1990, com aprofundamento nos anos 2000 em diante, o conservadorismo no Brasil se alinhou às políticas socioeconômicas neoliberais.

Retomando-se o histórico do termo "neoconservadorismo", salienta-se que este foi cunhado nos Estados Unidos da América na década de 1950. Representou um movimento em defesa de bandeiras como a segurança pública, as punições mais duras contra condenados, o livre mercado, a família tradicional e a moral religiosa. Tornou-se uma reação contra o feminismo e o Movimento negro, entre outros, com o avanço da esquerda no período da Guerra Fria[24]. O neoconservadorismo brasileiro do século XXI se assemelha ao estadunidense, incorporando de maneira ainda mais incisiva o elemento religioso, a defesa do liberalismo econômico e uma menor intervenção do Estado.

---

[24] A Guerra Fria foi um conflito político-ideológico que foi travado entre Estados Unidos (EUA) e União Soviética (URSS), entre 1947 e 1991. O conflito travado entre esses dois países foi responsável por polarizar o mundo em dois grandes blocos, um alinhado ao capitalismo e outro alinhado ao comunismo (Mundo Educação, 2023).

A frágil democracia burguesa[25] brasileira deu abrigo nas últimas décadas a um crescimento expressivo do pensamento político conservador. Diversas *Think Tank*[26] estadunidenses têm se encarregado de divulgar o pensamento neoliberal conservador entre políticos e, de modo mais contundente, entre coletivos juvenis ditos conservadores e/ou liberais. Souza (2016) especifica o seu *modus operandi*:

> Autores como Russell Kirk, Michael Oakeshott, Roger Scruton, entre outros de expressão internacional, passam a tomar espaço significativo no mercado editorial brasileiro. Ao lado deles, um conjunto de divulgadores brasileiros do liberalismo, comumente inspirados pelas ideias elaboradas pelo Instituto Ludwig von Mises, passaram a defender, também, algumas ideias do conservadorismo (Souza, 2016, p. 361).

Marca característica de muitos conservadores contemporâneos é sua aversão aos ideais de democracia e justiça social. Naturalizam a desigualdade social como positivamente constituída. Sua defesa da meritocracia como meio de ascensão social não leva em conta a desigualdade social brasileira. A utopia, seja ela marxista ou não, é duramente atacada (Souza, 2016). A classe média, para sustentar seus privilégios, apega-se à meritocracia, "que se combina com uma aversão conservadora à massa ignorante e preguiçosa", "complacente" com a corrupção ou "comprada pelo governo" (Cavalcante, 2015, p. 184). Observa-se, nesse sentido, uma adesão acrítica ao pensamento extremista de Hayek (1899-1992), um dos teóricos mais expressivos da ideologia neoliberal.

Na concepção de Scruton (2020, p. 93):

> A justiça social não é de modo algum uma forma de justiça, mas sim uma forma de corrupção moral. Significa recompensar as pessoas por comportamentos ineficazes, por negligenciarem seu bem-estar e o bem-estar de suas famílias, por não cumprirem seus contratos e por explorarem seus empregadores.

Para Cavalcante (2015), há no conservadorismo brasileiro, especificamente na classe média, uma mistura de liberalismo que traz em si uma

---

[25] Em uma nota contida no capítulo "Burgueses e Proletários", presente no *Manifesto do Partido Comunista*, Engels assim define a burguesia: "Por burguesia entende-se a classe dos capitalistas modernos, que são proprietários dos meios de produção social e empregam trabalho assalariado" (Marx; Engels, 2011, p. 45).

[26] Instituições que se dedicam a produzir e difundir informações sobre temas específicos, objetivando influenciar ideias na sociedade e decisões na política.

combinação de ideais meritocráticos e uma aversão histórica à inclusão social (Estado de Bem-Estar Social) e a políticas de amplo alcance.

Mercadante (1980), ao narrar como os liberais brasileiros enfrentavam a escravidão, afirma que o conservadorismo daqui sempre foi despido de inquietações em relação à situação social, já que a práxis conservadora não teoriza sobre situações sobre as quais as pessoas já se acostumaram. Dessa forma,

> [...] as reações conservadoras diante dos fatores imanentes e situações determinadas consistiriam em atitudes habituais, e nesta situação o pensamento tranquilamente aceita o existente, como se fosse a exata ordem das coisas e do mundo (Mercadante, 1980, p. 225).

De acordo, ainda, com Mercadante (1980), o conservadorismo brasileiro se diferencia do europeu em dois aspectos. Formou-se da dominação rural com reflexos mercantil e feudal da sua economia. Defendeu concomitantemente a escravatura e o liberalismo econômico. Somados a esses fatores estão a oposição à reforma agrária e uma defesa irrestrita à propriedade privada. Haja vista a presença histórica da Ação Integralista Brasileira[27] de 1932, que é ainda presente no país, o udenismo[28] (União Democrática Nacional – UDN) e organização civil Tradição, Família e Propriedade (TFP) de 1960.

Poder-se-ia argumentar muito mais sobre o conservadorismo brasileiro, em especial acerca daquele que protagonizou o cenário político do último governo (2019-2023), sob a presidência de Jair Messias Bolsonaro (1955). Há que aprofundar, entre outros aspectos, na compreensão do

---

[27] [...] a Frente Integralista Brasileira, também designada pela sigla F.I.B., é uma associação civil sem fins lucrativos fundada no dia 22 de janeiro de 2005, com sede na cidade de São Paulo (SP), que tem por finalidade promover movimentos culturais, políticos e sociais como forma de resgate da herança cultural, cívica, política e ideológica da Acção (sic) Integralista Brasileira, principalmente no que se refere à trilogia Deus, Pátria e Família. Seu período de existência é indeterminado, conforme explicita se estatuto" (Frente Integralista Brasileira, 2023).

[28] Fundada em a 7 de abril de 1945 como uma "associação de partidos estaduais e correntes de opinião" contra a ditadura do Estado Novo, caracterizou-se essencialmente pela oposição constante a Getúlio Vargas (1882-1954) e ao getulismo. Embora tenha surgido como uma frente, a UDN organizou-se em partido político nacional, participando de todas as eleições, majoritárias e proporcionais, até 1965 [...] coexistiram na UDN teses liberais e autoritárias, progressistas e conservadoras. O partido que vota a favor do monopólio estatal do petróleo (1953) e contra a cassação dos mandatos dos parlamentares comunistas (1947) é o mesmo que se opõe à intervenção do Estado na economia, denuncia a "infiltração comunista" na vida pública e contesta os resultados quando perde as eleições. O partido ficou marcado pela vinculação com os militares e as aspirações das camadas médias urbanas, identificando-se, também extrapartidariamente, com o udenismo. Expressão de mentalidades e estilos de ver e fazer política, o udenismo caracterizou-se pela defesa do liberalismo clássico, o apego ao bacharelismo e ao moralismo e o horror aos vários "populismos" (União Democrática Nacional, 2023).

papel da religião, sobretudo o neopentecostalismo protestante (e católico), na caracterização do atual conservadorismo brasileiro. Não obstante, priorizou-se neste texto deixar o espaço para imbricar a temática do conservadorismo com a educação.

3 Conservadorismo e educação no Brasil

As manifestações do neoconservadorismo de vertente neoliberal se intensificaram a partir da segunda década do século XXI no Brasil. Nesse cenário conservador, sempre presente no horizonte da escola pública brasileira, um dos direitos sociais mais atingido pela visão mercadológica tem sido a educação. Para Lima e Hypólito (2019, p. 3), a nova direita brasileira consiste numa aliança "principalmente, entre neoconservadores e neoliberais, central para o desmantelamento do Estado de Bem-Estar e para a criação de uma nova forma de administrar o Estado". Interpretando Apple (2000), os autores apresentam os grupos que conformam este pacto: os neoliberais, os neoconservadores, os populistas autoritários e a nova classe média profissional. Como se pode observar, a versão estadunidense tem sido copiada ipsis litteris no Brasil.

Segundo a pesquisa de Lima e Hypolito (2019), na educação o currículo constitui um campo de disputa por parte dos neoconservadores. O Novo Ensino Médio, o Plano Nacional de Educação (PNE), 2014-2024 (Brasil, 2015), a Base Nacional Comum Curricular (BNCC) (Brasil, 2023), o Programa Nacional das Escolas Cívico-Militares (Pecim) (Brasil, 2019), e o *homeschooling* (educação doméstica) são exemplos dos avanços (ou retrocessos) e interferências da articulação política da ala conservadora do parlamento brasileiro, apoiados e incentivados por atores externos à política, ligados ao mercado, que fazem da educação um lucrativo negócio. Além de agradar interesses escusos do mercado, os avanços conservadores na educação objetivam uma perspectiva de sociedade menos plural. O cerne do projeto Escola sem Partido (Projeto de Lei n.º 7.180, de 2014) e toda a discussão da assim chamada "Ideologia de Gênero" vão nesta direção.

A diversidade religiosa, sexual e de gênero são constantemente combatidas pela Bancada da Bíblia (Frente Parlamentar Evangélica formada por evangélicos e católicos) e outros setores conservadores da sociedade. O ensino que implica o ato de educar, formar um ser humano crítico em todas as dimensões de sua personalidade, não é visto com bons olhos por defensores de uma outra escola que não seja a democrática, laica, pública e de qualidade. Frigotto (2017, p. 8) expõe o incômodo por parte daqueles que defendem a ausência do confronto de ideias e visões plurais na escola ao afirmar o seguinte:

> É o ato de educar, como mediação complexa da formação humana, que é alvo do conservadorismo das elites empresariais e de grupos político-religiosos por intermédio de seus intelectuais e parlamentares comprometidos com o atraso em termos inquisitoriais: "A pedagogia da confiança e o diálogo crítico são substituídos pelo estabelecimento de uma nova função: estimular os alunos e seus pais a se tornarem delatores". Isto porque incomoda aos setores conservadores do país que o ato de educar seja um "confronto de visões de mundo, de concepções científicas e de métodos pedagógicos, desenvolver a capacidade de ler criticamente a realidade e constituírem-se sujeitos autônomos".

O clima persecutório às diferenças e a aversão aos professores, tidos como doutrinadores, são sintomas de desagregação social que, noutras épocas históricas, levaram a regimes totalitários nazifascistas (Frigotto, 2017). Ainda segundo este filósofo e pedagogo, o que se tornou insuportável para a classe dominante é que a escola não adestre seus alunos para o que os defensores do mercado e do lucro consideram importante para a classe trabalhadora: que se tornem mão de obra pseudoformada[29] e barata. Difundem a ideologia de que a função da escola pública é a de ensinar competências – que interessam ao mercado – e não conhecimento (Silva; Souza, 2018).

Silva e Souza (2018) alertam para mais uma especificidade do neoconservadorismo brasileiro. Os movimentos conservadores atraíram para suas causas a classe trabalhadora. Defendendo bandeiras como família, educação, moralidade e segurança criam uma ilusão na sociedade que falseia a realidade exploratória e desigual presentes no país. Na esteira do slogan do último governo autoproclamado conservador dos costumes e liberal na economia – "Deus, Pátria e Família" – defendem a censura e cerceamento de políticas inclusivas e criminalizam os movimentos sociais. O objetivo na educação é obter o controle privado da educação pública, principalmente, pelo controle e censura do currículo escolar.

Os coletivos neoliberais e neoconservadores que aspiram pelo controle da educação pública funcionam não como movimentos sociais, mas como lobbies que defendem os interesses da burguesia capitalista. Aqui, sem aprofundar em cada uma, podem ser citadas as seguintes fundações: Todos pela Educação,

---

[29] A Concepção de pseudoformação adotada nesta análise é a mesma cunhada por Adorno (2004, p. 95), a partir do texto "Teoria de la Pseudocultura", com o seguinte sentido: "Dentro do clima da pseudocultura perduram os conteúdos objetivos coisificados, com caráter de mercadoria, da educação ao preço de seu conteúdo de verdade e de sua relação viva com sujeito vivos, isto corresponderia mais ou menos a sua definição".

Instituto Ayrton Senna, Fundação Lemann[30] etc. Sobre essa última sabe-se, de acordo com o seu relatório de 2016, que a instituição ajudou a articular o trabalho de 78 pessoas e organizações que se uniram para aprimorar a BNCC. "Este compromisso e trabalho intenso foram fundamentais para assegurar a construção de uma política pública de Estado e não de governo, mesmo no contexto político instável que marcou o país" (Azevedo, 2016, n.p.) diz o documento institucional. Nota-se que o interesse não é só o de contribuir economicamente com a educação pública, mas também o de gerenciar e tomar as rédeas de sua condução.

Na última década (2010-2022) surgiram e atingiram o ápice do protagonismo, seguido às vezes de ostracismo, diversos movimentos conservadores que, por meio das redes sociais, influenciaram enormemente o pensamento político da sociedade brasileira. Entre muitos, podem ser elencados os seguintes: Associação Docentes Pela Liberdade, Movimento Brasil Livre[31], Movimento Escola Sem Partido, Movimento Endireita Brasil, Movimento Vem pra Rua etc. As manifestações sociopolíticas das assim chamadas Jornadas de Manifestações de Junho de 2013 abriram diversas oportunidades para tais grupos. Para Silva e Souza (2018, p. 10), tais coletivos

> [...] difundem as suas ideias por meio das redes sociais digitais, como Facebook, WhatsApp, Blogs etc. Trabalham com valores conservadores e se dizem neutros, defendem privatização e demonizam a escola pública e os professores, defendem a liberdade e atuam para criminalizar os movimentos sociais da classe trabalhadora. Com isso, tentam enfraquecer as conquistas advindas de lutas coletivas, de sujeitos coletivos e políticas constituídas com a participação de diversos segmentos sociais.

A maioria dos sujeitos pertencentes a esses movimentos passaram das ruas (2013) às urnas (2015; 2018 e 2022). Sistematicamente ocupam o espaço público para assim, por meio do poder legislativo, defenderem a lógica empresarial no

---

[30] Apoiamos organizações e fazemos parte de coalizões e movimentos que buscam garantir que a Base Nacional Comum Curricular (BNCC) seja implementada com qualidade em todo o Brasil: Movimento pela Base, Educação Já, Instituto Reúna e Nova Escola. Trabalhamos em articulação com Consed e Undime no monitoramento do avanço da implementação da BNCC. Produzimos insumos técnicos e orientações para orientar gestores públicos e ainda atuamos com instituições de pesquisa de ponta no Brasil e no exterior para avaliar a implementação da BNCC e propor recomendações. (Fundação Lemann, 2023).
Para um maior aprofundamento sobre este coletivo juvenil conservador está a dissertação de mestrado Processos formativos de jovens conservadores: discursividade política do Movimento Brasil Livre (MBL), de Gessione Alves da Cunha. Disponível em: http://tede2.pucgoias.edu.br:8080/handle/tede/4749

[31] Para um maior aprofundamento sobre este coletivo juvenil conservador está a dissertação de mestrado Processos formativos de jovens conservadores: discursividade política do Movimento Brasil Livre (MBL), de Gessione Alves da Cunha. Disponível em: http://tede2.pucgoias.edu.br:8080/handle/tede/4749

campo da educação. Seus discursos são pautados por um moralismo seletivo que cooptam juventudes e famílias descontentes com a conjectura política (Silva; Souza, 2018). Inclusive o descontentamento popular é forjado e amplamente propalado nas redes sociais pelo discurso anti-histórico, anticomunismo, antipetismo, antilulismo, anticiência, "anti" quase tudo que signifique ampliação de direitos sociais e pensamento crítico.

O que está em jogo é um embate entre dois projetos de Estado na consecução da qualidade da educação pública. Não se discute a necessidade de ampliar a qualidade da educação, mas como alcançá-la. Contudo, um projeto está alinhado à noção de qualidade total advinda do controle, gerenciamento e privatização e o outro concebe tal qualidade como resultado de uma gestão democrática e participativa, como deve ser num país democrático que tem responsabilidades sociais afixadas pela Constituição Federal (Silva; Souza, 2018). Nos coletivos conservadores supracitados

> [...] não há lugar para a participação popular. Há disputas por verbas públicas para a iniciativa privada e há determinação e vigilância jurídicas em relação à participação dos coletivos de trabalhadores nos debates e no controle social das políticas (Silva; Souza, 2018, p. 20).

Para Sepulveda e Sepulveda (2016), discursos conservadores carregados de senso comum, sedutores, têm obtido fácil aceitação de uma significativa parcela da sociedade. Tal discurso ideológico, cuja retórica subjetiva dificulta caracterizá-lo, só poderá ser bem conhecido na medida em que se conheça bastante sobre o movimento conservador no país e no período em questão. Ele não é exclusivo de nenhuma classe social, dificultando ainda mais relacioná-los a categorias clássicas do materialismo histórico-dialético.

O resultado das eleições presidenciais de 2022 reavivou a esperança no prosseguimento do combate aos discursos neoconservadores e neoliberais que atentam contra a educação pública democrática. Contudo, a sociedade elegeu um parlamento majoritariamente conservador e isso exigirá uma redobrada atenção, vigilância e futuras análises para continuar compreendendo os movimentos conservadores em direção à educação pública brasileira.

Considerações Finais

O pensamento conservador não é único nem se manifesta de igual maneira nos diversos países onde está presente. A falta de um referencial teórico consistente dificulta seu estudo, desafiando os pesquisadores do assunto a compreendê-lo em cada lugar e época histórica para, assim, apreender suas especificidades.

A direita cristã se tornou a coluna vertebral do neoconservadorismo nos Estados Unidos da América e aqui no Brasil. Para o cientista político Ronaldo de Almeida (2017), o argumento pró-conservador dos costumes, bastante presente nas discussões contemporâneas, se baseia na ideia de que o estado é laico, mas a sociedade é religiosa. Nesse tocante, têm sido os evangélicos os que sintetizaram o pensamento conservador no Brasil de Bolsonaro. Eles estão interessados em tudo o que diz respeito à família (a deles principalmente), à educação, à moralidade e à segurança.

Caberá sempre, desprovido de qualquer prejuízo, distinguir os termos conservadorismo de reacionário, moralista, intransigente, elitista e autoritário, mesmo que em diversos indivíduos os conceitos se deem de forma concomitante ao posicionamento conservador.

O Brasil possui uma marca acentuada de conservadorismo político e moral. No entanto, esse pensamento (in) evoluiu *pari passu* com as mudanças da sociedade de mercado. Como doutrina sustentada no e para o capitalismo, suas diversas facetas acompanham o desenrolar histórico dessa ideologia. Na fase atual de capitalismo neoliberal, o conservadorismo no Brasil precisa ser pensado juntamente com as categorias classe, trabalho, família, escola, religião, entre outras.

O conservadorismo e o liberalismo foram percebidos nesta pesquisa como teorias e práticas sociopolíticas pragmáticas e imediatistas. Acerca do neoliberalismo teve-se a compreensão dessa ideologia como uma forma histórica particular assumida pela acumulação do capital, que se une por agendas de conveniência e circunstância. Ulteriores pesquisas deverão continuar distinguindo onde começa, se separa e se une cada uma dessas ideologias, a fim de que se possa, de fato, empreender a luta contra aqueles que solapam a possibilidade de a educação agir em prol da autonomia e da emancipação. Com efeito, na perspectiva adorniana "[...] a única concretização efetiva da emancipação consiste em que aquelas poucas pessoas interessadas nesta direção orientem toda a sua energia para que a educação seja uma educação para a contradição e para a resistência" (Adorno, 1995, p. 183). Entende-se que somente dessa maneira haverá condições de possibilidade para seguir o movimento histórico-dialético.

Referências

ADORNO, Theodor W. Teoría de la pseudocultura. *In*: ADORNO, Theodor W. **Escritos sociológicos I**. Traducción Augustín González Ruiz. Madri: Akal, 2004 (Obra Completa; v. 8).

ADORNO, Theodor W. **Educação e emancipação**. Trad. Wolfgang Leo Maar. São Paulo: Paz e Terra, 1995.

ADORNO, Theodor W.; HORKHEIMER, Max. **Temas básicos da sociologia**. Trad. Álvaro Cabral. São Paulo: Cultrix, 1978.

ALMEIDA, R. de. A onda quebrada: evangélicos e conservadorismo. **Cadernos Pagu**, [*S. l.*], n. 50, 2017. Disponível em: https://periodicos.sbu.unicamp.br/ojs/index.php/cadpagu/article/view/8650718. Acesso em: 5 mar. 2023.

APPLE, Michael Whitman. **Política cultural e educação**. Trad. José do Amaral Ferreira. São Paulo: Cortez, 2000.

AZEVEDO, Rodrigo. **Quem são e quanto gastam as fundações privadas que investem na educação**. Gazeta do Povo. 15 dez. 2017. Disponível em: https://www.gazetadopovo.com.br/educacao/quem-sao-e-quanto-gastam-as-fundacoes-privadas-que-investem-na-educacao-05pxperfz1kpe44fw0mny54pg/. Acesso em: 4 mar. 2023.

BRASIL. Instituto Nacional de Estudos e Pesquisas Educacionais Anísio Teixeira. **Plano Nacional de Educação – PNE 2014-2024**: linha de base. Brasília: INEP, 2015.

BRASIL. Instituto Nacional de Estudos e Pesquisas Educacionais Anísio Teixeira. **Base comum curricular**. Disponível em: basenacionalcomum.mec.gov.br/images/BNCC. Acesso em: 22 maio 2023.

BRASIL. Instituto Nacional de Estudos e Pesquisas Educacionais Anísio Teixeira. **Decreto n. 10.004, de 5 de setembro de 2019**. Institui o Programa Nacional das Escolas Cívico-Militares. Brasília: MEC, 2019.

HOBSBAWM, Eric J. **A era das revoluções**: 1789-1848. Trad. Maria Tereza Lopes Teixeira e Marcia Penchel. 11. ed. São Paulo: Paz e Terra, 1998.

CAVALCANTE, Sávio. Classe Média e Conservadorismo Liberal. *In*: CRUZ, Sebastião Velasco; KAYSEL, André; CODAS, Gustavo *et al*. **Direita, volver!** O retorno da direita e o ciclo político Brasileiro. São Paulo: Editora Fundação Perseu Abramo, 2015.

CONSERVADOR. *In:* DICIO, **Dicionário Online de Português**. Disponível em: https://www.dicio.com.br/conservador/. Acesso em: 23 fev. 2023.

CUNHA, Gessione Alves da. **Processos formativos de jovens conservadores**: discursividade política do Movimento Brasil Livre (MBL), 2021. Disponível em: http://tede2.pucgoias.edu.br:8080/handle/tede/4749 Acesso em: 5 mar. 2023.

BONAZZI, Tiziano. Verbete conservadorismo. *In*: BOBBIO, Noberto; MATTEUCCI, Nicola; PASQUINO, Gianfranco. **Dicionário de política**. Trad. Carmem C. Varrialle *et al*. 5. ed. Brasília: Editora UNB. São Paulo: Imprensa Oficial do Estado de São Paulo, 1998.

COUTINHO, João Pereira. **As ideias conservadoras**: explicadas a revolucionários e reacionários. São Paulo: Três Estrelas, 2014.

COUTINHO, João Pereira; PONDÉ, Luiz Felipe; ROSENFIELD, Denis. **Por que virei à direita**. São Paulo: Três Estrelas, 2012.

FERREIRA, Aurélio Buarque de Holanda. **Novo dicionário Aurélio da língua portuguesa**. Coord. Marina Baird Ferreira e Margarida dos Anjos. 4. ed. Curitiba: Positivo, 2009.

FREITAS, L. C. **A reforma empresarial da educação**: nova direita, velhas ideias. São Paulo: Expressão Popular, 2018.

FRENTE INTEGRALISTA BRASILEIRA (FIB). Disponível em: https://integralismo.org.br/apresentacao/. Acesso em: 4 mar. 2023.

FRIGOTTO, Gaudêncio. A gênese das teses da escola sem partido: esfinge e ovo da serpente que ameaçam a sociedade e a educação. *In*: FRIGOTTO, G. (org.). **Escola "sem" partido**. Rio de Janeiro: LPP/UERJ, 2017. p. 17-34.

FUNDAÇÃO LEMANN. **Políticas educacionais**. Disponível em: https://fundacaolemann.org.br/ Acesso em: 5 mar. 2023.

LIMA, Iana Gomes de; HYPOLITO, Álvaro Moreira. A expansão do neoconservadorismo na educação brasileira. **Educação e Pesquisa** [online]. 2019, v. 45.

Disponível em: https://doi.org/10.1590/S1678-463420194519091. Acesso em: 28 fev. 2023.

MERCADANTE, Paulo. **A consciência conservadora no Brasil**: contribuição ao estudo da formação brasileira. 3 ed. Rio de Janeiro: Editora Nova Fronteira, 1980.

MUNDO EDUCAÇÃO. **Guerra fria**. Disponível em: https://mundoeducacao.uol.com.br/. Acesso em: 4 mar. 2023.

SCRUTON, Roger. **Conservadorismo**: um convite à grande tradição. Trad. Alessandra Bonrruquer. Rio de Janeiro: Record, 2019.

SEPULVEDA, José Antonio; SEPULVEDA, Denize. Conservadorismo e educação escolar: um exemplo de exclusão. **Revista Movimento**, Universidade Federal Fluminense, ano 3, v. 5, 2016.

SILVA, André Luiz Batista da; SOUZA, Maria Antônia de. Movimentos conservadores no âmbito da educação no Brasil: disputas que marcaram a conjuntura 2014 a 2018. **Revista Crítica Educativa** (Sorocaba/SP), v. 4, n. 2, p. 7-23, jul./dez. 2018.

SOUZA, Jamerson Murillo Anunciação de. Edmund Burke e a gênese conservadorismo. **Serv. Soc.**, São Paulo, n. 126, p. 360-377, maio/ago. 2016.

UNIÃO DEMOCRÁTICA NACIONAL (UDN). Disponível em: https://www.marxists.org/portugues/dicionario/verbetes/u/uni_demo_nacional.htm. Acesso em: 4 mar. 2023.

Educação

A IDEOLOGIA SUBJACENTE À CULTURA DIGITAL

Rafael Vieira de Araújo
Divino de Jesus da Silva Rodrigues

Introdução

> *Não é a consciência que determina a vida, mas a vida que determina a consciência.*
>
> (Marx; Engels, 2007).

A epígrafe acima é uma célebre citação de Marx e Engels (2007), a qual reflete a concepção de que a realidade material concreta é o que determina a formação da consciência individual e coletiva – e não o contrário. De acordo com Marx e Engels (2007), as condições materiais de vida, as relações econômicas e sociais influenciam a forma como as pessoas concebem o mundo e as suas ideologias, culturas, crenças e valores. Nessa compreensão, as ideias e valores que as pessoas possuem podem influenciar as suas ações e ações coletivas, e, assim, desempenhar um papel importante na manutenção ou transformação da sociedade.

Nesse sentido, observa-se que, na sociedade atual, o capitalismo é um sistema econômico que tem como principal objetivo a acumulação de capital, ou seja, a obtenção de lucro a partir da venda de mercadorias. Esse sistema também redefine a forma de produção de mercadorias, a reprodução do capital, a acumulação de bens, o consumo de produtos, a cultura e a ideologia dominante. Neste período, nota-se também a disponibilização imensa de informações, as quais são acessadas rapidamente, facilmente e em grande quantidade, por meio de dispositivos tecnológicos, plataformas digitais e redes sociais.

No contexto da cultura e da ideologia, o capitalismo se utiliza da produção de bens simbólicos, como filmes, músicas e livros, como forma de criar mercadorias que possam ser vendidas. Por isso, podemos afirmar que a cultura, nessa perspectiva, é vista como um meio de acumulação do capital, e não como um modo de expressão artística ou cultural em si.

Para Tiballi (2020, p. 5),

> [...] na verdade, os avanços tecnológicos decorrem do progresso técnico necessário para a continuidade dos processos de produção e, nos países capitalistas, este aprimoramento técnico e tecnológico é condição necessária para o processo de acumulação do capital.

Logo, o desenvolvimento tecnológico não ocorre de maneira neutra ou independente do contexto social, político e econômico. Com efeito, vivemos um tempo marcado pelo modo de produção capitalista e pelo sistema neoliberal, compondo-se das aparências de inovações sociais, tecnológicas e ambientais, que continuam impactando no controle do comportamento humano, nas suas cognições, hábitos, pensamentos, valores, crenças e costumes, provocando mudanças em todos os setores da sociedade, os quais constituem novos elementos da cultura. Asseveram Sousa e Peixoto (2022, p. 13): "Na sociedade capitalista, mesmo contendo a aparência revolucionária, a essência da tecnologia se mantém e está ligada majoritariamente à sobrevivência e reprodução do capital".

Destarte, são rupturas, continuidades e transformações que exigem maior emancipação, quer no campo pessoal, quer no profissional, para a vida em sociedade, em uma cultura denominada cultura digital. Essa cultura afeta e condiciona como os sujeitos agem, pensam, expressam, sentem, se vestem, comem, se relacionam, usam seu tempo livre e a maneira como consomem notícias, filmes, literatura, política, músicas, redes sociais e mercadorias. Na visão de Gómez (2015, p. 18), "[...] os seres humanos desenvolvem o software, as plataformas e as redes que eventualmente programam e configuram as suas próprias vidas". Isso significa que as tecnologias criadas pelos seres humanos podem ter um grande impacto em suas vidas, moldando suas experiências, vivências e perspectivas de mundo. Ou seja, as tecnologias não são criadas de forma autônoma ou independente dos seres humanos, todavia, são produtos da inteligência e criatividade humana.

Assim, o avanço das tecnologias digitais, da internet, dos aparatos tecnológicos e a apropriação da tecnologia pelos sujeitos, por meio do trabalho, facilita significativamente a disseminação de informações e a construção do conhecimento, possibilitando novas formas de aprendizado e de ensino. Entretanto, não se pode garantir que o acesso aos recursos tecnológicos, quando disponível para a classe trabalhadora, seja a garantia de que toda informação se consolidará em novos conhecimentos, pois a alienação resultante da lógica capitalista ainda fragmenta a realidade e a consciência. Conforme afirmam Peixoto e Echalar (2017, p. 522), "[...] o simples acesso aos meios digitais em rede não assegura as mesmas oportunidades de aprender e participar do processo de imersão digital".

Essa citação destaca que, embora o acesso à tecnologia seja fundamental, outros fatores, como habilidades digitais, recursos financeiros, educação e conectividade, também são necessários para a pessoa se beneficiar plenamente da cultura digital. Por exemplo, ter acesso a um computador com internet em casa pode ser útil, mas, se o indivíduo não possuir as habilidades necessárias para usá-lo ou não tiver acesso a conteúdo educativo adequado, não terá os mesmos benefícios de alguém com as habilidades e recursos necessários.

Além disso, as desigualdades socioeconômicas também podem afetar a participação na cultura digital. Pessoas com menor poder aquisitivo podem não ter acesso a tecnologias mais recentes ou a conexões de internet de alta velocidade, o que limita sua capacidade de participar plenamente da cultura digital.

De fato, a cultura digital pode ser usada como uma ferramenta para propagar a ideologia da classe dominante, o que ajuda a naturalizar a exploração e a opressão. É crucial, portanto, reconhecer as múltiplas determinações ocultas no mundo da tecnologia e problematizar: qual é a ideologia subjacente à cultura digital? Somente ao compreender criticamente essa ideologia, é possível transformá-la, de maneira emancipatória.

Com base no que foi mencionado, pode-se entender que a ideologia dominante condiciona a forma como os sujeitos percebem e interpretam a realidade, a qual não é concreta, incluindo a cultura e a cultura digital. A cultura é uma fonte significativa de ideologia e pode ser constituída por ela. Por sua vez, a cultura digital, como parte da cultura, é influenciada pela ideologia e, ao mesmo tempo, pode influenciá-la.

É importante ressaltar que, embora a relação entre ideologia, cultura e cultura digital seja uma questão relevante e complexa, não é possível aprofundar essa análise, neste texto, porque exigiria um tempo e um conhecimento amplo sobre a temática e suas conexões com diferentes aspectos da sociedade, como os sociais, educacionais, econômicos, políticos, religiosos e culturais. Por conseguinte, o objetivo deste texto é apenas compreender a ideologia subjacente à cultura digital.

Conforme argumenta Löwy (2003, p. 16), "[...] a categoria metodológica da totalidade significa a percepção da realidade social como um todo orgânico, estruturado, no qual não se pode entender um elemento, um aspecto, uma dimensão sem perder a sua relação com o conjunto". Assim, é imperioso compreender os processos que se inter-relacionam e divergem, no entrelaçamento entre ideologia, cultura e cultura digital no desenvolvimento humano e nas lutas de classes.

1 A relação dialética entre ideologia e cultura

A cultura e a ideologia no capitalismo refletem e legitimam os interesses da classe burguesa dominante. Essa ideologia exalta a propriedade privada, a divisão social do trabalho, a livre concorrência e o individualismo, apresentando o capitalismo como a forma mais justa e natural de organização econômica e social. Tal ideologia leva os sujeitos a acreditarem que tal realidade se daria de modo natural:

> Entretanto, à medida que a divisão social do trabalho se consolidou no modo de produção capitalista há uma ideologia que nos faz crer que os bens produzidos pelos homens, assim como os avanços técnicos necessários para esta produção atualizada, são propriedade privada dos donos do capital, dos detentores do poder econômico (Tiballi, 2020, p. 6).

Em relação a essa realidade, a ideologia capitalista também apresenta a sociedade como formada por indivíduos iguais e livres, os quais concorrem uns com os outros. Ela sugere que a desigualdade econômica é uma consequência natural e justa de diferenças individuais. Nas palavras de Gómez (2015, p. 17), "[...] a distinta posição dos indivíduos no que diz respeito à informação define o seu potencial produtivo, social e cultural, e até mesmo chega a determinar a exclusão social". Nesse espectro, a cultura digital tem potencial para ampliar as desigualdades econômicas e sociais, já que nem todos têm acesso às tecnologias digitais e aos recursos para usá-las, de maneira eficaz.

Além disso, a ideologia capitalista tende a minimizar ou negar a existência de classes sociais e de lutas de classe, mostrando a sociedade como constituída por indivíduos, em vez de classes sociais com interesses opostos e ocultando as relações de poder subjacentes. Vale ressaltar que as classes sociais se diferenciam pela sua posição na estrutura de produção, propriedade e poder, e os conflitos entre elas são gerados pela busca por interesses divergentes. Nessa dimensão, a ideologia capitalista procura ocultar essas contradições sociais e, dessa forma, enfraquecer as lutas sociais e políticas em prol da transformação social.

À vista disso, o intuito deste ensaio é ir além das aparências, das complexidades das mercadorias, representações sociais e ideológicas, as quais, ao longo do tempo, ocultam e condicionam a cultura e a cultura digital. Por isso, a ideologia, neste trabalho, será compreendida como um instrumento de dominação de classe, ideário histórico, social e político das classes dominantes, que torna furtiva e falseia a realidade, com a finalidade de manter o condicionamento da exploração econômica, a desigualdade social e a dominação política. Conforme Chauí (1984, p. 92), fundamentada em Marx, "[...] a ideologia é o processo pelo qual as ideias da classe dominante tornam-se ideias de todas as classes sociais, tornam-se ideias dominantes".

É importante deixar claro que o conceito de «ideologia» surgiu durante o período da Revolução Francesa, inicialmente como o nome de uma nova ciência fundada pelos ideólogos franceses. De acordo com Chauí (1984, p. 22), "Destutt de Tracy pretendia elaborar uma ciência da gênese das ideias, tratando-as como fenômenos naturais que exprimem a relação do corpo humano, enquanto organismo vivo, com o meio ambiente". O objetivo de Destutt de Tracy era criar uma ciência das ideias que fosse a primeira e fundamental. Os ideólogos eram contrários à metafísica, à teologia e, politicamente, defendiam pontos de vista liberais diferentes dos monárquicos. No entanto, com o passar do tempo, o conceito de ideologia ganhou outras conotações e, hoje, é amplamente utilizado para se referir a um conjunto de ideias, crenças e valores que justificam e legitimam interesses e relações de poder, em uma sociedade.

Pela observação dos aspectos analisados, faz-se necessário expor uma síntese da historicidade do conceito de ideologia, a partir das análises de Löwy (2003). Observa-se que o conceito de ideologia tem diferentes concepções, sentidos e significados, historicamente, para diferentes autores, tendo-se verificado ainda contradições e aproximações.

Segundo Löwy (2003), inicialmente Napoleão era um discípulo dos ideólogos, concebia "ideologia" como o significado de um conteúdo que é superior ao empirismo e a realidade, em que a ideologia retrata apenas um raciocínio e uma teoria sem essência e longe da prática.

Entretanto, Napoleão Bonaparte teve relações complexas com os ideólogos franceses de sua época. Por um lado, ele compartilhava alguns princípios da Revolução Francesa, como a igualdade perante a lei, o mérito e a meritocracia, e a promoção de valores iluministas. Ele também apreciava o pragmatismo dos ideólogos franceses e suas ideias de progresso e modernização. Contudo, por outro lado, suas críticas eram especificamente voltadas à avaliação dos ideólogos franceses, sobretudo à sua forma de governar, de sorte que, no caso, Napoleão considerava as avaliações dos ideólogos franceses como falaciosas, pois afetavam sua posição de poder e a estabilidade do Império francês. Assim, Napoleão passou a tomar a ideologia como uma forma de pensamento com expectativas falsas quanto à sua validade prática.

Sobre a conceituação de ideologia, Marx e Engels (2007) fizeram críticas a Tracy, Napoleão e Hegel, elaborando um novo conceito de ideologia. Enfatiza Löwy (2003, p. 104): "Para Marx, na *Ideologia Alemã*, ideologia é uma especulação metafísica idealista, que inverte a realidade. Então, aí não se pode ver bem qual a relação que possa existir entre ideologia e ciência". Segundo Marx e Engels (2007), a ideologia é uma falsa consciência criada pela classe dominante, para manter seu poder e controle sobre as massas.

Nessa direção, do ponto de vista de Marx e Engels (2007, p. 94),

> [...] se, em toda ideologia, os homens e suas relações aparecem de cabeça para baixo como numa câmara escura, este fenômeno resulta do seu processo histórico de vida, da mesma forma como a inversão dos objetos na retina resulta de seu processo de vida imediatamente físico.

Assim, a ideologia é essa inversão das coisas sociais que compreende o conjunto de crenças e valores compartilhados por uma sociedade ou grupo social, os quais reverberam os interesses de suas classes dominantes.

Ademais, Marx e Engels argumentavam que as ideologias são usadas para falsear a determinação do real, justificar e perpetuar a dominação de uma classe sobre outra, e que as pessoas tendem a internalizar essas ideologias, acreditando que elas são verdadeiras e justas. Marx e Engels (2007) entendiam que a superação da opressão econômica e social exigia a compreensão crítica das ideologias e a luta para mudar as condições materiais subjacentes às quais elas são baseadas.

Retomando os principais pontos apresentados acima, pode-se inferir que a ideologia se consolidou como uma manifestação humana, a partir do modo de produção capitalista, no século XVIII, em meio às grandes revoluções, Francesa e Industrial. A cultura, por sua vez, é uma condição ontológica que precede a ideologia, pois está relacionada com a existência humana no mundo. Entretanto, na sociedade capitalista, a ideologia influencia a cultura e vice-versa, estabelecendo uma relação complexa e interdependente entre ambas.

2 A relação dialética entre ideologia, cultura e cultura digital e suas implicações para a sociedade

Tudo o que era sólido se desmancha no ar.
(Marx, 1848)

A cultura, a cultura digital e a ideologia estão inter-relacionadas, sendo produtos e influências da estrutura social e econômica de uma sociedade, moldadas pelas lutas de classes. Os sujeitos, em qualquer parte do mundo, têm a possibilidade de acessar as informações e os produtos culturais de diferentes sociedades. Gómez (2015, p. 19) realça o extraordinário potencial instrutor e, inclusive, formador oferecido pela revolução eletrônica, ao permitir a comunicação intercultural e possibilitar que os indivíduos e os grupos sociais não fiquem centrados apenas nos seus próprios e limitados contextos.

Assim, nessa perspectiva intercultural, a cultura digital está se expandindo rapidamente e tem um papel cada vez mais importante, na vida social, educacional, cultural e política das pessoas, de forma globalizada. Segundo Sousa e Peixoto (2022, p. 16)

> [...] a tecnologia, produto e produtora do trabalho humano, é fundamental para o desenvolvimento da humanidade e, mesmo quando apropriada de acordo com ideologia das classes dominantes, não perde sua essência dialética.

Nessa essência, a tecnologia pode ser usada para ampliar a liberdade de expressão, o acesso à informação, transformada pelo trabalho humano, mas também pode ser empregada para reforçar a opressão e a desigualdade social, por meio da propagação de ideologias dominantes ou da limitação do acesso à informação. Todavia, para apreender o conceito de cultura digital, é importante refletir epistemologicamente sobre o que constitui a cultura e retomar as reflexões sobre ideologia.

A esse respeito, salienta-se que a palavra "cultura" é derivada do latim "cultura", que significa "cultivo", "cuidado" ou "adubação". Originalmente, a palavra se referia ao cultivo da terra, à agricultura e ao cuidado dos jardins. Conforme Chauí (2008, p. 55),

> [...] como cultivo, a cultura era concebida como uma ação que conduz à plena realização das potencialidades de alguma coisa ou de alguém; era fazer brotar, frutificar, florescer e cobrir de benefícios.

Nesse processo histórico de acumulação de conhecimentos pela sociedade e com as transformações sociais, a cultura é compreendida como um processo de aprendizagem e produção humana, o qual envolve a interação do indivíduo com o trabalho, suas ações, expressões, manifestações e linguagens.

Em uma perspectiva histórica materialista, a cultura é uma condição ontológica marcada pela presença humana no mundo e tudo o que o homem produz e diferencia dos animais. O trabalho, concebido como atividade intencional deliberada, que altera a condição subjetiva do sujeito, é considerado a fonte da cultura. Para a ideologia alemã, de Marx e Engels (2007), a cultura é o resultado da relação entre o indivíduo e sua condição material de existência.

No contexto do materialismo histórico-dialético, a cultura digital é entendida como uma nova forma de manifestação da cultura, condicionada pelas relações sociais e econômicas de uma sociedade, refletindo e influenciando a ideologia subjacente. Por isso, é importante destacar:

> [...] estamos na era do capitalismo pós-industrial, financeiro e globalizado, em que o intercâmbio digital, a globalização financeira e comercial, a livre circulação de produtos e de capitais, a primazia de rentabilidade sobre a produtividade, a busca do lucro a qualquer preço, a especulação financeira descontrolada, a realocação espacial no trabalho e a produção situam a informação, a flexibilidade, a incerteza, a desregulamentação, a fluidez e a inovação como eixos dos comportamentos humanos individuais e grupais nos processos de produção e consumo (Gómez, 2015, p. 16).

Por outro lado, o materialismo histórico-dialético enfatiza a importância das relações sociais e econômicas na formação da cultura, incluindo a luta de classes que ocorre na sociedade.

Por conseguinte, a cultura é esse conjunto de elementos que podem proporcionar aos indivíduos uma compreensão da existência humana, de maneira emancipatória, mas também pode ser utilizada para sua alienação. Conforme Chauí (2008, p. 57), a cultura pode ser

> [...] entendida como produção e criação da linguagem, da religião, da sexualidade, dos instrumentos e das formas do trabalho, das formas da habitação, do vestuário e da culinária, das expressões de lazer, da música, da dança, dos sistemas de relações sociais, particularmente os siste-

mas de parentesco ou a estrutura da família, das relações de poder, da guerra e da paz, da noção de vida e morte. A cultura passa a ser compreendida como o campo no qual os sujeitos humanos elaboram símbolos e signos, instituem as práticas e os valores, definem para si próprios o possível e o impossível, o sentido da linha do tempo (passado, presente e futuro), as diferenças no interior do espaço (o sentido do próximo e do distante, do grande e do pequeno, do visível e do invisível), os valores como o verdadeiro e o falso, o belo e o feio, o justo e o injusto, instauram a ideia de lei, e, portanto, do permitido e do proibido, determinam o sentido da vida e da morte e das relações entre o sagrado e o profano.

Nesse sentido, para Chauí (2008), a cultura é um fenômeno complexo e multidimensional, o qual inclui valores, crenças, práticas e expressões artísticas de uma sociedade. Ela acredita que a cultura tem um papel fundamental na construção da democracia, pois é por meio dela que se formam a consciência política e as práticas cívicas dos indivíduos. De acordo com Chauí (2008, p. 66),

> [...] afirmar a cultura como um direito é opor-se à política neoliberal, que abandona a garantia dos direitos, transformando-os em serviços vendidos e comprados no mercado e, portanto, em privilégios de classe.

Por isso, a cultura é fundamental para a consolidação da democracia.

Em uma perspectiva crítica, a cultura pode ser vista como uma ferramenta na luta de classes contra a ideologia capitalista e burguesa, visando à materialização da democracia. Por outro lado, a cultura é também condicionada pela ideologia dominante, que cria uma série de crenças e valores, para esconder a verdadeira natureza das relações econômicas e sociais e apresentar a posição como algo natural e inevitável.

Na mesma direção, compreende-se que a cultura digital é um conceito atinente ao conjunto de práticas, valores e representações sociais relacionadas às tecnologias digitais de informação e comunicação - TDIC, incluindo a microeletrônica, a cibernética, a biotecnologia, a engenharia genética, a nanotecnologia, a inteligência artificial, a realidade aumentada, a robótica, a internet, os computadores, os games, o metaverso, os dispositivos móveis, as redes sociais, a informática e técnicas similares. Essas tecnologias têm um impacto significativo no modo como as pessoas se comunicam, aprendem, pensam, trabalham e se relacionam entre si:

> Há uma recíproca entre conhecimento técnico e tecnologia. O uso da razão, do pensamento e da reflexão empregados na produção dos bens necessários para a sobrevivência dá

ao homem a capacidade de criar, inovar e de transformar. Isso é demonstrado por tudo que o processo civilizatório da humanidade conseguiu acumular em termos de conhecimento, técnica e tecnologia (Tiballi, 2020, p. 6).

Na realidade concreta, a produção econômica e o avanço da tecnologia, no século XXI, têm corroborado na forma como a cultura digital é produzida, distribuída e consumida. A ideologia e a cultura são, portanto, fundamentais para entender a cultura digital e sua relação com a sociedade.

Nessa perspectiva, a cultura digital é um ambiente onde as ideologias podem ser reproduzidas, contestadas e transformadas. Além disso, a cultura digital é um local onde a cultura pode ser repensada e reavaliada, já que as tecnologias permitem a produção, a criação e a difusão de novas formas culturais.

A ideologia subjacente à cultura digital é baseada na crença de que as tecnologias digitais podem ser usadas para melhorar a vida das pessoas, tornando-as mais conectadas, informadas e produtivas. Essa ideologia é promovida por empresas de tecnologia, governos e outras instituições, que investem na inovação tecnológica e na digitalização de diversos setores da sociedade.

Tiballi (2020, p. 6) reflete que:

> [...] estas tecnologias não são neutras, destituídas de intencionalidades, como se a intencionalidade política das mesmas só pudesse ser instaurada por quem delas faz uso, a produção de tecnologia, assim como de qualquer mercadoria, visa o lucro e a mais valia, a serviço do capital.

Por sua vez, alguns críticos argumentam que a cultura digital tem uma outra consequência, em decorrência da produção e consumo de informação de forma fragmentada, como a exposição excessiva às redes sociais, de sorte que o indivíduo se sente saturado na memória de tantas informações e a mídia pode levar a problemas de saúde mental, como ansiedade e depressão. Gómez (2015, p. 18) sustenta que "[...] a saturação de informação gera dois efeitos aparentemente paradoxais, mas na verdade convergentes: a superinformação e a desinformação".

Conforme a citação acima, a autora expressa que a excessiva quantidade de informação disponível pode resultar em dois efeitos aparentemente contraditórios, contudo, na verdade, complementares. O primeiro é a "superinformação", que se refere ao excesso de informação, que torna difícil para as pessoas escolherem e seguirem uma fonte confiável de informação. O segundo é a "desinformação", que concerne à disseminação de informação falsa ou enganosa. Ambas as situações são resultados da saturação de informação e podem levar a problemas sérios, como a formação de opiniões amparadas em informações erradas ou a perda de confiança nas fontes de informação.

Assim, as ideologias dominantes na cultura digital incluem conjuntos de ideias que apresentam uma visão distorcida da realidade, como a democratização do acesso à informação, o paradoxo da liberdade de expressão e a necessidade de inclusão social. Essas ideologias refletem crenças comuns de que a tecnologia deve ser utilizada para garantir o acesso a informações, permitindo a livre expressão de opiniões e a inclusão de pessoas marginalizadas.

Nessa dimensão de falsear a realidade, a sociedade capitalista fragmentou, por meio do pensamento cartesiano, os sentidos e significados da experiência dos sujeitos em relação ao espaço e ao tempo, no mundo tecnológico. Ao abordar o tema, Chauí (2008, p. 62) observa que:

> [...] a fragmentação e a globalização da produção econômica engendram dois fenômenos contrários e simultâneos: de um lado, a fragmentação e dispersão espacial e temporal e, de outro, sob os efeitos das tecnologias eletrônicas e de informação, a compressão do espaço – tudo se passa aqui, sem distâncias, diferenças nem fronteiras – e a compressão do tempo – tudo se passa agora, sem passado e sem futuro.

As constatações da autora ensejam perceber que a sociedade capitalista produziu uma fragmentação e uma dissolução do espaço e do tempo, tornando difícil sua integralidade. Além disso, o tempo também é visto como instantâneo e sem uma profundidade significativa. Remetendo-se a Paul Virilio (1993), Chauí (2008, p. 62) enfatiza que ele "[...] fala de acronia e atopia, ou da desaparição das unidades sensíveis do tempo e do espaço vivido sob os efeitos da revolução eletrônica e informática".

Ora, com o advento das tecnologias digitais da informação e comunicação, o poder do imediato tem tornado essa profundidade do tempo menos significativa, já que tudo parece estar conectado agora, sem passado e sem futuro, ou seja, constata-se a onipresença das TDIC. Como ressalta Chauí (2008, p. 62),

> [...] vivemos sob o signo da telepresença e da teleobservação, que impossibilitam diferenciar entre a aparência e o

sentido, o virtual e o real, pois tudo nos é imediatamente dado sob a forma da transparência temporal e espacial das aparências, apresentadas como evidências.

Vale frisar, conforme a citação acima, que a perda da profundidade do tempo, isto é, do anonimato, da ausência do tempo e do espaço diferenciado, pode levar a uma perda do sentido da cultura como uma ação histórica, segundo conclui Chauí (2008, p. 62): "[...] em outras palavras, perdemos o sentido da cultura como ação histórica".

Na opinião de Gómez (2015, p. 19), "[...] os meios de comunicação e, em particular, a tela multipresente, constituem o esqueleto da nova sociedade". A autora acima destaca a importância desses meios, na construção da sociedade atual, e como eles desempenham um papel crucial na vida das pessoas. A tela multipresente se refere à capacidade de acessar e exibir várias informações, ao mesmo tempo, em diferentes dispositivos, como computadores, smartphones, videogames e televisores. A autora argumenta que esses meios de comunicação têm um impacto significativo na forma como as pessoas vivem, trabalham e se relacionam, e, por isso, são fundamentais para se compreender a sociedade atual. "É importante considerar como essa tela multipresente com a acronia e a atopia, influenciadas pela ideologia e cultura digital, impactam o ambiente educacional" (Gómez, 2015, p. 19).

3 Cultura digital educacional: culturas e ideologias

A cultura digital tem um impacto significativo na educação e no modo como a escola aborda o ensino e a aprendizagem. A cultura digital, na escola, inclui o uso de tecnologias digitais de informação e comunicação – TDIC, como computadores, dispositivos, a internet e as redes sociais, com o objetivo de promover a inclusão e a cidadania digital, desenvolver habilidades digitais, estimular a criatividade, aumentar a participação e a colaboração dos estudantes, além de facilitar a comunicação entre professores e comunidade escolar.

Na perspectiva apresentada, a tecnologia digital é vista como fundamental e essencial para o desenvolvimento dos processos educativos em escolas. É sugerido que ela tenha um papel decisivo na forma como a educação é conduzida e que influencie diretamente a aprendizagem dos estudantes. Assim, é fundamental que a tecnologia digital seja utilizada de maneira estratégica e eficiente, para aprimorar os processos de ensino e aprendizagem.

Conforme Tiballi (2020, p. 5),

> [...] há um discurso instaurado no campo da Educação que considera a tecnologia como progresso a serviço da humanidade e da democratização da sociedade, como algo que surge para beneficiar o homem e tornar mais fácil a sua sobrevivência cotidiana.

Nesse caso, a participação da educação é exigida no processo de formação de indivíduos que cultivam a habilidade de pensar criativamente e de adaptar-se às transformações da sociedade do conhecimento. Destarte, a escola tem que ser participada, participante e participativa, vendo-se desafiada a promover mudanças nos processos educativos, tornando as aulas mais críticas para se aprender a pensar, mais lúdicas, enquanto possibilidade da criatividade, cheia de sentidos e significados, potencializando a cultura digital, sem desconsiderar as novas expectativas que o mundo do trabalho requer.

Assim, Gómez (2015, p. 28) escreve que "[...] o desafio da escola contemporânea reside na dificuldade e na necessidade de transformar a enxurrada desorganizada e fragmentada de informações em conhecimento".

Isso significa que, na opinião de Gómez (2015), a escola atual enfrenta uma grande dificuldade em transformar a quantidade excessiva e desconexa de informações, as quais estão disponíveis na sociedade, em conhecimento significativo e cheio de sentidos. A escola precisa desenvolver estratégias eficazes para ajudar os estudantes a navegar, organizar e sistematizar a gama de informações, de sorte a adquirir habilidades críticas de aprendizagem que possam ser materializadas em conhecimentos científicos e aplicadas, ao longo da vida.

Nesse contexto, a inserção de tecnologias nos processos educacionais vem gradativamente ganhando espaço e se evidenciou após a publicação da Base Nacional Comum Curricular (BNCC), a qual traz essa necessidade prevista, principalmente, observada nas competências 4 – Comunicação – e 5 – Cultura Digital, em consonância com a Política Nacional de Educação Digital – Lei n.º 14.533, de 11 de janeiro de 2023.

O intuito, nessas competências, é proporcionar aos estudantes a conscientização de que o conhecimento científico, mediado pela tecnologia, almeja contribuir para a construção de novos saberes, pensamentos e reflexões.

No entanto, é importante levar em conta as ideologias e as culturas que influenciam a forma como a cultura digital é adotada na escola:

> Há um saber tecnológico mantido fora do alcance da maioria da população, inclusive da própria escola, que se mantém como nicho à parte, acessado por poucos e sob a tutela dos que investem capital financeiro neste mercado. Há um poder econômico e um poder político de manipulação desse mercado consumidor que cria o fetiche da tecnologia mantendo cativos seus consumidores (Tiballi, 2020, p. 5).

De acordo com a autora, existe uma desigualdade na distribuição do conhecimento tecnológico, pois apenas uma minoria da população, incluindo a escola, tem acesso a ele. Esse conhecimento é controlado e mantido por aqueles que investem financeiramente no mercado tecnológico. Além disso, existe um poder econômico e político por trás da manipulação desse mercado, resultando na criação de uma cultura que eleva a tecnologia ao status de objeto desejado e mantém seus consumidores submissos. Nessa direção, a tecnologia é vista como um objeto fetiche, e aqueles que detêm o poder econômico e político manipulam o mercado, a fim de manter sua posição de vantagem e dominação.

Tais considerações estão presentes na textualidade de Tiballi (2020, p. 6), quando das afirmações sobre "[...] as desigualdades sociais, as desigualdades educativas e a avareza mercantilista na produção de tecnologias que criou um nicho de mercado consumidor no campo da educação".

Isso significa que a produção de tecnologias, motivada pela acumulação do capital e do lucro, está perpetuando e aumentando as desigualdades sociais e educativas, já que apenas uma parcela da população tem acesso às tecnologias e, consequentemente, a um ensino de qualidade. Souza e Peixoto (2022, p. 16) afirmam que "[...] é importante ressaltar que a tecnologia por si é incapaz de promover um trabalho docente que empreenda a superação da alienação se não estiver integrada à luta de classes".

A ideia exposta pelas autoras Souza e Peixoto (2022) é que a utilização da tecnologia, isoladamente, não é suficiente para mudar a dinâmica da educação e superar a alienação presente no processo de ensino. É necessário que a tecnologia seja integrada à luta de classes, ou seja, à luta pelos direitos sociais e políticos, para que realmente possa ser uma ferramenta efetiva na superação da desigualdade educacional. Apenas incorporar tecnologias à educação, sem levar em conta as questões sociais e políticas, não vai mudar a realidade do ensino e não vai promover uma educação mais democrática, inclusiva e igualitária.

Considerações Finais

> *Não há utopia verdadeira fora da tensão entre a denúncia de um presente tornando-se cada vez mais intolerável e o anúncio de um futuro a ser criado, construído, política, estética e eticamente, por nós, mulheres e homens.*
>
> *(Freire, 1992, p. 126).*

O objetivo deste estudo foi refletir sobre a "Ideologia subjacente à cultura digital" e apresentar uma análise crítica da cultura digital e sua ideologia. É imperioso frisar que a cultura digital é fortemente influenciada pelos valores neoliberais e pelo modo de produção capitalista, o qual valoriza commodities, eficiência, competição, individualidade e fragmentação. Segundo Marx e Engels (2007, p. 87), "[...] ao produzir seus meios de vida, os homens produzem indiretamente sua própria vida material".

Isso significa que, mediante as condições materiais e ideológicas de uma sociedade, quando as pessoas produzem o que é necessário para sua sobrevivência, estão produzindo também suas condições de vida. Assim, o modo de produção e as condições econômicas envolvidas na produção dos meios de vida acabam afetando o modo de vida das pessoas. A produção de meios de vida está intimamente ligada à maneira de pensar e agir das pessoas, ou seja, está ligada à sua cultura.

A partir de uma visão crítica da sociedade, passou-se a entender a ideologia como uma estratégia das classes dominantes, para manter a exploração econômica, a desigualdade social e a dominação política. Logo, a ideologia é vista como um conjunto de ideias e valores históricos, sociais e políticos que ocultam e distorcem a realidade, permitindo que a classe dominante mantenha seu poder e influência sobre as outras classes sociais.

É relevante destacar que a cultura digital está fortemente relacionada ao modo de produção capitalista, pois a produção de meios digitais de comunicação e produção, como smartphones, computadores e plataformas on-line, tem um impacto direto na forma como as pessoas vivem e se relacionam com o mundo. Esses meios digitais de vida são uma extensão da existência humana e, portanto, sua produção tem direção direta na vida material e social das pessoas.

O artigo realça a importância de compreender a ideologia, a cultura e a cultura digital, a fim de avaliar seus impactos sociais e políticos, bem como encontrar formas de resistir a essa ideologia e de construir uma cultura de cidadania digital mais democrática. Como expressa Chauí (2008, p. 66), "[...] de cidadania cultural, em que a cultura não se reduz ao supérfluo, entretenimento, aos padrões do mercado, à oficialidade doutrinária (que é ideologia), mas se realiza como direito de todos os cidadãos".

A ideologia subjacente à cultura digital é complexa e influi na sociedade, de múltiplas formas, atualmente. Ela é marcada por motivações políticas e sociais que determinam a relação dos indivíduos com a tecnologia digital. Em sua essência, a cultura digital está vinculada a um sistema de poder que mantém o conhecimento tecnológico em mãos de poucos, perpetuando, assim, sua influência sobre as sociedades. Além disso, essa cultura é caracterizada por uma fragmentação e dispersão do espaço e do tempo, condicionando a reunificação dos sujeitos sob um espaço indiferenciado e um tempo efêmero, desprovido de profundidade.

O impacto das condições materiais de vida no pensamento e na cultura dos sujeitos é reconhecido por Marx e Engels (2007). Embora os avanços tecnológicos possibilitem uma disseminação maior de informações e novas formas de aprendizado, o acesso a esses recursos não garante o desenvolvimento de novos conhecimentos devido à fragmentação causada pela lógica capitalista. É essencial compreender criticamente as múltiplas determinações presentes na cultura digital, evitando sua utilização como ferramenta de propagação da ideologia dominante.

A cultura digital é concebida como uma nova forma de manifestação cultural, condicionada pelas relações sociais e econômicas de uma sociedade. Ela reflete e influencia a ideologia subjacente. O trabalho é considerado a fonte da cultura. Na era do capitalismo pós-industrial, financeiro e globalizado, a troca digital, a globalização financeira e comercial, a livre circulação de produtos e capitais, a busca do lucro, a qualquer custo, a especulação financeira descontrolada e a realocação espacial do trabalho são características que afetam e se refletem na cultura digital. É importante enfatizar que a tecnologia pode ser empregada para ampliar a liberdade de expressão e o acesso à informação, mas também pode ser utilizada para reforçar a opressão e a desigualdade social. Segundo Tiballi (2020, p. 5), "[...] é quase impossível encontrar um artefato de consumo humano que não tenha sido processado por algum tipo de tecnologia digital".

A cultura digital desempenha um papel significativo na educação e no uso de tecnologias digitais, para melhorar o ensino e a aprendizagem.

As escolas precisam desenvolver estratégias para usar efetivamente essas tecnologias, com o objetivo de promover a inclusão digital, as habilidades digitais e a criatividade. A Base Nacional Comum Curricular e a Política Nacional de Educação Digital reforçam a importância da cultura digital na educação. No entanto, é importante considerar as ideologias e culturas que influenciam a forma como a cultura digital é utilizada nas escolas, para que ela seja aproveitada de forma positiva e contribua para a formação crítica dos alunos.

As tecnologias nos permitem "desvelar" e "desvendar" muitas coisas. Há espaço para a resistência e a transformação, e muitos movimentos sociais têm usado a tecnologia como uma ferramenta para promover mudanças sociais positivas. É necessário pensar a utopia como um horizonte orientador, uma perspectiva que aponta para uma direção cheia de sentidos, significados, de mudança e transformação social baseadas em valores e princípios que considerem importantes. Essa utopia anuncia uma sociedade mais humana, sem acronias e atopias, na qual as pessoas tenham acesso aos recursos necessários para viver com dignidade, onde haja igualdade de oportunidades, os direitos humanos sejam respeitados e haja equilíbrio ecológico e cidadania cultural.

Portanto, é essencial entender as ideias ideológicas da cultura digital, para questionar e mudar seu impacto na sociedade. É preciso desenvolver uma consciência crítica sobre os processos de poder e influência que a tecnologia digital tem nas sociedades, permitindo o desenvolvimento de uma relação mais equilibrada e democrática com a tecnologia digital.

Referências

CHAUÍ, Marilena. **O que é ideologia**. 15. ed. São Paulo: Brasiliense, 1984.

CHAUÍ, Marilena. **Cultura e democracia**. São Paulo: Cortez, 2008.

FREIRE, Paulo. **Pedagogia da esperança**. Rio de Janeiro: Paz e Terra, 1992.

GÓMEZ, Ángel I. Pérez. **Educação na Era Digital**: a escola educativa. Tradução: Marisa Guedes. Porto Alegre: Penso, 2015.

LÖWY, Michael. **Ideologias e ciências sociais.** Elementos para uma análise marxista. São Paulo: Cortez, 2003.

MARX, Karl; ENGELS, Friedrich. **A ideologia alemã**. São Paulo: Boitempo, 2007. p. 83-95. Disponível em: http://abdet.com.br/site/wp-content/uploads/2014/12/A--Ideologia-Alem%C3%A3.pdf. Acesso em: 18 nov. 2022.

PEIXOTO, Joana; ECHALAR, Adda Daniela Lima Figueiredo. Tensões que marcam a inclusão digital por meio da educação no contexto de políticas neoliberais. **Educativa** (Goiânia, *on-line*), v. 20, p. 507-526, 2017. Disponível em: http://seer.pucgoias.edu.br/index.php/educativa/article/view/6836/3809. Acesso em: 10 out. 2022.

SOUSA, Daniela Rodrigues de; PEIXOTO, Joana. Consciência e luta de classes: a tecnologia na mediação do trabalho docente. **Revista Histedbr** (*on-line*), Campinas, SP, v. 22, p. 1-20, 2022. DOI: 10.20396/rho.v22i00.8666975. Disponível em: https://periodicos.sbu.unicamp.br/ojs/index.php/histedbr/article/view/8666975. Acesso em: 14 dez. 2022.

TIBALLI, Elianda F. A. Crise da sociedade, crise da educação: desafios políticos e perspectivas pedagógicas para a educação escolar. **Educativa**. (Goiânia, *on-line*), v. 23, p. 1-14, 2020. Disponível em: http://dx.doi.org/10.18224/educ.v23i1.8749. Acesso em: 7 out. 2022.

NEOLIBERALISMO E EDUCAÇÃO NA ABORDAGEM DE LIBÂNEO, FREITAS E MANZI FILHO

Arnaldo Cardoso Freire
Lucia H. Rincon Afonso

O neoliberalismo se apresenta à escola, e ao restante da sociedade, como solução ideal e universal para todas as contradições e disfuncionalidades, mas na verdade é um remédio que alimenta o mal que deveria curar

(Christian Laval, 2019).

Introdução

Este artigo busca refletir sobre a influência do neoliberalismo na educação, tendo também como intuito analisar criticamente seus efeitos, de modo a compreender que as políticas orientadas pelo capital transnacional podem não ser benéficas a toda a sociedade, já que privilegiam os interesses das elites econômicas e financeiras em detrimento dos interesses dos trabalhadores, dos povos indígenas, das mulheres e de outros grupos sociais vulneráveis na atual organização da sociedade.

Importante ressaltar que a educação é um direito fundamental e universal reconhecido pela maioria das constituições e pela Declaração Universal dos Direitos Humanos, tendo um papel crucial no desenvolvimento social, econômico e cultural de uma sociedade. É um instrumento de redução da desigualdade, promoção da inclusão social, busca do exercício da cidadania e, consequentemente, da democracia.

Nessa perspectiva, para compreender o conceito de neoliberalismo remetemos aos estudos de Perry Anderson (1995). Segundo ele, o neoliberalismo nasceu logo após a II Guerra Mundial, na região da Europa e da América do Norte, onde imperava o capitalismo. Foi uma reação teórica e política veemente contra o Estado intervencionista e de bem-estar. À época, as condições para a divulgação das ideias neoliberais não eram de todo favoráveis, uma vez que o capitalismo avançado estava entrando em sua idade de ouro, apresentando o crescimento mais rápido da história. A mensagem neoliberal, tendo como seus principais ideólogos Friedrich Hayek e Milton Friedman permaneceu na teoria, adormecida por mais ou menos 20 anos, porém, com a chegada da grande crise do modelo econômico do pós-guerra, em 1973, as ideias neoliberais passaram a ganhar terreno.

Teóricos neoliberais afirmavam que a origem dessa crise estava localizada no movimento operário, cujas pressões reivindicativas sobre os salários acabaram abalando as bases de acumulação capitalista e com sua pressão parasitária para que o Estado aumentasse cada vez mais os gastos sociais.

> O remédio, então, era claro: manter um Estado forte, sim, em sua capacidade de romper o poder dos sindicatos e no controle do dinheiro, mas parco em todos os gastos sociais e nas intervenções econômicas. A estabilidade monetária deveria ser a meta suprema de qualquer governo. Para isso seria necessária uma disciplina orçamentária, com a contenção dos gastos com bem-estar, e a restauração da taxa "natural" de desemprego, ou seja, a criação de um exército de reserva de trabalho para quebrar os sindicatos (Anderson, 1995, p. 11).

O governo Thatcher, em 1979, na Inglaterra, foi o primeiro regime de um país de capitalismo avançado publicamente empenhado em pôr em prática o programa neoliberal, seguido por Ronald Reagan, em 1980, nos Estados Unidos. Esses dois governos foram decisivos para a evolução e hegemonia deste programa neoliberal, que vinha se desenvolvendo de forma gradual. A partir da década de 1980, então, a ideologia neoliberal tornou-se dominante nas regiões de capitalismo avançado do mundo, e na economia e educação brasileira, a partir dos anos 1990.

O neoliberalismo se opõe à ideia de um Estado de bem-estar social, que garante uma ampla gama de serviços públicos e sociais. Defende a redução do papel do Estado na economia e na sociedade em geral, permitindo que os mercados funcionem livremente e sem regulamentação excessiva, por isso tem sido criticado por muitos em razão dos efeitos sociais e econômicos negativos, incluindo na Educação. Importantes pensadores educacionais brasileiros têm se debruçado ao estudo do tema. No presente artigo abordamos a visão de três desses estudiosos: Ronaldo Manzi Filho, José Carlos Libâneo e Luis Carlos de Freitas, analisando suas ideias dentro de uma visão crítica da necessidade de se repensar a consolidação da teoria Neoliberal na educação brasileira.

1 Neoliberalismo e educação na visão de Manzi

Ronaldo Manzi em seu livro *Neoliberalismo e educação-conversas e desconversas* traz importantes reflexões sobre o tema, cujo prefácio escrito por Elianda Tiballi afirma "que não se encontra nessa obra conceitos finitos".

> [...] a desconstrução do discurso neoliberal não é tarefa fácil e Manzi esteve atento a essa dificuldade. Considerou que há um ocultamento dos reais significados políticos das promessas neoliberais. Esse discurso é ideologicamente construído de modo a apresentar uma parte da verdade, que é inquestionável, como se fosse a totalidade do que se pretende explicar. Escamoteia a outra parte do real, àquela que revela as contradições e os conflitos inerentes à organização socioeconômica capitalista, para garantir a aquiescência necessária à manutenção desse modelo econômico (Tiballi, Elianda. *In*: Manzi Filho, 2022, p. 3).

Esse estudo tomará como foco, dentre todos pertinentes a essa discussão levantados pelo autor, dois aspectos: a tese de que há a gestão de nossas formas de vidas (e como consequência das escolas) a partir dos valores neoliberais e a ideia de capital humano na relação entre neoliberalismo e educação.

Manzi esclarece que o marco fundador do neoliberalismo se deu a partir da teorização de uma intervenção estatal na economia, que fosse realmente liberal. Segundo seus ideólogos, havia urgência e necessidade de reformular o liberalismo clássico, não o identificando mais ao laissez-faire – princípio básico do liberalismo clássico nos moldes de Adam Smith. Era preciso uma espécie de intervencionismo liberal que se distinguisse de um intervencionismo que visasse o bem comum. Uma intervenção do Estado que garantisse o funcionamento do mercado.

Princípios como estabilidade econômica, monetária, assim como mercados abertos que garantam a propriedade privada, a liberdade de contratos etc., devem ser constituídos juridicamente e mantidos pela intervenção estatal. Em outras palavras, o Estado deve criar, garantir e respeitar as regras do jogo de uma economia de mercado que exige uma adaptação constante dos homens e de sua forma de vida como a família, a delinquência a educação, o desemprego e em todas as dimensões possíveis, ao mercado de trabalho. A premissa neoliberal é de que se opere uma gestão de nossas formas de vida a partir dos valores neoliberais.

> Há um "espírito" empresarial por trás dessa nova forma de vida que faz apologia à ideia de risco. Assim como uma empresa neoliberal age, os indivíduos deveriam se comportar: se ele não for sempre instigado a "evoluir", ele não "sairia do lugar". É preciso que haja uma concepção de risco para que haja desafio, mudança (Manzi, 2022, p. 44).

Dentro dessa concepção, a escola, antes pensada e voltada aos valores sociais, culturais e políticos, passa a privilegiar e incentivar a competitividade dos indivíduos, favorecendo uma gestão de nossas formas de vida a partir do neoliberalismo, havendo uma busca de tratá-lo como uma evolução natural da sociedade, possível por meio do esforço pessoal e do individualismo, conforme avalia Manzi (2022).

> É tão forte a naturalização dos valores neoliberais que parece estranho que alguém defenda algo contrário. Quem iria questionar a importância da concorrência no mercado de trabalho, de se estar "à altura" das exigências do mercado por exemplo? Que o valor social do indivíduo é sua competência? De que é preciso a todo momento estar atualizado com o "mais novo"? De que é preciso ter um aprendizado ao longo da vida que nos leva à eficiência, desempenho e competência? Mas poderíamos também fazer perguntas contrárias que também nos pareceriam óbvias as respostas: são esses os valores que se esperam na formação de um cidadão? Seriam os mesmos valores que se prezam em uma empresa? Seriam as empresas as responsáveis em pautar, dar legitimidade, aconselhar, definir como a educação deveria ser realizada? (Manzi, 2022, p. 12).

Ainda nessa perspectiva neoliberal, Christian Laval, citado por Manzi, conceitua a escola neoliberal como sendo

> [...] a designação de certo modelo escolar que considera a educação um bem essencialmente privado, cujo valor é acima de tudo econômico. Não é a sociedade que garante o direito à cultura a seus membros; são os indivíduos que

> devem capitalizar recursos privados cujo rendimento futuro será garantido pela sociedade. Essa privatização é um fenômeno que atinge tanto o sentido do saber e as instituições que supostamente transmitem os valores e os conhecimentos quanto o próprio vínculo social. (Laval, Christian. *In*: Manzi, 2022, p. 30).

Esse conceito, segundo Manzi Filho, pressupõe o funcionamento da escola baseado na lógica de mercado, ou seja, o serviço oferecido atenderia a demanda do cliente, que anseia pela escolha de uma profissão mais rentável. Nesse sentido a educação deveria ser um bem privado, rentável, útil, em que o aluno seria um capital humano. Nessa ótica, a escola estaria vendendo uma mercadoria e a cultura entraria nessa dimensão. É importante ressaltar que há, nessa ideia de pensar as escolas sob uma visão neoliberal, a naturalização de um discurso que reduz e limita o papel da educação na sociedade. Sabe-se, contudo, que a educação tem um papel muito maior que a formação para o mercado de trabalho e o foco em profissões mais rentáveis.

O fato de o aluno passar a ser visto como um capital humano leva a outro ponto importante observado pelo autor: a necessidade de se pensar a relação entre o neoliberalismo, a educação e a teoria do capital humano. A teoria do "Capital Humano" teve origem desde o início da teoria clássica (século XVII) nas ideias desenvolvidas por Adam Smith na obra *A riqueza das Nações*. Ele foi o primeiro pensador a ver o uso eficiente do trabalho como fonte do desenvolvimento econômico e a divisão do trabalho que permite que as pessoas devotem seus talentos a um único item de produção, trocando excedentes por coisas que precisam. Essa dinâmica era (ou seria) para ele a verdadeira causa do progresso econômico.

Smith também reconheceu que a "divisão detalhada" do trabalho no processo de manufatura ameaçava reduzir o trabalhador a uma sombra mecânica e previu o colapso da ordem social se os efeitos da Revolução Industrial não fossem mitigados por leis protegendo o bem-estar social da força de trabalho.

Já no século XX, o pensador que propôs essa ideia de forma mais clara foi Theodore Schutz. O termo capital humano surgiu em 1961, em um artigo publicado na *American Economic Rewiew*, intitulado *Investiment in human capital*. Segundo Schultz, a educação transforma as pessoas, aumentando o retorno em investimentos à sociedade. Esse texto serviu de base para o livro publicado em 1974 de Gary Becker – *Capital Humano:*

uma análise teórica e empírica com essencial referência à educação, obra na qual se consolidou a Teoria do Capital Humano.

Em um trabalho empírico Becker avalia a relação de quanto se investe em si e o quanto se pode ganhar no futuro por isso. Sendo assim, o livro do autor tem uma credibilidade dentro do quadro social e histórico em que ele pesquisou: em uma dada época; em um dado país; sob certas circunstâncias. Sua pretensão, obviamente, é que esses dados fossem extrapolados dessas circunstâncias e válidos teoricamente (de forma universal).

O essencial aqui é notar que a educação é encarada como um investimento. Quanto antes se investe e quanto mais tempo se investe em uma pessoa, em um capital humano, maior a probabilidade desse investimento trazer rendas o mais cedo possível e por mais tempo. A ideia é: todo investimento tem que trazer retorno – custo/benefício (o bem-estar individual aumenta com o acúmulo no capital humano). Para Becker, isso havia sido ignorado na educação. Em toda dimensão humana, segundo Becker, devemos pensar nesse cálculo de custo/benefício. Em outras palavras, "*a educação se torna uma mercadoria* – uma questão econômica por excelência, tanto pessoal, social, quanto empresarial, como governamental" (Manzi, 2022, p. 94).

Essa é outra questão abordada pelo autor – a educação como mercadoria. Quando uma escola se coloca no mercado expondo seus produtos – o que ela tem a oferecer a seus clientes – vende-se, afinal, um produto. Cada escola/empresa tem a liberdade, dispõe o que tem a oferecer no mercado e tem a liberdade de vender a qualquer preço. É essa a ideia de progresso gerida pelo neoliberalismo. Cada um pode escolher o que achar melhor para si na educação.

> O problema aqui é pensar a educação como empresa. O passo central para que isso ocorra é a concepção de administração na educação: assim como se organiza e planeja a compra e venda de produtos, a educação passa por um processo semelhante, pois o administrar ignora qual produto está sendo gerido (importante é que o venda). Vemos, portanto, um discurso do poder (do mercado – e agora dissociado do saber) se pronunciando sobre a educação (Manzi, 2022, p. 254).

Para além de pensar a escola como uma empresa, regida por uma lógica de mercado em que o conhecimento passa a ser compreendido como mercadoria, torna-se imprescindível, nessa sociedade neoliberal, reconhecer uma mudança na forma de ser contemporânea influenciada pelo neoliberalismo. O problema, talvez, seja mais profundo, como alerta Manzi (2022 p. 257) "como pensar a escola hoje se não somos os mesmos depois do neoliberalismo?".

2 Neoliberalismo e educação na visão de Freitas

Luiz Carlos Freitas afirma que o movimento neoliberal é, na sua prática política híbrida, pois procura combinar o liberalismo econômico com o autoritarismo social. Teve a sua origem nos problemas econômicos do final da década de 1970, com a primeira crise do petróleo ainda na vigência do Estado de bem-estar social, tornando-se hegemônico nos Estados Unidos, com o governo Reagan e na Inglaterra, com Margareth Thatcher, expandindo-se então para os demais países do mundo.

Na América Latina esse movimento, nos anos de 1990, sofreu um esgotamento seguido da ascensão de governos progressistas, criando-se uma ilusão de que o neoliberalismo havia passado. Por não ter compromisso com a democracia, mas apenas com o livre mercado retornou, ainda nessa mesma década, como um movimento de resistência mundial às teses progressistas. Sob a ótica do neoliberalismo, somente, o livre mercado é fundamental para os indivíduos terem liberdade e construírem sua trajetória a partir de méritos e esforços pessoais e não a democracia. Conforme Freitas,

> [...] o liberalismo diz respeito à extensão do controle do governo em relação à economia (que deve ser mínimo), enquanto a democracia diz respeito à forma de manutenção do poder (Selwyn, 2015). Neste sentido, a democracia é apenas "desejável", mas não é uma condição necessária ao neoliberalismo (Freitas, 2018, p. 14).

Em relação à educação o autor afirma:

> O neoliberalismo olha para a educação a partir de sua concepção de sociedade baseada em um livre mercado cuja própria lógica produz o avanço social com qualidade, depurando a ineficiência através da concorrência (Freitas, 2018, p. 31).

Compreende-se nessa perspectiva que uma sociedade melhor seria produzida se todas as atividades do Estado se orientassem nessa lógica, em que o sujeito por mérito próprio buscaria escalar sua posição social. A educação teria o papel de difundir e consolidar esse modelo de sociedade em que as relações humanas seriam expressas na forma de empreendedorismo, compreendida como fonte de liberdade pessoal e social e cuja organização mais desenvolvida seria a "empresa".

Na escola pensada como uma "empresa" os processos educativos devem ser padronizados e submetidos a controle. A educação deve ser vista como um "serviço" que se adquire e não mais como um direito e, portanto, deve ser afastada do Estado. Essas são premissas que justificam os planos da sua privatização. "Considerando esses fundamentos, a fronteira de eficiência do sistema educacional seria atingida quando a atividade educacional estivesse sob controle empresarial concorrendo em um livre mercado, sem intervenção do Estado" (Freitas, 2018, p. 31).

Ainda segundo Freitas (2018), de acordo com os padrões neoliberais, as escolas públicas são consideradas ineficazes, uma vez que estão "protegidas" do mercado. Para o autor, o alinhamento das atividades da escola à lógica empresarial implica reformulações, tais como: reestruturação com demissões de profissionais, bônus por mérito e pagamento de valor agregado, uso de consultorias privadas. Nessa lógica, as escolas de menor qualidade devem deixar o "mercado" em função da concorrência com as de melhor qualidade.

Quanto aos estudantes os de menor desempenho devem sucumbir aos de maior qualidade sendo barrados em sucessivos testes. Importante ressaltar que no sistema educacional brasileiro os testes e avaliações são utilizados para mensurar o desempenho dos estudantes, avaliar a qualidade do ensino e servir de indicadores para implementação de políticas públicas, dentre eles pode-se citar o Exame Nacional do Ensino Médio, a Prova Brasil. No entanto, há que se considerar que a avaliação do estudante não deve ser reduzida somente a esses exames individuais do discente, visto que há diversos outros fatores que influenciam no desempenho do aluno, como a condição social e econômica em que está inserido o aluno, o acesso a recursos educacionais, a formação e capacitação de professores.

Por fim, os professores menos qualificados devem ser demitidos. Ainda, nas premissas do neoliberalismo, caso as instituições de ensino não aumentem sua qualidade, devem ser fechadas e seus alunos transferidos para outras escolas mais eficazes, ou terceirizadas para empresas que operam escolas públicas ou/e ainda uma combinação entre terceirização e vouchers, conforme Freitas (2018).

O autor ainda alerta para o fato de que a formação da juventude não deve ser influenciada pela concepção neoliberal. Caso isso acontecesse, as escolas deixariam de lado a perspectiva de humanização e transformação social para incentivar o desenvolvimento da concorrência do livre mercado em que o indivíduo deve ser preparado para competir, concorrer, havendo prejuízo aos sujeitos caso houvesse uma hegemonia na formação da juventude dentro dessa lógica.

Instaurar a competição no interior das escolas, como propõe a concepção neoliberal, acarreta que a sua prática educativa, por excelência colaborativa, se converta em algo fragmentado e baseado na concorrência, atingindo não só os professores, mas também os próprios estudantes, se incentivados a desenvolverem o individualismo e a competição entre si. Isso tem reflexos diretos na sociedade, tornando-a limitada e injusta, fortalecendo a exclusão, impedindo o reconhecimento das diferenças de raça e de gênero.

Em relação aos pais, as políticas neoliberais operam para que eles se comportem como clientes irados e "ajudem" a fomentar campanhas de privatização. Essas políticas neoliberais operam para transformar a educação em engrenagem geradora de trabalhadores para o mercado, deixando de lado o fomento da capacidade crítica dos cidadãos. Não é isso que devemos esperar da comunidade escolar. Devemos envolvê-la nos debates do que é realmente a função da escola e fazê-la interessar-se pela construção da qualidade da educação para seus filhos segundo Freitas (2018). E isso significa que não devemos ter as escolas como empresas. De acordo com Freitas,

> O neoliberalismo não pode converter nossas escolas em organizações empresariais que atendem os estudantes melhor posicionados socialmente, enquanto criam uma linha direta entre elas, a criminalidade e a prisão destinada a excluir os que se recusam a aceitar sua padronização cultural. Menos ainda podem se converter, por meio do deslocamento dos estudantes para a profissionalização precoce, ainda no Ensino Básico, em uma linha direta entre elas e o mercado de trabalho, tolhendo antecipadamente ou reduzindo as aspirações de desenvolvimento das populações menos favorecidas, convertendo-as em um "precarizado". O destino da maioria de nossa juventude não pode ficar limitado entre a prisão e o trabalho precarizado (Freitas, 2018, p. 131).

Como modelo político-econômico, o neoliberalismo não pode transformar nossas escolas em organizações empresariais que somente atendam os estudantes melhor posicionados socialmente em detrimento de outas classes sociais menos favorecidas. A gestão empresarial não pode ser aplicada às escolas porque exclui os que se recusam a aceitar sua padronização cultural. É importante lembrar que a educação tem uma função muito importante que vai além da premissa mercadológica. Quando as escolas são tratadas como empresas a lógica do lucro sobrepõe a lógica do ensino.

Por isso, é importante que as escolas sejam geridas com base em princípios educacionais sólidos, que levem em conta sua função social orientada para valores como igualdade, inclusão, participação, democracia e a cooperação e não pela lógica de mercado defendida pelo neoliberalismo.

3 Neoliberalismo e educação na visão de Libâneo

O autor conceitua o Neoliberalismo como:

> Denominação de uma corrente doutrinária do liberalismo que se opõe ao social-liberalismo e/ou novo liberalismo e retoma algumas das posições do liberalismo clássico e do liberalismo conservador, preconizando a minimização do Estado, a economia com plena liberdade das forças de mercado e a liberdade da iniciativa econômica (Libâneo, 2009, p. 97).

Esclarece que é possível dizer que o capitalismo/liberalismo vem assumindo duas posições clássicas que se revezam: uma concorrencial e outra estatizante. O desenvolvimento histórico dessas duas macrotendências leva a perceber a existência de dois paradigmas de condução de projetos diferenciados de modernização capitalista –liberal: o paradigma da liberdade econômica, da eficiência e da qualidade ligado à posição concorrencial, que ele define como Neoliberalismo de Mercado; e o paradigma da igualdade ligado à posição estatizante definido como Novo liberalismo/social liberalismo.

Libâneo (2009) ressalta que há uma tensão histórica entre os dois paradigmas em seus projetos de modernização. O social-liberalismo/novo liberalismo tem a premissa da igualdade de oportunidades e a economia de mercado planejada e administrada pelo Estado. Entre outras, tem como características o *estado de bem-estar social*, em que o Estado regula, organiza e planeja da economia. Em relação à educação, o social-liberalismo possui ênfase na escola pública gratuita, laica, universal e obrigatória; um sistema de ensino democrático-popular, que contemple a formação para a cidadania.

Quanto ao Neoliberalismo de Mercado, que tem como paradigma a liberdade econômica da eficiência e da qualidade, a tendência capitalista-liberal concorrencial e elitista conservadora, imprime um projeto de modernização caracterizado por uma economia de mercado. Alicerça-se em um Estado minimalista, com três funções: policiamento, justiça e defesa nacional. Prega o projeto de desestatização, desregulamentação e privatização, desqualificação dos serviços e das políticas públicas. Em relação à educação, tem como projeto a modernização, com ênfase no ensino privado, na escola diferenciada/dual e na formação das elites intelectuais, além da formação profissional para o atendimento das demandas /exigências do mercado.

Ressaltamos que o paradigma da liberdade econômica, da eficiência e da qualidade que se aproxima mais concretamente do neoliberalismo de mercado deve se expandir e se generalizar.

> Atualmente, as profundas mudanças no capitalismo mundial – sobretudo nas duas últimas décadas – que recria o mercado global sobre novas bases, impõem o paradigma da liberdade econômica, da eficiência e da qualidade como mecanismo paralisador da competitividade que deve prevalecer em uma sociedade aberta. Eficiência e qualidade são condições para sobrevivência e lucratividade no mercado competitivo. Por isso, o paradigma em questão vem afirmando-se no mundo da produção, do mercado e do consumo, sendo perseguido por todos que querem se tornar competitivos em qualquer área (Libâneo, 2009, p. 93).

Nessa perspectiva neoliberal, que defende a liberação total do mercado – que passa a ser o principal fundador, unificador e autorregulador da nova ordem econômica e política e da educação mundial – a proposta é a transferência de serviços e setores anteriormente controlados pelo Estado, como educação, saúde e a seguridade social para a iniciativa privada. Questiona-se, nessa investida, a relevância social e a desobrigação gradual do Estado em relação à educação pública. Observa-se, inclusive, que as universidades públicas estão ameaçadas e em permanente crise, faltando-lhes recursos de toda ordem para garantir sua funcionalidade.

> No tocante à educação, a orientação política do neoliberalismo de mercado evidencia, ideologicamente, um discurso de crise e de fracasso da escola pública como decorrência da incapacidade administrativa e financeira de o Estado gerir o bem comum. A necessidade de reestruturação da escola

pública advoga a primazia da iniciativa privada, regida pelas leis de mercado. Desse modo, o papel do Estado é relegado a segundo plano, ao mesmo tempo que se valorizam os métodos e o papel da iniciativa privada no desenvolvimento e no progresso individual e social (Libâneo, 2009, p. 101).

É importante ressaltar que a expansão do neoliberalismo está associada ao fenômeno da globalização. A partir de 1990, com a globalização de forma espontânea e natural do capital, instituições internacionais como a ONU, Banco Mundial, FMI, Unesco, Cepal passaram a orientar e impor políticas governamentais em todo o mundo para os fins desejados pelo capital transnacional (Libâneo, 2018, p. 48).

Em documento do Banco Mundial, denominado *Aprendizagem para todos: Investimento no conhecimento e nas habilidades das pessoas para promover o desenvolvimento*, verifica-se que a educação dentro e fora da escola e, desde a pré-escola, se dê com orientação para o mercado de trabalho. Libâneo (data) critica essa premissa e observa que ela não satisfaz a plena emancipação do sujeito: "pouco contribuindo para o desenvolvimento das capacidades intelectuais e para a formação da personalidade integral, longe de uma concepção de desenvolvimento fundamentada numa perspectiva humana, democrática e de justiça social" (Libâneo, 2018, p. 49).

Libâneo (2018) observa ainda que a educação, orientada por essas políticas, leva à precarização e sobrecarga do trabalho dos docentes, que sofrem ainda a pressão de aceitarem conteúdos pré-definidos externamente, desvalorizando e tirando a autonomia de seu exercício profissional reduzindo-os à condição de meros treinadores de alunos para testes padronizados.

Em oposição ao projeto neoliberal e às reformas educativas de cunho economicista, destaca-se no campo educacional uma perspectiva de qualidade de educação centrada no desenvolvimento humano para uma sociedade justa e democrática. Para o autor, ela ampara-se nos princípios da teoria histórico-cultural, que concebe a educação escolar como lugar da apropriação dos conceitos científicos pelos estudantes, enquanto meios instrucionais para promover o desenvolvimento intelectual e a formação global da personalidade.

Entender a escola como o lugar em que se promove a educação para o desenvolvimento significa educar para a formação dos processos psíquicos superiores por meio de mediações culturais. Em outras palavras, o desenvolvimento mental, afetivo e moral dos alunos depende da apropriação da experiência histórico-cultural e da interação com essa experiência em situações adequadas de aprendizagem (Libâneo, 2018, p. 57).

Considerações Finais

A influência do neoliberalismo na educação é considerada negativa por todos os autores apresentados neste trabalho. Dentre os pontos convergentes entre eles, pode-se citar que a liberdade econômica leva à desigualdade social, enfraquece o Estado de bem-estar social, incentiva o individualismo, a competição e a exclusão. A maximização do lucro pode ser incompatível com preocupações sociais, ambientais, de raça e gênero.

Segundo Perry Anderson (1995) a hegemonia neoliberal no mundo capitalista avançado não cumpriu suas promessas. Apesar de ter conseguido conter a grande inflação dos anos de 1970 e dar às empresas capitalistas a recuperação dos lucros graças a derrota do movimento sindical – expressada pela queda drástica de greves e contenção de salários – produziu uma crescente taxa de desemprego, criando um exército de trabalhadores sem ocupação. Portanto, o neoliberalismo não foi eficiente para atingir os índices de crescimento do capitalismo avançado que existiam antes dos anos de 1970.

Segundo o autor, o fracasso social do neoliberalismo se deve ao fato de que todas essas novas condições criadas em favor do capital, principalmente o lucro obtido, não foi revertido na forma de investimentos em um parque de equipamentos produtivos, ou seja, o neoliberalismo criou condições para que as empresas ao invés de investirem seus lucros no capital produtivo tivessem mais condições de maximizar seus lucros, investindo no capital especulativo. Diante disso, Anderson considera ser essa a razão do fracasso econômico do neoliberalismo, enquanto no campo social observa-se uma ideia hegemônica de seus princípios, à qual toda a sociedade tem que se adaptar.

> Economicamente, o neoliberalismo fracassou, não conseguindo nenhuma revitalização básica do capitalismo avançado. Socialmente, ao contrário, o neoliberalismo conseguiu muitos dos seus objetivos, criando sociedades marcadamente mais desiguais, embora não tão desestatizadas como queria. Política e ideologicamente, todavia, o neoliberalismo alcançou êxito num grau com o qual seus fundadores provavelmente jamais sonham, disseminando a simples ideia de que não há alternativas para os seus

princípios, que todos, seja confessando ou negando, têm de adaptar-se a suas normas. Provavelmente nenhuma sabedoria convencional conseguiu um predomínio tão abrangente desde o início do século como o neoliberal hoje. Este fenômeno chama-se hegemonia, ainda que, naturalmente, milhões de pessoas não acreditem em suas receitas e resistam a seus regimes (Anderson, 1995 p. 21).

Esse pensamento hegemônico neoliberal contraria a ideia de educação como um direito fundamental e universal reconhecido pela maioria das Constituições e pela Declaração Universal dos Direitos Humanos. Dentro dessa concepção, quando a gestão neoliberal se insere de alguma forma nas instituições, incluindo-se aí a escola, transformada em organização empresarial em que os processos educativos padronizados e submetidos a controle tornam a educação um serviço que se compra e não mais um direito que se adquire, a proposta é seu afastamento do Estado, e consequente privatização e que somente atende os estudantes melhor posicionados socialmente em detrimento de outras classes sociais menos favorecidas, como denuncia Freitas (2018). Esse é o reflexo da gestão de nossas formas de vida a partir do neoliberalismo – naturalizada como sendo a correta e adequada – valorizando a individualidade, competitividade, a busca por lucro a qualquer custo, exploração dos trabalhadores, a ascensão social e o progresso humano dissociado de valores essenciais, como inclusão, sustentabilidade, conforme como avalia Manzi (2022).

Diante do exposto na discussão deste trabalho, considera-se que as políticas neoliberais não promovem a qualidade da educação e não estão voltadas para a formação do sujeito que atuará para o desenvolvimento de uma sociedade justa, democrática, inclusiva, já que privilegiam a privatização, competitividade e padronização, em detrimento da escola que valoriza a educação solidária, a diversidade cultural e pedagógica, conforme avalia Libâneo (2009).

Referências

ANDERSON, Perry. Balanço do Neoliberalismo. *In*: GENTILI, Pablo; SADER, Emir (org.). **Pós-neoliberalismo**: as políticas sociais e o estado democrático. 3.ed. Rio de Janeiro: Paz e Terra, 1996, p. 9-23

FREITAS, Luiz Carlos de. **A reforma empresarial da educação:** nova direita, velhas ideias. São Paulo: Expressão Popular, 2018.

LIBÂNEO, José Carlos; OLIVEIRA, João Ferreira de; TOSHI, Mirza Seabra. **Educação Escolar**: políticas, estrutura e organização. São Paulo: Cortez, 2009.

LIBÂNEO, José Carlos; FREITAS, Raquel A Marra da Madeira. **Políticas educacionais neoliberais e escola pública**: uma qualidade restrita de educação escolar. Goiânia: Editora Espaço Acadêmico, 2018.

MANZI FILHO, Ronaldo. **Neoliberalismo e educação:** conversas e desconversas. Curitiba: Editorial Casa, 2022.

A CONTRIBUIÇÃO DE PAULO FREIRE PARA UM HUMANO DIREITO DAS FAMÍLIAS

Jordana de Carvalho Pinheiro
Sonia Margarida Gomes Sousa

> *É fácil sentir o amor. Difícil é conter sua torrente!*
> *Como é por dentro outra pessoa? Quem é que o saberá sonhar?*
> *A alma de outrem é outro universo. (...)*
> *Nada sabemos da alma senão da nossa.*
> *As dos outros são olhares, são gestos, são palavras.*
>
> Fernando Pessoa (1982)

Introdução

É notória a liderança intelectual de Paulo Freire e relevante a sua contribuição para as discussões travadas no campo da Pedagogia. O educador que inspira a luta pelos direitos humanos é reconhecido com o intelectual brasileiro mais lido no mundo. Suas proposições, que se assentam na análise recursiva da realidade e da teoria, são essenciais aos estudos da educação e da Filosofia.

Diante da evidente riqueza dos escritos de Paulo Freire (1992), defende-se, neste texto, que a contribuição freiriana extrapole os campos que já influencia e possa servir de farol para a construção de outras críticas sociais, especificamente para a elucidação da compreensão que se tem sobre os conflitos familiares discutidos em juízo.

Freire sustentou que a vocação do homem é humanizar-se e não há dúvidas acerca da necessidade de construção de um Direito das Famílias mais humanizado e comprometido com a pacificação social, a proteção dos membros da família (em especial das crianças), a emancipação feminina como fim (para além do simples empoderamento como meio) e a diminuição da litigiosidade (em número e em grau).

Afinal, a educação pensada por Freire não se limita aos bancos e muros da escola, mas se projeta para fora dela. Ele propõe uma educação que extrapole a formalidade e alcance a sociedade, uma vez que "a opressão não é destino dado" e o homem pode (e deve) trabalhar pela sua libertação. A lógica freiriana é, em suma, de problematização. E o Direito das Famílias precisa ser constantemente problematizado e transformado – em prol daqueles a quem deve servir.

Neste ponto, importa ressaltar que não há transformação sem luta e a revolução precisa se constituir enquanto ação social. Para tanto, não se pode estagnar diante de máximas pré-estabelecidas. As pseudoverdades constituem, única e tão somente, o resultado da leitura de mundo já feita, a partir das condições históricas, materiais e sociais de um determinado grupo social em um dado tempo.

Assim, quando se observa o mundo jurídico, tem-se, em uma primeiríssima impressão, um sistema rígido, perene, quase imutável. Mas, analisando-o historicamente, é possível notar seu movimento dialético, em avanços e retrocessos.

> O Direito de Família é um dos ramos do Direito que mais sofreu e vem sofrendo alterações no último século, em todo o mundo ocidental. Essas mudanças estão associadas ao declínio do patriarcalismo, que, por sua vez, tem suas raízes históricas na Revolução Industrial e na Revolução Francesa, que marcaram um novo ciclo histórico: a Idade Contemporânea. A partir daí o declínio do patriarcalismo começa a se acentuar e surge o movimento feminista, a grande revolução do século XX. No Brasil, essa revolução teve seu marco inicial na década de 1960 do século XX, cujas consequências começaram a dar sinais na legislação sobre a família, especialmente com a Lei n. 4.121/64, denominada "Estatuto da Mulher Casada". Desde então, não parou mais. A suposta superioridade masculina ficou abalada com a reivindicação de um lugar de sujeito para as mulheres e não mais assujeitadas ao pai ou ao marido. A conquista por um lugar ao sol das mulheres, isto é, de uma condição de sujeito, abalou a estrutura e a organização da família (Pereira, 2016, p. 23).

Toda transformação é um processo histórico, um movimento que se desenrola e se desenvolve até chegar a ser mudança. A espécie humana, por sua vez, só é humana na medida em que se desenvolve na sociedade, pelo que o homem não nasce homem, mas se transforma em homem a cada movimento histórico (que provoca e que suporta).

Exemplos comuns são o da "nova" mulher, que veste os chapéus de mãe e de profissional, e do "novo" homem casado, instado a dividir os afazeres domésticos e os cuidados com os filhos, funções antes atribuídas apenas a um dos cônjuges e que, com o deslocamento de responsabilidades, passam a atravessar seus cotidianos e, por certo, a contribuir para suas constituições subjetivas.

Diante de tão profundas transformações, é natural que a sociedade se depare com desconforto e medo de desvincular-se do constituído, especialmente pelo cunho moral que incide sobre as mudanças sociais. Mas isto não justifica a ilusória tentativa de retorno ao passado, tido inicialmente como lugar seguro posto que por todos conhecido. Ora, "as turbulências do caminho são decorrências naturais" (Pereira, 2016, p. 24) do processo histórico que não cessa de se movimentar, de modo que

> [...] os fatos acabam se impondo perante o Direito e a realidade acaba desmentindo esses mesmos códigos, mudanças e circunstâncias mais recentes têm contribuído para dissolver a "névoa da hipocrisia" que encobre a negação de efeitos jurídicos. Tais transformações decorrem, dentre outras razões, da alteração da razão de ser das relações familiares, que passam agora a dar origem a um berço de afeto, solidariedade e mútua constituição de uma história em comum (Fachin, 2003, p. 327).

Mesmo dando ares de passado seguro para alguns, a não superação de impasses humanos, éticos e afetivos significaria o aprisionamento de muitos: a mulher silenciada não estava segura, tampouco a criança subalternizada ou o preto escravizado. O ser humano está, em seu percurso histórico, em movimento, em transformação, em inconclusão.

> Humanização e desumanização, dentro da história, num contexto real, concreto, objetivo, são possibilidades dos homens como seres inconclusos e conscientes de sua inconclusão. Mas, se ambas são possibilidades, só a primeira nos parece ser o que chamamos de vocação dos homens. Vocação negada, mas também afirmada na própria negação. Vocação negada na injustiça, na exploração, na opressão, na violência dos opressores. Mas afirmada no anseio de liberdade, de justiça, de luta dos oprimidos, pela recuperação de sua humanidade roubada (Freire, 1987, p. 16).

Neste passo, importante consignar que a família, enquanto célula social, não está acima da lei. Diferentemente disso, a lei deve garantir a existência plural das famílias em suas mais distintas organizações afetivas e, antes disso, a existência digna do homem. Sob esta ótica, a tida centralidade da família pode ser discutida, cabendo confrontar a titularidade desse lugar central. Não seria este lugar essencial na sociedade voltado ao próprio homem, tendo ele, na família, um lugar de possibilidades afetivas?

Em decisões do Superior Tribunal de Justiça, datadas do ano de 2010 e 2014, há interessantes análises acerca da função primordial da família (de dar suporte à realização do homem) e da inafastável correlação do instituto familiar e do princípio da dignidade humana:

> [...] A inegável superação de antigos paradigmas do Direito de Família tem se operado pela gradativa evanescência da função "procriacional" a definir a entidade familiar, bem como, pela dissipação do conteúdo de cunho marcadamente patrimonialista, para dar lugar à comunhão de vida e de interesses pautada na afetividade, tendo como suporte a busca da realização pessoal de seus integrantes [...]" (STJ, Resp. 1.026.981 RJ, Rel. Min. Nancy Andrighi, 3ª Turma, DJE 04.08.2010).

> "[...] O artigo 226, parágrafo 7º, da CF-88 deu ênfase à família, como forma de garantir a dignidade da pessoa humana. Assim, o direito das famílias está ligado ao princípio da dignidade da pessoa humana de forma molecular. É também com base em tal princípio que se deve solucionar o caso concreto, por ser um supra princípio constitucional, devendo ele, aliás, ser observado em todas as prestações jurisdicionais de um Estado Democrático de Direito. Dessarte, não se pode descuidar, no direito familiar, de que as estruturas familiares estão em mutação. E, para lidar com essas modificações, não bastam somente as leis. É necessário buscar subsídios em diversas áreas, levando-se em conta aspectos individuais de cada caso. É preciso ter em mente que o Estado deverá cada vez estar mais atento à dignidade da pessoa humana. [...]". (STJ, Resp 1.448.969 SC 2014-0084446-1, Rel. Min. Moura Ribeiro, 3ª Turma, DJE 3.11.2014).

Note-se que, para o constituinte, a ênfase à família fora dada como meio de garantir a dignidade do homem. A proteção à família não é, assim, um fim em si mesma. Enquanto célula social, ela não se situa acima dos direitos humanos, ou seja, não pode ser a família compreendida como espaço de opressão e aprisionamento. De modo contrário, deve-se garantir às diversas constituições familiares a condição de se constituírem como ambiente de acolhimento, aceitação da diferença, construção de relações afetivas verdadeiras (com os contratempos que advêm de quaisquer construções).

Espaço de ser: como imperativo constitutivo do processo de libertação do homem que é oprimido bem como daquele que oprime. Afinal, na opressão ninguém se faz livre, mas amalgamado à pior versão do outro e à sua pior versão. A exemplo de pais que, em relações adultocêntricas e autoritárias, oprimem seus filhos, ao fazê-lo, esse casal não impõe opressão somente aos seus rebentos (como se isso fosse pouco), mas também um ao outro.

Em contramão a essa lógica perversa, o homem, como integrante da família, se vale (ou pode se valer) dela para viver dignamente: com proteção, afeto, dignidade, responsabilidade parental e conjugal. Deste modo, a família pode ser compreendida como espaço de produção cultural do homem (capaz de alterar a realidade objetiva e a sua própria realidade subjetiva). Nessa compreensão, a família (e o Direito que dela se ocupa) não seria lugar de subjetivismos ou objetivismos, mas de uma relação permanentemente dialética entre objetividade e subjetividade.

Ora, a própria mudança de nome, de "Direito de Família" para "Direito das Famílias" ilustra tal movimento dialético. A modificação sugere o abandono das formas estanques de família, de modo prescritivo e impositivo, para um modelo mais democrático, que abarca as diversas e múltiplas constituições familiares possíveis. Não é apenas léxica, posto que se materializou após o movimento da própria sociedade, que caminhou em sentido oposto ao do patriarcalismo rígido que nomeava as funções sociais e indicava os desfechos dos sujeitos (mesmo que distantes de sua vocação à humanização). Ao mesmo tempo, uma vez alterado, o nome reforça o espaço social para as múltiplas existências – abrindo caminhos.

Nesta compreensão de centralidade do humano, não restam dúvidas acerca da importância da educação em direitos, que deve ser permanente, continuada e voltada para a transformação cultural.

O homem deve ser educado para que consiga acompanhar e compreender as mudanças experimentadas pelo grupo social em que está inserido. Conhecendo os seus direitos e os direitos de seus pares – sempre ciente dos deveres de todos. A finalidade da educação em direitos não se encerra na pura transmissão do conhecimento, mas visa o desenvolvimento humano.

Imprescindível a contribuição de Paulo Freire para tanto, afinal foi ele "um pensador comprometido com a vida", na medida em que "não pensa ideias, pensa a existência" (Fiori, 1987, p. 5).

1 Possíveis leituras dos conceitos freirianos no direito das famílias

Nesta digressão filosófica acerca das possíveis aproximações das construções teóricas freirianas com o cotidiano vivenciado na seara do Direito das Famílias, algumas leituras podem ser feitas. Não são, contudo, exaustivas. Significam apenas uma tentativa inicial de abordar os dois campos e aproveitar as lições de Paulo Freire para a construção de uma leitura mais humanizada do Direito das Famílias.

1.1 Dos modelos bancário e problematizador/humanizador

A primeira delas diz respeito à crítica de Freire ao modelo de "educação bancária", "descritiva", de mera transmissão de conhecimento, em que o educando se reduz a um mero recipiente a ser "enchido" pelo educador. Nele não cabem questionamentos que visem o desvendamento, ou o desvelamento, do mundo. Este é o modelo segundo o qual,

> [...] a educação se torna um ato de depositar, em que os educandos são os depositários e o educador o depositante. Educador e educandos se arquivam na medida em que, nesta destorcida visão da educação, não há criatividade, não há transformação, não há saber. Só existe saber na invenção, na reinvenção, na busca inquieta, impaciente, permanente, que os homens fazem do mundo, com o mundo e com os outros. Busca esperançosa também (Freire, 1987, p. 33).

– Da transposição de conceitos:

O conceito "educação bancária" pode ser facilmente transposto para outro similar, de "jurisdição bancária", para sugerir o deletério modelo imposto acriticamente, "em atacado", sem atenção às especificidades de cada família que bate às portas do Judiciário – nesta sistemática os conflitos são processados, mas não resolvidos. Continuam ecoando dentro das famílias e se expandem para outros espaços sociais – influenciando a vida de todos, coletivamente, como se pôde perceber nos últimos anos.

A "educação bancária" é, por certo, reducionista, pelo que ignora as complexidades e as possibilidades do humano. Na "jurisdição bancária" se supõe que as disposições frias da lei constituem a totalidade do mundo e devem ser aplicadas sem grandes questionamentos. "A concepção e a prática "bancárias", imobilistas, "fixistas", terminam por desconhecer os homens como seres históricos, enquanto a problematizadora parte exatamente do caráter histórico e da historicidade dos homens" (Freire, 1987, p. 42).

Por certo, há na Justiça necessidade de objetividade no que concerne aos desfechos processuais. Não se ignora isto – seja pelo elevado número de demandas em curso, seja pela exigência de segurança jurídica. A lei é sim fonte do Direito e nela deve se embasar o julgador, bem como os demais profissionais envolvidos. O Direito das Famílias, contudo, trata de matéria dinâmica, em que as receitas e os manuais tornam-se repentinamente obsoletos e improfícuos.

Nas belas palavras do ministro Luiz Edson Fachin, em prefácio da obra *Princípios Fundamentais Norteadores do Direito de Família*, do professor Rodrigo da Cunha Pereira, o Direito das Famílias cuida do "que a vida tem de mais precioso e raro: o afeto somado à força da resistência por um mundo melhor para todos, com vida digna para todos, com pão e justiça para todos" (Fachin, 2016, p. 15).

Em verdade, o mundo (nele incluído o sistema jurídico) está para ser interpretado e transformado – em prol de uma "jurisdição humanizadora": problematizadora e realizadora, crítica e pensante. Viva.

> A educação problematizadora, que não é fixismo reacionária, é futuridade revolucionária. Daí que seja profética e, como tal, esperançosa. Daí que corresponda à condição dos homens como seres históricos e à sua historicidade. Daí que se identifique com eles como seres mais além de si mesmos – como "projetos" – como seres que caminham para frente, que olham para frente; como seres a quem o imobilismo ameaça de morte; para quem o olhar para trás não deve ser uma forma nostálgica de querer voltar, mas um modo de melhor conhecer o que está sendo, para melhor construir o futuro. Daí que se identifique com o movimento permanente em que se acham inscritos os homens, como seres que se sabem inconclusos; movimento que é histórico e que tem o seu ponto de partida, o seu sujeito, o seu objetivo (Freire, 1987, p. 42).

A realidade social não passa de um constructo e a humanização deve ser compreendida como um processo – constante, ininterrupto e inesgotável. Um sistema de justiça crítico e problematizador é aquele capaz de reconhecer os homens, destinatários de sua existência, "como seres que estão sendo, como seres inacabados, inconclusos, em e com uma realidade, que sendo histórica também, é igualmente inacabada" (Freire, 1987, p. 42).

– Do antídoto para a "alienação da ignorância"

A partir desta compreensão, nem todo divórcio é traumático, nem toda sucessão é disputada e nem toda discussão acerca da guarda dos filhos precisa ser agressiva e traumática. Cada ser humano é único, cada processo também o é. Para que se alcance a realidade vivenciada pela família que tem sua vida discutida em autos processuais (os quais, naturalmente, são reducionistas) é preciso afastar o que Freire chamava de "alienação da ignorância", conceito segundo o qual toda a ignorância está no outro (na outra parte com que se discute, no jurisdicionado, no cliente).

O antídoto para a "alienação da ignorância" é o diálogo.

> O diálogo, como encontro dos homens para a tarefa comum de saber agir, se rompe, se seus polos (ou um deles) perdem a humildade. [...] Como posso dialogar, se alieno a ignorância, isto é, se a vejo sempre no outro, nunca em mim?
> (Freire, 1987, 46).

Diferentemente de supor que a ignorância se encontra sempre no outro, é preciso se abrir para ouvir. A escuta atenta, dedicada, comprometida é ferramenta de (auto) transformação. Ela cabe entre as partes que litigam mas também entre os profissionais que se ocupam do trâmite dos processos e as partes que anseiam em "falar" e se fazer "escutar" bem como na relação entre o legislador e a sociedade (uma vez que aquele que se ocupa de "fazer" as leis precisa se dispor a escutar o que a sociedade a quem representa "diz").

> A descodificação é análise e consequente reconstituição da situação vivida: reflexo, reflexão e abertura de possibilidades concretas de ultrapassagem. Mediada pela objetivação, a imediatez da experiência lucidifica-se, interiormente, em reflexão de si mesma e crítica animadora de novos projetos existenciais. O que antes era fechamento, pouco a pouco se vai abrindo; a consciência passa a escutar os apelos que a

convocam sempre mais além de seus limites: faz-se crítica (Freire, 1987, p. 6).

Esta citada crítica é capaz de proporcionar um movimento de reponsabilidade tal em que cada um dos envolvidos em um litígio dessa natureza olhe também para si – e não só para o outro. De forma que se escape dos já esperados movimentos de tergiversação em que a parte do processo justifique o fracasso de sua relação familiar em razão do atraso do juiz em decidir, em que o advogado justifique sua inabilidade em auxiliar na promoção da paz em razão do temperamento arredio de seu cliente, em que o juiz justifique sua incapacidade de solucionar conflitos em razão da beligerância do advogado e da dramaticidade da parte processual.

2 Da dialogicidade

Paulo Freire (data) apresenta o conceito de dialogicidade como essencial à educação na medida que se exterioriza como uma prática da verdadeira liberdade – aquela que busca superar os polos da opressão (opressores e oprimidos) ao permitir, e incentivar, a coconstrução dos saberes (educacionais, para Freire, mas também familiares, como propõe este ensaio).

Nesta proposta de construção mútua, os sujeitos envolvidos "devem se engajar no processo com a consciência cada vez mais crítica de seu papel de sujeitos da transformação" (Freire, 1987, p. 71).

– Do exercício do diálogo

Em verdade, a relação entre "dizer/ação" e "escutar/reflexão" constitui o início do almejado "diálogo", quantas vezes interrompido no curso dos processos de família.

> O diálogo é este encontro dos homens, mediatizados pelo mundo, para pronunciá-lo, não se esgotando, portanto, na relação eu-tu. Esta é a razão por que não é possível o diálogo entre os que querem a pronúncia do mundo e os que não a querem; entre os que negam aos demais o direito de dizer a palavra e os que se acham negados deste direito. É preciso primeiro que, os que assim se encontram negados no direito primordial de dizer a palavra, reconquistem esse direito, proibindo que este assalto desumanizante continue. Se é dizendo a palavra com que, "pronunciando"

o mundo, os homens o transformam, o diálogo se impõe como caminho pelo qual os homens ganham significação enquanto homens (Freire, 1987, p. 45).

Na análise da dialogicidade como princípio da libertação, saltam aos olhos diversos pontos de afinidade entre a pedagogia libertadora de Freire e a utopia de um Direito das Famílias mais humanizado. Utopia essa que não se pode abandonar pelo simples fato de que, nesse ofício de tecer relações familiares despedaçadas, "não sou esperançoso por pura teimosia, mas por imperativo existencial e histórico" (Freire, 1992, p. 5).

– Daqueles a que se tem negado o direito de expressão

A respeito do "direito de dizer a palavra e os que se acham negados deste direito", impossível deixar de destacar a posição ocupada pela criança nos processos judiciais que discutem suas vidas, posto que "[...] de fato, as crianças têm tido suas vidas discutidas em juízo, ocupando no 'Sistema Judiciário'" um lugar ainda incerto e conflituoso, "um lugar daqueles sem lugar" (Pinheiro, 2020, p. 127).

Conquanto o tema da oitiva da criança ainda esteja em fase de desenvolvimento incipiente no país, de modo que não exista recomendação final acerca de como e em que situações se deva ouvir a criança em juízo, é imperioso ressaltar, a todo tempo, sua condição de sujeito de direitos no processo – de modo que não se negue a ela o direito primordial de dizer a palavra que pode, em muitos casos, a libertar. Pensar diferentemente disso é desumanizante. Advogar algo diferente disso significa negar o estatuto de sujeito de direitos ostentado pelas crianças, por força da lei, há mais de três décadas.

– Da responsabilidade sobre o que se diz

Outro ponto da teoria de Freire que chama a atenção diz respeito à atenção que deve ser dada à palavra usada. E isto muito interessa aos diversos profissionais envolvidos no processamento dos litígios de família, imbuídos de "contar os fatos" que, por contradição, "não viveram".

Há enorme responsabilidade no uso das palavras e na construção das narrativas, uma vez que estas, em última análise, "pronunciam o mundo" daqueles sujeitos. "Mais que um valor jurídico, a responsabilidade é um princípio jurídico fundamental e norteador das relações familiares e que traz uma nova concepção sobre os atos e fatos jurídicos" (Pereira, 2016, p. 173).

Ciente da responsabilidade de quem escolhe as palavras, Paulo Freire, ao defender o diálogo deixa claro que "não é também discussão guerreira, polêmica, entre sujeitos que não aspiram a comprometer-se com a pronúncia do mundo, nem como buscar a verdade, mas com impor a sua" (Freire, 1987, p. 45).

Poeticamente, Freire diz que o diálogo é uma "exigência existencial". E isto fica muito claro quando se observam relações sem diálogo: quando deixam de se comunicar, os homens rapidamente se desumanizam.

> Por isto, o diálogo é uma exigência existencial. E, se ele é o encontro em que se solidariza o refletir e o agir de seus sujeitos endereçados ao mundo a ser transformado e humanizado, não pode reduzir-se a um ato de depositar ideias de um sujeito no outro, nem tampouco tornar-se simples troca da, ideias a serem consumidas pelos permutantes. Porque é encontro de homens que pronunciam o mundo, não deve ser doação do pronunciar de uns a outros. É um ato de criação. Daí que não possa ser manhoso instrumento de que lance mão um sujeito para a conquista do outro. A conquista implícita no diálogo é a do mundo pelos sujeitos dialógicos, não a de um pelo outro. Conquista do mundo para a libertação dos homens (Freire, 1987, p. 45).

Neste passo, o oposto do diálogo é a violência (contra o outro e também contra si): conduzindo, conquistando, invadindo. Mas não construindo.

3 Da colaboração do destinatário para a construção do direito das famílias

Na almejada construção de uma jurisdição problematizadora (e por isso humanizadora) central o papel do homem que, por ser histórico, absorve o passado, enfrenta o presente e se projeta para o futuro.

Paulo Freire bem coloca que "ninguém liberta ninguém, ninguém se liberta sozinho. Os homens se libertam em comunhão" (Freire, 1987, p. 29).

Não se trata, para Freire, de pedagogia que se constrói para lidar com o oprimido, mas pedagogia construída com o oprimido para lidar com o mundo. A pedagogia, assim, é "do" oprimido e não "para" o oprimido.

Entenda-se, aqui, o oprimido como aquele ser distante de sua vocação a humanizar-se e ser livre. A opressão, assim sendo, destrói a condição de humano do sujeito que, por sua vez, só pode libertar-se em comunhão (até mesmo porque o processo de opressão oprime a todos, aquele que litiga, aquele contra quem se litiga e todos os demais envolvidos na belicosidade que atravessa o núcleo familiar, muitas vezes por gerações).

Analisando o conceito de opressão no âmbito do Direito das Famílias, é possível afirmar que o sujeito que busca o Poder Judiciário se encontra em algum grau de sofrimento intrafamiliar (ocasionado pela morte de um familiar, pelo fim da vida conjugal, pela disputa parental...). Tanto é que se vê necessitado da mediação de um terceiro (estranho à sua realidade) para solucionar seus imbróglios.

Ocorre que tanto o constituinte quanto o legislador infraconstitucional e o profissional do Direito (juiz, promotor de justiça, defensor público e advogado) não conhecem o mundo do oprimido – quem o conhece é única e tão somente quem o experiencia.

Sendo assim, a liberdade que o homem busca (neste caso sentir-se livre do sofrimento que o aflige) deve ser, irremediavelmente, por ele conquistada:

> A realidade social, objetiva, que não existe por acaso, mas como produto da ação dos homens, também não se transforma por acaso. Se os homens são os produtores desta realidade e se esta, na "invasão da práxis", se volta sobre eles e o condiciona, transformar a realidade opressora é tarefa histórica, é tarefa dos homens (Freire, 1987, p. 20).

Em tempos de evidente desumanização, a importância da transformação se destaca como elemento indissociável da libertação do homem.

> O problema de sua humanização, apesar de sempre dever haver sido, de um ponto de vista axiológico, o seu problema central, assume, hoje, caráter de preocupação iniludível. Constatar esta preocupação implica, indiscutivelmente, em reconhecer a desumanização, não apenas como viabilidade ontológica, mas como realidade histórica. É também, e talvez sobretudo, a partir desta dolorosa constatação, que os homens se perguntam sobre a outra viabilidade – a de sua humanização. Ambas, na raiz de sua inconclusão, que os inscreve num permanente movimento de busca (Freire, 1987, p. 16).

A teoria freiriana pode parecer utópica. E é. Posto que compromissada com a fraternidade, a solidariedade, a liberdade, a emancipação, a humanização dos homens e a paz. Paz que "não se compra", mas "se vive no ato realmente solidário e amoroso" (Freire, 1987, p. 83). Ora, essas também devem ser as balizas que orientam a construção do Direito das Famílias.

Para tanto, essencial, na pedagogia e na justiça familiarista, o recurso à arte, como respiro da práxis, para que se reflita e se pense sobre a ação. Este recurso vem sendo utilizado por profissionais do Direito das Famílias comprometidos com seu ofício. Mas deve, também, alcançar as próprias famílias, para que se valham da literatura, das artes plásticas, da música e, sobretudo, da produção cinematográfica para que melhor reflitam sobre suas dores e seus amores.

Freire bem colocava que, cotidianamente, o homem se repete em fazer, precisando de um movimento diverso par, verdadeiramente, a pensar. Para refletir é preciso sair do próprio mundo (dos próprios entraves, das próprias batalhas, dos próprios fracassos), olhar para si como quem assiste a um filme e, só então, voltar para o seu mundo e nele agir de maneira transformadora.

Considerações Finais

Os três pontos explorados neste ensaio (o conceito de jurisdição problematizadora e humanizadora, o imperativo da dialogicidade e a ideia de colaboração do destinatário para a construção do Direito das Famílias), funcionam como um ponto de partida para que a obra de Paulo Freire continue a ser explorada pelos pensadores e operadores do Direito das Famílias verdadeiramente comprometidos com o ofício que desempenham.

Se conscientes da necessidade de um modelo de jurisdição humanizadora bem como conscientes da importância nodal da dialogicidade, o avanço já parece grande – na direção de um Direito das Famílias mais digno e dignificante para quem dele se socorre.

O momento histórico parece oportuno para o enfrentamento de mudanças que não se podem mais adiar, não porque os dilemas e os impasses tenham diminuído, ao contrário disso, eles têm se complexificado.

Tem-se, por certo, experimentado tempos de inflexão. Contudo, como defende o neurocientista, biólogo e professor Sidarta Ribeiro, em seu *Sonho Manifesto*, senão agora, quando?

Herdeiros dessa contradição perigosa, vemos o horror crescer num frenesi de acumulação e competição – e já quase não há lugar para o amor. Por isso sofremos tanto e sentimos que temos pouco tempo. A redescoberta pandêmica do medo de morrer é uma oportunidade preciosa, talvez a última, para despertarmos da armadilha evolutiva em que estamos metidos. Mantido o rumo atual, o futuro é impossível e os sonhos estão mortos. Por isso mesmo há que ressuscitá-los. Precisamos reaprender a sonhar (Pessoa, 1928).

No que concerne aos destinatários do Direito das Famílias (os próprios membros familiares) cabe a tarefa de tornarem-se conscienciosos do papel singular que cumprem: aquele de senhores(as) de suas próprias histórias de vida – assumindo responsabilidade pelos seus atos e pelas palavras que escolhem, tomando as rédeas daquilo que lhes cabe tomar e guardando, na medida do possível, o amor.

> Não há diálogo, porém, se não há um profundo amor ao mundo e aos homens. Não é possível a pronúncia do mundo, que é um ato de criação e recriação, se não há amor que a infunda. Sendo fundamento do diálogo, o amor é, também, diálogo. Daí que seja essencialmente a tarefa de sujeitos e que não possa verificar-se na relação de dominação. Nesta, o que há é patologia de amor: sadismo em quem domina; masoquismo nos dominados. Amor, não. Porque é um ato de coragem, nunca de medo, o amor é compromisso com os homens. Onde quer que estejam estes, oprimidos, o ato de amor está em comprometer-se com sua causa. A causa de sua libertação. Mas, este compromisso, porque é amoroso, é dialógico (Freire, 1987, p. 45).

Que se reconheça o amor à vida (a própria e a do outro) e ao mundo (o que se construiu junto e o que se construirá depois do crescimento dos filhos, do divórcio, da morte dos pais) para que não se aniquile o amor, mas para que se o realoque, de modo que reste sempre o diálogo como ferramenta de compreensão mútua, construção de soluções e emancipação da dor – dor que quando se impõe ao outro, também se impõe a si.

Referências

FACHIN, Luiz Edson. **Direito de família:** elementos críticos à luz do novo Código Civil brasileiro. 2. ed. Rio de Janeiro: Renovar, 2003.

FACHIN, Luiz Edson. Um corpo em movimento na família dos princípios. *In*: **Princípios Fundamentais Norteadores do Direito de Família**. 3. ed. – São Paulo: Saraiva, 2016.

FIORI, Ernani Maria. Aprender a dizer a sua palavra. *In*: FREIRE, Paulo. **Pedagogia do Oprimido**. 17 ed. – Rio de Janeiro: Paz e Terra, 1987.

FREIRE, Paulo. **Pedagogia do oprimido**. 17. Ed. – Rio de Janeiro: Paz e Terra, 1987.

FREIRE, Paulo. **Pedagogia da Esperança:** Um reencontro com a Pedagogia do Oprimido. Rio de Janeiro: Paz e Terra, 1992.

PEREIRA, Rodrigo da Cunha. **Princípios Fundamentais Norteadores do Direito de Família**. 3. ed. – São Paulo: Saraiva, 2016.

PINHEIRO, Jordana de Carvalho. **A escuta das crianças em juízo**. 1. ed. – Belo Horizonte: Editora Dialética, 2020.

RIBEIRO, Sidarta. **Sonho Manifesto**. 1. ed. – São Paulo: Companhia das Letras, 2022.

PENSAMENTO EDUCACIONAL: CULTURA E HEGEMONIA EM ANTONIO GRAMSCI

Aldimar Jacinto Duarte
Elzilene Maria Lopes de Souza

Introdução

Pensar em educação na contemporaneidade requer um movimento de reflexão que remonta a um estudo dialógico que possibilite compreender as concepções de sociedade e cultura que permeiam uma realidade. É nesse cenário que o presente ensaio busca abordar alguns apontamentos e reflexões acerca das contribuições do pensamento de Antonio Gramsci (1891-1937) a começar pelo entendimento do termo cultura na perspectiva da luta por hegemonia.

Com a intencionalidade de explicitar as variantes com as quais perpassam as provocações da luta de classes, certamente o autor traz para a atualidade a sua relevante contribuição reflexiva sobre a cultura. O conceito de cultura é um dos aspectos que caracteriza o pensamento gramsciano, na medida em que ele desenvolveu a ideia de "hegemonia" dando significativa importância às relações que se estabelecem na superestrutura, as quais contribuem na formação, manutenção e disputa de poder. A classe dominante se utiliza da dominação culturais impondo sua concepção de mundo para conservar e reconstruir sua hegemonia.

O entrelaçamento dialético que perpassa entre hegemonia e cultura possibilita pensar sobre a dimensão política da educação no sentido de delimitar as funções da instituição educativa como espaço de formação política das classes trabalhadoras. Duarte (2006, p. 100) ressalta que Gramsci:

> [...] considera que a educação é o processo pelo qual se construirá a organização do operariado, com o intuito de constituir uma nova hegemonia. O que se coloca, nesse sentido, é o processo educativo como forma de superação do senso comum, ou seja, da visão desarticulada e limitada da realidade.

Para o autor, a educação voltada para a superação do senso comum está ligada à vida diária e à prática dos estudantes, o que nessa lógica transforma o "senso comum renovado pela consciência e pelo vigor das filosofias individuais. E isto não pode ocorrer se não se sente, permanentemente, a exigência do contato cultural com os 'simplórios'" (Gramsci, 1995, p. 18).

No que diz respeito a uma educação direcionada para a articulação dialética em relação ao conceito de cultura, onde seu núcleo é a emancipação, – isto é, um modo de produzir e realizar a revolução proletária fundamentada em mudanças significativas na maneira específica de constituição de um novo olhar dos indivíduos em relação ao mundo – Gramsci compreende que por meio dessa perspectiva o processo educativo contribui como forma de construção de uma nova hegemonia, o que possibilita a organização política dos trabalhadores.

Essa forma crítica de discorrer sobre o processo de formação do operário e das lutas de classes trouxe uma nova abordagem, rompendo com as concepções de poder vigentes, bem como com o modo de pensar unificado. Dessa maneira, o sujeito se desfaz de concepções antagônicas quando forma uma nova compreensão de mundo pelo qual se realizaria uma nova leitura da história e se reconheceria a herança da cultura humanamente adquirida.

Nesse sentido, a partir de uma perspectiva da educação enquanto campo de disputa por hegemonia, a educação escolar poderia contribuir no processo de superação dos finos limites da democracia burguesa, com a indiferença e com o ceticismo político, proporcionando uma nova sensibilidade histórica possibilitando estabelecer novas relações sociais e políticas, produzindo uma nova práxis para a vivência da liberdade. Por meio de tais reflexões, Gramsci nos faz pensar sobre o modo em que as escolas estão organizadas enquanto instituições de cultura/ensino.

1 As contribuições de Antonio Gramsci: cultura e hegemonia

Gramsci é considerado no meio intelectual um teórico que rompeu com concepções antagônicas do seu tempo e que ainda remonta seu modo próprio de pensar a sociedade, no qual teve seus trabalhos amplamente reconhecidos. Como filósofo, político e pesquisador marxista, trouxe relevantes contribuições em vários campos e em especial na amplitude do pensamento educacional. Antonio Gramsci nasceu em Ales na Sardenha no dia 22 de janeiro de 1891. Deu início aos seus estudos na Universidade de Turim no curso de Letras, onde se apropriou das fundamentações do pensamento marxista, adentrando no Partido Socialista Italiano. Nessa mesma instituição, tornou-se um militante político e sindical, visto como grande pensador de esquerda no século XX.

> Gramsci frequentou os círculos socialistas e entrou para o Partido Socialista em 1913. Transformou-se num jornalista notável, um escritor articulado da teoria política, escrevendo para o "L´Avanti", órgão oficial do Partido Socialista e para vários jornais socialistas da Itália. Em 1919, rompeu com o partido. Militou em comissões de fábrica e ajudou a fundar o Partido Comunista Italiano em 1921, junto com Amadeo Bordiga (Sousa; Przylepa, 2019, p. 746).

Sua jornada foi marcada por intensa atividade de militância na Itália. A partir de 1921 integrou como um dos líderes no Partido Comunista do país, posteriormente chefiou o departamento italiano da Internacional Comunista. Essa convergência resultou no ano seguinte em uma visita à Rússia, cujo intuito principal era difundir as ideias do novo partido. Por ocasião da visita conheceu a violinista Giulia Schucht, casou-se com ela e posteriormente tiveram dois filhos. Ao retornar, Gramsci percebeu a importância estratégica em unificar os partidos de esquerda italianos. Porém, em 1926 seus objetivos e ideários políticos foram interrompidos pelo regime fascista de Benito Mussolini, tendo em vista que foi encarcerado por 11 anos (1926 a 1937). Sua liberdade condicional ocorreu em 1934, sob custódia do regime fascista no qual manteve-se em prisão domiciliar em um hospital em Formia, no sul da Itália, morrendo três anos depois.

Gramsci escreveu incansavelmente a respeito de assuntos como: política, filosofia e cultura, contribuindo também com o pensamento educacional no período em que permaneceu na prisão. Dentre seus escritos mais difundidos estão os *Cadernos do Cárcere*, uma coleção de apontamentos fragmentados que foram publicados postumamente. O autor detalha nesses cadernos sua teoria explicitamente por meio da filosofia marxista a revés ao pensamento marxista ortodoxo.

Em meio às influências conceituais abordadas por Gramsci, que apresentou como importante área de concentração foi o novo sentido do conceito de hegemonia, evidenciando a influência da cultura e da ideologia em manter ou transformar as relações de poder.

Nessa vertente, foram inúmeras as contribuições que a abordagem gramsciana trouxe ao pensamento crítico sobre questões centrais como a hegemonia, ideologia, o nacional e o popular, bem como a ação dos intelectuais na constituição de um novo modo de compreender os fundamentos sociais e humanos, inerentes aos princípios teórico-práticos do marxismo. A sociedade civil de Karl Marx (1818-1883) na obra *Crítica da Filosofia do Direito de Hegel* publicada em 1844 é uma crítica ao sistema filosófico e jurídico desenvolvido por Georg Wilhelm Friedrich Hegel. Para Marx, constitui a base material de produção, isso no âmbito econômico, de modo que compõe o momento da infraestrutura formando subsídios que constituem a unidade insolúvel no aspecto superestrutural. Consequentemente a sua base ou infraestrutura constituiria em um agrupamento das relações de produção, isto é, as relações de classes postas em determinada sociedade.

Mediante a esta estrutura econômica se encontra a superestrutura, concebendo às formas de consciência social em geral, tais como: política, filosofia, cultura, ciências, religiões, artes, dentre outras. De outra maneira, a superestrutura envolve também os modos de pensar, bem como as visões de mundo e outras formas que integram o pensamento ideológicos de uma classe.

> [...] na produção social da sua vida, os homens contraem determinadas relações necessárias e independentes da sua vontade, relações de produção que correspondem a uma determinada fase de desenvolvimento das suas forças produtivas materiais. O conjunto dessas relações de produção forma a estrutura econômica da sociedade, a base real sobre a qual se levanta a superestrutura jurídica e política e à qual correspondem determinadas formas de consciência social. O modo de produção da vida material domina, em geral, o processo da vida social, política e espiritual em geral (Donário; Santos, 2016 *In*: Marx, 1859).

Estes autores, a partir dos estudos de Marx, categorizam a ideologia e a nomeiam de superestrutura ideológica, ao passo que o Estado a classificam como superestrutura legal ou política, o que engloba a polícia, exército, leis, tribunais e a própria burocracia. De acordo com estes autores, Marx categoriza a superestrutura como resultado do conflito de interesses das distintas classes que sustentam a economia de determinada sociedade. Em contrapartida entende a atribuição da superestrutura quando conserva as relações econômicas, fortalecendo assim os interesses privados da classe social dominante. O fortalecimento dessa reprodução é validado por intermédio da regulamentação, sanções e coerções postas por meio da superestrutura política e reforçada pelo poder de persuasão da superestrutura ideológica.

Por outro ângulo, mas fundamentado nas contribuições de marxianas, Gramsci, percebe a sociedade civil como parte integrante da esfera superestrutural, quando diz que:

> É possível, por enquanto, estabelecer dois grandes "planos" superestruturais, o que se pode chamar de "sociedade civil", ou seja, do conjunto de organismos vulgarmente chamados "privados", e o da "sociedade política ou Estado", e que correspondem à função de "hegemonia" que o grupo dominante exerce em toda a sociedade e a de "domínio direto" ou de mando que se expressa no Estado e no governo "jurídico". Estas funções são, precisamente, organizativas e conectivas (Gramsci, 1978, p. 1518-1519).

O autor considera que uma unidade histórica é composta de duas esferas por meio das quais uma determinada classe social domina e direciona a sociedade em que permeia. Nessa perspectiva, a sociedade política (ou Estado) é compreendida como instrumento direto de dominação de classe, por meio de mecanismos coercitivos sobre a sociedade civil.

O campo de interesse aqui refere-se ao pensamento de Gramsci em relação à sociedade civil na qual transitam concepções educacionais e políticas evidentes no campo hegemônico dessa reflexão. O autor parte do princípio de centralidade: o entendimento de que o Estado emprega outras formas coercitivas para efetivar a sua dominação. Para este pensador marxista, o estado reproduz uma ideologia fácil de se legitimar, tendo como base a economia capitalista, onde o ponto central da sociedade é a exploração da força de trabalho.

Gramsci (1995) deixa claro que o comando cultural e ideológico é importante na manutenção das relações de classe. Por meio do conceito de hegemonia entende que a sociedade civil se apresenta como esfera principal a ser considerada nas relações de poder e, posteriormente, a sociedade política. Sendo o fundamento essencial da luta contra a classe dominante como destaca Portelli (1977, p. 65).

> [...] situa o terreno essencial da luta contra a classe dirigente na sociedade civil: o grupo que a controla é hegemônico e a conquista da sociedade política coroa essa hegemonia, estendendo-a ao conjunto do Estado (sociedade civil mais sociedade política). A hegemonia gramscista é a primazia da sociedade civil sobre a sociedade política.

Nesse campo de análise, Gramsci (1995) ressalta algumas formas de ideologia variando na medida da sua abrangência e/ou intensidade, surgindo como individual ou fazendo correspondência a grupos menores.

De acordo com Gramsci (1977), para cada forma específica de ideologia há uma maneira de construir uma forma de homem, também específica. Considerava as diferenças internas da ideologia, quando diz que "é preciso distinguir entre ideologias historicamente orgânicas, que são necessárias a uma certa estrutura, e ideologias arbitrárias, racionalizadas, desejadas" (Gramsci, 1977, p. 868).

Dessa forma a ideologia orgânica, está associada a uma coletividade predisposta à hegemonia, de modo que considera que não existe contraposição entre ciência e a ideologia:

> As ideologias "arbitrárias" merecem ser submetidas a uma crítica que, de fato, as desqualifica. As ideologias "historicamente orgânicas", porém, constituem o campo no qual se realizam os avanços da ciência, as conquistas da "objetividade", quer dizer, as vitórias da representação "daquela realidade que é reconhecida por todos os homens, que é independente de qualquer ponto de vista meramente particular ou de grupo". A ciência é um conhecimento que se expande, que se aprofunda e se revê, se corrige, continuamente. Ela também é histórica, não pode pretender situar-se acima da história, não pode pretender escapar às marcas que o fluxo da história, a cada momento, imprime nas suas construções. Por isso, não é razoável tentar promover uma contraposição rígida entre ciência e ideologia. "Na realidade", escreveu Gramsci, "a ciência também é uma supra-estrutura, uma ideologia" (Gramsci, 1977, p. 1.457).

A hegemonia, Gramsci, se constitui em um conceito mais abrangente e dinâmico. Ela se refere ao domínio exercido por uma classe ou grupo sobre as outras classes sociais, não apenas por meio da coerção ou da força, ou mediante ideias em seu sentido abstrato, mas também por meio do consentimento e da liderança intelectual e cultural. A hegemonia implica a construção de uma visão de mundo, uma direção moral e um conjunto de valores que são considerados como comuns e universais. A classe dominante busca estabelecer sua hegemonia ao obter a adesão e o consentimento das classes subordinadas, tornando sua dominação "natural" e inquestionável.

A hegemonia é compreendida como uma orientação cultural, caminho, dominação e a preservação do poder desempenhado pelas classes dominantes por intermédio, acima de tudo, do modo de persuasão e de elaboração do consenso presente no sentido de fixar os significados sociais, crenças e variadas maneiras de construções simbólicas, com quais, dialeticamente, também definem a dinâmica da infraestrutura econômica. Os intelectuais desenvolveriam então um papel fundamental na construção da hegemonia, tendo em vista que, estes se constituiriam, na perspectiva de Gramsci, como organizadores da cultura.

De acordo com Silva (2021 p. 46 *In*: Gramsci, 2001):

> [...] existem intelectuais vinculados às classes dominantes e intelectuais orgânicos associados às classes dominadas, subalternas, e a atuação dessa se dá no sentido da elaboração de uma contra-hegemonia. Nesse processo de disputa um passo fundamental na estratégia revolucionária se faz necessário a efetivação de uma reforma intelectual e moral, ou seja, uma transformação da concepção de mundo através da luta cultural contra-hegemônica.

Nesse pensamento, o autor afirma que a hegemonia não é um mecanismo estável ou imutável, exercida de maneira homogênea pela classe dominante. Apresenta-se como um complexo entrelaçado de poderes políticos, sociais e culturais que do mesmo modo também produzem contra-hegemonias. Sendo assim, a dinâmica da hegemonia e da contra-hegemonia traz no conceito de sociedade civil a condução material da sua figura social.

Assim como a classe dominante exerce poder como condição de controle nas esferas sociais nos aspectos econômicos e políticos, do mesmo modo acontece com as ideias e os valores abrangentes da sociedade. Para Gramsci (1995), as comunidades das classes subalternas necessitam que se produza uma cultura inovadora com habilidades para contrapor e provocar a hegemonia pré-estabelecida e que conduza ações de luta acerca da política social que controla a maior parte da sociedade.

2 Educação e a sociedade civil: concepções hegemônicas

A "sociedade civil", enquanto esfera principal no processo hegemônico, na perspectiva de Gramsci, conserva dimensões éticas e educacionais. Aparece enquanto dimensão ética quando os aparelhamentos da "sociedade civil" no sistema capitalista, no qual se consolidou no decorrer dos séculos XIX e XX, destinam-se à adequação da ação individual e coletiva, tomando como parâmetro a visão de mundo da classe dominante. Surge no campo educativo porque esse processo depende, igualmente, da difusão e da assimilação, da coletividade social e da visão de mundo da classe dominante. Isso é realizado por meio dos processos educacionais, seja por intermédio do aparelho escolar, ou por meio de outros aparelhos e processos educativos fora do ambiente escolar.

Nesse sentido, Duarte (2006 p. 100) se refere ao processo educativo como um dos instrumentos de formação da visão de mundo e destaca a importância das demais instituições no papel formativo do sujeito:

> Ao tratar do processo educativo, Gramsci não se limita à instituição escolar, embora esta, juntamente com a família, tenha um papel preponderante na formação da visão de mundo das novas gerações, cumprindo uma função molecular. Na verdade, concebe que outras instituições também têm papel importante na formação dessa visão de mundo, como a igreja, os partidos políticos, os sindicatos, os jornais, as revistas, entre outros, que compõem a sociedade civil e irão constituir uma nova hegemonia no processo de efetivação do consenso.

A concepção que Gramsci (2001) traz sobre educação é eminentemente política. Para ele, em meio aos processos educacionais se encontram as relações de poder, desenvolvidas nas típicas sociedades ocidentais. No campo da educação esses processos podem ser compreendidos na relação que envolvem a perspectiva do ensino-aprendizagem que são trabalhadas na instituição escolar e fora dela. Em paralelo está a política em seu sentido mais amplo, desenvolvida nas "sociedades ocidentais" que determina a formação dos indivíduos em relação aos grupos sociais e direciona parando para que os setores dominados se acostumem em atender às necessidades e desejos da classe hegemônica. Isto significa que o olhar para o cenário político em que experienciou fez com que Gramsci afirmasse, conforme replica Martins (2011, p. 142) que a "[...] tarefa dos intelectuais é determinar e organizar a reforma moral e intelectual, isto é, adequar a cultura à função prática [...]".

A relação entre hegemonia e sociedade civil permite salientar a dimensão política da educação e esclarecer as funções da escola no processo de formação política das classes trabalhadoras. De acordo com

Martins (2011), a partir da perspectiva de Gramsci, a formação escolar não é a mais significativa para a organização política dos trabalhadores, visto que tal formação não privilegia o saber popular e nem a relação entre teoria e prática, que interessam a um processo de formação crítica. Para os trabalhadores, a educação ocorre principalmente no partido, sindicatos, movimentos, meios de comunicação como os jornais, dentre outros.

> [...] a educação é vista por Gramsci como fundamental à estratégia de construção do socialismo, pois, se a burguesia educa as classes subalternas para continuarem a viver na condição de subalternidade, é necessário que as classes subalternas façam o embate também no campo ideológico-cultural, educando-se para que possam forjar uma nova visão de mundo e disseminá-la no meio social, com vistas a potencializar lutas que resultem na revolução do modo de vida social (Martins, 2011, p. 142).

De acordo com esse autor, os escritos gramscianos pretendiam superar a superficialidade, enfatizando teorias no campo ideológico e de organização social do socialismo enquanto concepção político-econômica. No aspecto educacional Gramsci (2001) assinala que a burguesia prepara as classes subalternas para perpetuarem suas vidas na condição de subalternidade e que o embate no campo ideológico-cultural é fundamental, pois o povo educado torna-se forte para a luta que resulte no modo de vida socialmente ideal. Ou seja, é importante que as classes subalternas, além das disputas econômicas, realizem o embate também no campo ideológico-cultural, de modo que, educando-se, consigam reelaborar uma nova visão de mundo e difundi-la no meio social, fortalecendo potencialmente as lutas que culminem na revolução em termos de melhorias em seu processo de vida social.

Frente a este processo de construção de uma nova hegemonia por meio das lutas travadas na esfera da sociedade civil, os intelectuais terão papel primordial na perspectiva gramsciana, tendo em vista que, para ele, os intelectuais não se limitam apenas aos acadêmicos e especialistas, mas incluem também os educadores, artistas, escritores, jornalistas e outros agentes que desempenham um papel na produção e disseminação de ideias na sociedade. É essa questão que abordaremos na seção seguinte.

3 Os intelectuais orgânicos e intelectuais tradicionais

Ao adentrar no campo dessa temática vale ressaltar que a abordagem será explicitada de forma resumida, pois o intuito deste trabalho é explanar acerca da lógica em que Gramsci se baseia para conceituar o papel dos intelectuais na sociedade contemporânea e seus reflexos no contexto da educação. Tendo em vista que um dos elementos fundamentais em seus *Cadernos* foi justamente a concepção sobre os intelectuais, quando os distingue entre tradicionais e orgânicos.

Gramsci (2001) compreende que os intelectuais desempenham um papel importante na luta pelo poder e na transformação social, pois são responsáveis por criar e difundir novas concepções de mundo, novos valores e novas visões que possam desafiar a ordem dominante. Os intelectuais têm a capacidade de formular discursos, narrativas e ideias que podem questionar as estruturas de poder existentes e mobilizar a consciência das massas.

A partir dessa compreensão, reelabora um conceito singular de intelectual com atribuições definidas perante a sociedade. Para tanto, Gramsci problematiza:

> Os intelectuais são um grupo autônomo e independente ou cada grupo social tem uma sua própria categoria especializada de intelectuais? O problema é complexo por causa das várias formas que assumiu até agora o processo histórico real de formação das diversas categorias intelectuais (Gramsci, 2001, p. 15).

Ele desenvolveu o conceito de que existem certos indivíduos dentro de uma sociedade que desempenham um papel fundamental na formação e disseminação de ideias e valores exercendo uma função diretiva no universo da cultura e da política. Esses indivíduos são chamados de "intelectuais" uma vez que disputa o convencimento dos sujeitos de uma determinada comunidade, agindo assim como intelectuais. É importante destacar que, independentemente de possuir conhecimento formal, ao desempenhar um papel de organizador cultural e político para aquela comunidade, o indivíduo exercerá uma função de intelectual.

Esse filósofo marxista estabelece diferenças entre intelectuais orgânicos, característicos da ordem social burguesa em sua contradição, e intelectuais tradicionais. Em relação a esse segundo grupo, Gramsci define como aqueles intelectuais que estariam ligados a formas de pensamento e estruturas sociais antiquadas e obsoletas, que não conseguiram acompanhar as transformações da sociedade, se constituindo assim como anacrônicos, ou arcaicos. Esses intelectuais seriam influenciados por ideias e teorias do passado, em especial religiosas, não sendo capazes de compreender e lidar adequadamente com as mudanças e desafios presentes em sua época. Gramsci (2000) criticava os intelectuais tradicionais por sua incapacidade de contribuir de forma significativa para o desenvolvimento e a transformação da sociedade. Ele argumentava que, para enfrentar os problemas e as contradições sociais, era necessário o surgimento de novos intelectuais que fossem capazes de interpretar e intervir nas dinâmicas sociais contemporâneas.

Um exemplo de intelectuais tradicionais seria o clérigo, que mantinha o monopólio ideológico e cultural interligando o camponês meridional "[...] ao grande proprietário rural" (Gramsci, 2004, p. 426), ou seja, uma referência de quando padres desempenharam uma liderança política em uma época anterior às sociedades capitalistas de seu tempo, mantendo, entretanto, em um novo modo de produção, tal visão de mundo de forma anacrônica.

Para Gramsci os intelectuais tradicionais se põem a si mesmos como autônomos e independentes do grupo social dominante.

> Disso nasceu a acepção geral de "intelectual", ou de "especialista", da palavra "clérigo", em muitas línguas de origem neolatina ou fortemente influenciadas, através do latim eclesiástico, pelas línguas neolatinas, como seu correlativo de "laico" no sentido de profano, de não especialista. Por isso, nasceram, sob várias formas (que devem ser pesquisadas e estudadas concretamente), outras categorias [...] assim foi se formando a aristocracia togada, com seus próprios privilégios, bem como uma camada de administradores etc., cientistas, teóricos, filósofos não eclesiásticos etc. (Gramsci, 2001, p. 17).

O desenvolvimento desses intelectuais tradicionais está diretamente interligado à sua formação via de regra aperfeiçoada nas universidades e instituições culturais das elites. Coutinho (1990a) afirma que o intelectual tradicional é capaz de ser conservador tendo em vista que segue a política da classe dominante, igualmente pode se reconhecer como revolucionário quando se junta na perspectiva política da classe trabalhadora. O autor aponta um novo modelo composicional da cultura e intelectualidade que julgou como primordial naquele período, pois sua lógica conceitual caminhava continuamente rumo às mudanças sociais significativas.

Os intelectuais tradicionais se destinam a perpetuar a manutenção e reprodução da hegemonia sobre a sociedade. O poder é geralmente exercido por intermédio de vários mecanismos como meio cultural, político e educacional, conferindo seus conceitos, valores e crenças em detrimento do remanescente social.

Já os "intelectuais orgânicos" são aqueles intelectuais que emergem de grupos sociais específicos e que expressam e representam seus interesses e visões de mundo. Diferentemente dos "intelectuais tradicionais", que estão vinculados às estruturas e ideias antiquadas, os intelectuais orgânicos são capazes de compreender as dinâmicas sociais contemporâneas e desempenhar um papel ativo na manutenção ou transformação da sociedade.

É importante destacar que para Gramsci (2000), todos os grupos sociais produzem seus próprios intelectuais, independentemente de serem subalternos ou dominantes. Ou seja, os intelectuais orgânicos não estão restritos às classes subalternas, mas podem surgir de qualquer grupo social, extrato social ou classe social. Eles representam os interesses e perspectivas de tais grupos, contribuindo para a manutenção da hegemonia bem como para a construção de uma nova hegemonia, dependendo do contexto histórico e das relações de poder. Tais intelectuais mantêm uma relação orgânica com o grupo social que representam e estão articulados às experiências e às lutas desse grupo ou classe, entendendo suas demandas, aspirações e necessidades. São capazes de articular e formular discursos, ideias e teorias que reflitam as condições e interesses privados

Esses intelectuais podem desempenhar várias funções dentro de sua comunidade ou classe social: como educadores, líderes políticos, ativistas escritores, artistas, entre outros. São capazes de mobilizar e de conscientizar, contribuindo para a formação de uma consciência de classe, para a articulação de demandas coletivas e para a luta por mudanças sociais Ou, por outro lado, de controlar as massas por meio de ideologias, de construções e de reproduções de sensos comuns.

Os intelectuais orgânicos não são, necessariamente, intelectuais de partidos "militantes". A exemplo disso, um administrador empresarial pode ser intelectual orgânico por agir em prol de um tipo de consciência dos indivíduos ao seu redor para gerenciar a produção de determinadas maneiras.

Na esfera social os intelectuais orgânicos encontram-se educados em diferentes áreas do conhecimento como: Educação, Filosofia, Ciências

Sociais, Psicologia, bem como em formações mais técnicas, como Economia e Administração.

Segundo esse pensador marxista, a distinção determinante para um intelectual orgânico em relação à sua atribuição é justamente a capacidade de se organizar no meio social em que vive e não somente a forma de exercer as atividades intelectuais. Nessa compreensão, os intelectuais orgânicos se constituem como especialistas e como dirigentes, indivíduos que estabelecem hierarquia estratégica na busca da hegemonia da comunidade social da qual faz parte. Não são somente os intelectuais convencionais que se colocam a serviço das classes dominantes, uma parcela dos orgânicos também.

Em uma perspectiva mais ampla acerca dos intelectuais, para Gramsci é:

> [...] possível dizer que todos os homens são intelectuais, mas nem todos os homens têm na sociedade a função de intelectuais (assim, o fato de que alguém possa, em determinado momento, fritar dois ovos ou costurar um rasgão no paletó não significa que todos sejam cozinheiros ou alfaiates). Formam-se assim, historicamente, categorias especializadas para o exercício da função intelectual; formam-se em conexão com todos os grupos sociais, mas sobretudo em conexão com os grupos sociais mais importantes, e sofrem elaborações mais amplas e complexas em ligação com o grupo social dominante (Gramsci, 2001, p. 18).

Na visão do autor existe uma ingenuidade ao se estabelecer como critério interpretativo o fato de generalizar todo intelectual e sua função. Ele se destaca frente aos estudos realizados no entendimento a respeito do conceito de intelectual, quando se baseia na ideia revolucionária ao teorizar que "todos os homens são intelectuais, mas nem todos os homens têm na sociedade a função de intelectuais" (Gramsci, 2001, p. 17). Ele traz como como parâmetro essa lógica nas mais variadas atividades laborais que necessitem de esforço físico. Desde o mais condicionado e mesmo no mais mecânico e simplório, exige-se um pouco de preparação técnica, ou seja, por menor que seja o trabalho ainda assim necessita de uma "atividade intelectual criadora" (Gramsci, 2001, p. 18).

Nesse cenário que é marcado pelo dualismo no que se refere à função do intelectual, Gramsci (2001) propõe a filosofia da práxis, concepção esta que não separa teoria e prática. A partir dessa reflexão, relata a realidade italiana, sobre a dinâmica das sociedades capitalistas, visando a uma transformação radical da sociedade. Para isso, apresenta estratégias alternativas no intuito de transformar a correlação de forças entre as classes dominantes e dominadas.

A construção da hegemonia está intrinsecamente relacionada ao domínio dos intelectuais orgânicos no campo da educação. Esses indivíduos desempenham um papel fundamental na disseminação e consolidação de uma visão de mundo, valores e ideias que sustentam a ordem social vigente. Por possuírem um profundo entendimento da sociedade e da educação, eles estão capacitados a investigar e compreender as complexidades e desafios presentes no meio educacional.

Os intelectuais orgânicos, ao atuarem como mediadores entre as estruturas de poder e a esfera educacional, contribuem para a construção de consensos que podem levar à legitimação das ideias e práticas dominantes, ou na construção de um novo homem e de uma nova sociedade. Eles utilizam seu conhecimento e pensamento para articular discursos e narrativas que promovem a adesão dos indivíduos às normas e valores hegemônicos. Por meio dessa ação, os intelectuais orgânicos exercem influência no processo de construção e manutenção da hegemonia, moldando as percepções e práticas educacionais de acordo com os interesses das diferentes classes que estão em disputa.

Dessa forma, ao compreender a relevância dos intelectuais orgânicos na educação, podemos perceber como eles desempenham um papel estratégico na construção e reprodução da hegemonia, contribuindo para a perpetuação das relações de poder ou para a superação das estruturas sociais estabelecidas.

Considerações Finais

Em seus escritos Gramsci apresenta sua base teórica apoiando-se na perspectiva e fundamentos socialistas. Como filósofo construiu uma crítica particular inerente à organização escolar tradicional e elaboração de um novo princípio educativo. Na perspectiva de Gramsci, analisando o campo da educação coexiste uma interrelação com seu pensamento intelectual, assim como na ação deste agente para a construção da hegemonia e da contra-hegemonia. Conforme afirma Barbosa (2004),

> [...] autores, como Portelli (1977), Barbosa (2004), Del Roio (2018), consideram A originalidade do pensamento grams-

ciano reside no tratamento analítico dado às noções de superestrutura e infraestrutura, bem como às relações que se estabelecem entre essas instâncias. Gramsci consagra a maior parte de seu tempo à descoberta dos processos inerentes à superestrutura: as relações de hegemonia, as relações entre superestrutura, ampliando a definição de Estado (considerando que este incorpora a sociedade política e a sociedade civil), a caracterização do bloco histórico e a função a ser exercida pelos intelectuais neste sistema (Barbosa, 2004, p. 100 - 101).

Nesse sentido, a análise das dimensões da teoria política de Antonio Gramsci bem como suas elaborações relativas ao campo da hegemonia e cultura enfatizam o aspecto político educacional.

Este estudo analisou a concepção Gramsciana não como um padrão a ser adotado mas como uma possibilidade de ascensão do pensamento como instrumento a ser investigado e correlacionado a outras maneiras de refletir a educação em seus contextos emancipatórios. O que traz à tona possibilidades de ascender na questão hegemônica como aspecto central da cultura.

Vislumbramos que Antonio Gramsci se constitui em um importante teórico para compreender a relação entre cultura e a disputa por hegemonia, bem como o seu entendimento acerca do papel crucial da educação na formação das consciências individuais e coletivas, na reprodução ou transformação das relações de poder e na construção de uma nova ordem social.

Para esse filósofo, a educação não se limita apenas à transmissão de conhecimentos técnicos, mas desempenha um papel fundamental na produção e disseminação de ideias, valores e visões de mundo. Ele enfatizava que a educação é um processo cultural e político, no qual as ideias e os valores dominantes são transmitidos e internalizados, contribuindo para a manutenção da hegemonia da classe dominante.

No entanto, também reconhecia o potencial transformador da educação. Ele defendia a necessidade de uma educação emancipatória, crítica e voltada para a formação de intelectuais orgânicos capazes de questionar a ordem estabelecida e articular demandas coletivas. Para ele, a escola poderia se tornar um espaço de resistência e luta por uma nova hegemonia, onde os sujeitos subalternos pudessem desenvolver uma consciência crítica e reivindicar seus direitos.

A perspectiva de Gramsci ressalta que a disputa por hegemonia ocorre, em grande parte, no campo educacional, onde diferentes grupos sociais lutam para impor suas visões de mundo e interesses. Por meio da educação, as classes subalternas podem adquirir capacidades intelectuais e políticas – filosofia da práxis – para desafiar a hegemonia existente, promovendo uma consciência coletiva que questiona as estruturas de poder.

Assim, a importância de Gramsci para compreender a relação entre educação e disputa por hegemonia reside na sua análise crítica da educação como um campo de batalha ideológica, onde a luta pelo poder e pela transformação social é travada. Ele nos convida a refletir sobre como a educação pode ser tanto um instrumento de opressão quanto uma ferramenta de emancipação, e como os processos educacionais podem ser mobilizados para desafiar a ordem dominante e promover a construção de uma nova hegemonia.

Possibilita-nos entender a relação inseparável entre o papel da política e da cultura e ao mesmo tempo pensar a educação como meio que permita redefinir a noção de verdade. Nesse sentido, o essencial é compreender a educação como instrumento de fortalecimento para a construção de uma nova hegemonia na fronteira do sistema escolar que forme efetivamente sujeitos autônomos capazes de compreender e se situar no mundo.

Referências

ALIAGA, Luciana. A questão meridional: Os intelectuais e a conservação da ordem nos escritos pré carcerários. *In: VIII Colóquio Internacional Marx Engels,* 2015, São Paulo. **Anais** IFCH – Instituto de Biologia – Faculdade de Tecnologia – IEL, São Paulo: Unicamp, 2015. p. 1 - 9.

BARBOSA, Lia Pinheiro. Cultura e Educação no pensamento gramsciano. **Revista de Ciências Sociais**, v. 35, n. 2, p. 100 -109, set. 2004.

COUTINHO, C.N. **Gramsci e as ciências sociais.** Serviço social, sociedade, São Paulo: Cortez, v.9, n.34, dez.1990.

COUTINHO, C. N. **O leitor de Gramsci, escritos escolhidos.** RJ: Civilização Brasileira, 2006.

DONÁRIO, A. A.; SANTOS, R. B. A Teoria de Karl Marx. CARS – Universidade Autônoma de Lisboa – Centro de Análise Econômica de Regulação Social, maio 2016. *In*: Marx – **Critique de L'Economie Politique**. Avant Propos – Oeuvres, 1859.

DUARTE, Aldimar Jacinto. Contribuições de Antônio Gramsci para a formação do trabalhador. **Revista Educativa**, v. 9, n. 1, p. 99-110, jan./jun. 2006. Goiânia, GO: Editora da PUC Goiás, 2006.

GRAMSCI, Antonio. **Os intelectuais e a organização da cultura**. Rio de Janeiro: Civilização Brasileira, 1995.

GRAMSCI, Antonio. **Cadernos do cárcere**, v. 1. Rio de Janeiro: Civilização Brasileira, 1999.

GRAMSCI, Antonio. **Cadernos do cárcere** v. 2. Rio de Janeiro: Civilização Brasileira, 2001.

GRAMSCI, Antonio. **Quaderni del Carcere**. Edição crítica do Instituto Gramsci, org. Valentino Gerratana. Turim: Einaudi, 1977.

GRAMSCI, Antonio. **Quaderni del Carcere**. Turim: Einaudi, 1978, v. 4.

MARTINS, M. F. Gramsci, os intelectuais e suas funções científico-filosófica, educativo-cultural e política. **Revista Pro-Posições**, Campinas, v. 22, n. 3 (66), p. 131-148, set./dez. 2011.

NASCIMENTO, Maria Isabel Moura; SBARDELOTTO, Denise Kloeckner. A Escola Unitária: Educação e Trabalho em Gramsci. **Revista Histedbr** On-line, n.30, p. 275-291, jun.2008. Campinas, 2008.

PORTELLI, H. **Gramsci e o bloco histórico**. Rio de Janeiro: Paz e Terra, 1977.

SILVA, R. M. **A história intelectual de Dom Fernando Gomes Dos Santos e o seu papel formativo com o clero diocesano, religiosos e leigos na arquidiocese de Goiânia (1962-1985)**. Tese (Doutorado em Educação) Pontifícia Universidade Católica de Goiás. Goiânia, 2021.

SOUSA, A. P. M.; PRZYLEPA, M. Gramsci e suas Contribuições Teóricas para a Educação Escolar. *In*: Seminário Formação Docente: Intersecção entre universidade e escola, IV. Dourados MS, 09 a 11 de setembro de 2019. **Anais** Educação Pública em Tempos de Reformas Dourados: Editora UFGD, 2019, p. 745 - 754.

DIALOGICIDADE EM PAULO FREIRE E EDUCAÇÃO ESCOLAR DE PESSOAS SURDAS

Janaina Silva de Assis
Raquel Marra Freitas

Sabe-se que a diversidade de pessoas, é primordial para a humanização. Nas relações sociais, de um indivíduo com os outros, se estrutura, de forma ativa, a sua conduta, seu comportamento, pensamentos, escolhas, dentre outras conjunções que perfazem a formação humana. Nesse processo, a educação é imprescindível, amplamente abrangível, quer dizer, devendo destrinçar-se na escola, mas envolver-se para além dela, abrangendo a família, a sociedade, ser garantida a todas as pessoas, sem ou com deficiência, possibilitando a cada uma dessas pessoas, a formação da mente crítica, a autonomia, além de efetivar a equidade, a emancipação, ofertar oportunidades, atuando em prol da eliminação de barreiras existentes, cultivando a preservação da vida e do planeta.

É com base nesse olhar para o processo educativo, e com a contínua busca por assegurá-lo à diversidade de indivíduos, que proponho a escrita deste capítulo. Problematizando o papel pedagógico, social e político da educação, refletindo a ausência de efetiva assistência à população desassistida, à desigualdade educativa, mas ponderando a eliminação de barreiras no processo educativo, com a proposta da dialogicidade neste contexto, enfatizando a relação dialógica com as pessoas surdas.

Será abordado neste capítulo o tema a dialogicidade na educação escolar de pessoas surdas, fazendo-se um recorte para tratar especificamente da importância do diálogo no processo educativo com os/as estudantes surdos/as. Apresentando como questão central: Qual é a concepção de diálogo para Paulo Freire e qual a importância desse conceito na educação escolar de pessoas surdas? Com os objetivos de analisar a contribuição do conceito de diálogo para Paulo Freire na educação escolar de pessoas surdas, e discutir sobre o papel da escola na garantia de uma sociedade mais igualitária e mais justa.

No senso comum, conhecimento popular compartilhado entre a sociedade, devido ao desconhecimento sobre a surdez e sobre a cultura surda, há a ideia de que as pessoas com surdez não dialogam, devido não ouvirem, e não se comunicarem com os que desconhecem sua língua (*Língua Brasileira de Sinais* - Libras). Mas, para Paulo Freire "o diálogo é uma exigência existencial" (Freire, 2015, p. 109), e se concebe na relação entre as pessoas. Os/as surdos/as existem, são humanos, não ouvem, e esse fato de não ouvirem, e devido a não ouvir, não falarem verbalmente, não impede que vivenciem o diálogo, pois

> A existência, porque humana, não pode ser muda, silenciosa, nem tampouco pode nutrir-se de falsas palavras, mas de palavras verdadeiras, com que os homens transformam o mundo. Existir, humanamente é pronunciar o mundo, é modificá-lo. O mundo pronunciado, por sua vez se volta problematizado aos sujeitos pronunciantes, a exigir deles novos pronunciar (Freire, 2015, p. 108).

Ou seja, a existência humana exige o pronunciar, o dialogar e o modificar o mundo. As pessoas surdas assim como as pessoas ouvintes, que ouvem, são humanos, existem, e por existirem não podem ser silenciosos, mudos, passivos, mas devem apresentar seus argumentos, serem ativos, se posicionarem, dialogarem. Pretende-se aqui abordar sobre a comunidade surda, explorar o fundamento do conceito de diálogo, na perspectiva de Paulo Freire, o qual se baseia no rigor, no amor, na fé, na esperança, na criticidade e na humildade, sendo ferramenta de cooperação, conhecimento e transformação.

A metodologia empregada resulta da análise bibliográfica de obras selecionadas de Paulo Freire e, acessoriamente conta com textos de outros autores que discutem, também, as obras de Freire. Realizando um estudo de produções científicas que definam o conceito de diálogo do autor Paulo Freire, ponderando sua importância na educação escolar, e refletindo a relação da concepção de Freire sobre diálogo com a educação da cultura surda. Além de outras produções científicas, textos e vídeos, que relatam a história de pessoas surdas. Buscando entender a dialogicidade em sala de aula, no contexto escolar, refletir de que forma o diálogo entre estudantes surdos e ouvintes, professores, escola em geral, família e comunidade, emancipa os conhecimentos, os aprendizados e as contribuições na transformação e melhoria de cada ser e do mundo.

Tem-se como principal referencial teórico, Paulo Reglus Neves Freire, que para o propósito definido, neste capítulo, são utilizadas algumas obras desse autor, selecionadas por se considerar que nelas ele aborda sobre o diálogo com repercussões importantes na educação. Além disso, são utilizados outros autores que contribuem para se compreender o conceito de diálogo em Paulo Freire, tais como Beisiegel (2010), Oliveira (2017) etc. Além de conceitos de comunidade surda pela autora Strobel (2009), como também dados estatísticos referentes às pessoas surdas brasileiras apurados pelo Ines (2022), com base epistemológica em aquiescência a autores que esmeram a singularidade da diversidade, abordando sobre os paradigmas educacionais, historicidade, aprendizado, desenvolvimento, e formação humana.

Dentre tudo, serão, aqui, ressaltados os conceitos de Paulo Freire sobre diversidade, comunicação, educação bancária, práxis, liberdade, cultura, democracia, emancipação, enfatizando a dialogicidade na educação de pessoas surdas.

1 Paulo Freire e o conceito de dialogicidade

É no contexto de uma população desassistida que se inicia o marco histórico da atuação de Paulo Freire em prol da emancipação social, o qual se atentou profundamente à educação e colaborou-se na práxis, em luta contra a desigualdade educativa, que é expressão da desigualdade social. Paulo Freire foi um pensador, escritor, político, dialógico, professor, autor de uma teoria que proporcionou a modificação de consciências e pensamentos promovendo a transformação, para melhor, da realidade histórica.

Paulo Freire, "filho de Joaquim Temístocles Freire e Edelturdes Neves Freire, nasceu no Recife, no Estado de Pernambuco, em 19 de setembro de 1921" (Beisiegel, 2010, p 13). Tinha uma vida com estabilidade financeira razoável, mas tudo mudou com a crise de 1929, que afetou economicamente partes do mundo, inclusive o Brasil e a vida da família de Freire, provocando falência econômica e a busca por recomeço, mudando de Recife para o município Jaboatão. Freire enfrentou obstáculos e complexidades na vida, mas demonstrou e deixou registrado em seus escritos o seu amor por gente, ressaltando a essência de ser um humano.

Paulo Freire considera que a escola se constitui principalmente de pessoas, de gente, e não somente de estrutura física e equipamentos. Ele afirma que "não se trata só de prédios, salas, quadros, programas, horários, conceitos... Escola é sobretudo, gente. Gente que trabalha, que estuda. Que alegra, se conhece, se estima" (Freire, 2023, p. 1). A educação é para a diversidade, e se perfaz por meio do diálogo.

Dialógico na caminhada, Paulo Freire não somente defendeu a dialogicidade, mas a vivenciou. Pensador, estudioso, pesquisador, acima de tudo, um exemplo de professor. Foi persistente até o último suspirar de sua jornada, lutou pelo povo, principalmente pelas vítimas da pobreza, buscou por alternativas e, pode-se afirmar que, Freire encontrou. Fundamentando- se nas mais belas dádivas da vida, no amor, na fé, na esperança, criticidade e humildade, foi um autor que muito escreveu, participou, dialogou, criou Método de Alfabetização, pelo qual histórias foram transformadas, milhares de pessoas foram contempladas, sendo essas convidadas a serem protagonistas, participantes, ativas, que se conscientizam, se educam, escrevem o contexto e intervém na realidade, contribuindo com a sociedade.

Freire faleceu no ano de 1997, mas até o ano de 2024 a teoria de Freire será de grande contribuição não só para a educação, mas para todas as áreas que pensam a humanidade, pois Freire ensinou a contemplar a diversidade, e dentre as instruções, eis a dialogicidade, uma concepção de diálogo que vai além do ato comunicar, engloba os sentidos e fundamentos da vida propiciando capacidades intelectuais para um melhor convívio social.

O princípio do diálogo é gostar da humanidade, de gente, se propor a apresentar seus argumentos, compartilhar o conhecimento, utilizando do vocabulário da pessoa com quem se comunica. Dialogar é também ouvir e argumentar, sendo essa parte possível para as pessoas surdas, pois esse ouvir não é literalmente o ecoar do som, mas é o sinônimo de atentar-se, observar, olhar nos olhos, interessar-se pelo argumento do outro, pois "não é no silêncio que os homens se fazem, mas na palavra, no trabalho, na ação-reflexão" (Freire, 2005, p. 108). Isto é, diálogo é pronunciar o argumento, é participação, é um direito de todas as pessoas expressarem seus pensamentos, devendo envolver todos/as no processo educativo, na ação de pronunciar, expressar sua palavra, seja verbalmente, em escrita, em Língua de Sinais, mas proporcionando reflexões e discussões, sendo, então, um ato de manifestação, possibilidade de ação-reflexão, emancipação e conscientização.

Para Freire(data), o diálogo é o instrumento central da democracia, é o direito de voz a todos, isto é, possibilidade a todos de se expressarem, mas ninguém melhor que ninguém, cada um podendo apresentar criteriosamente seus argumentos, sabendo ouvir, ser ouvido, ou seja, considerar e ser considerado, refletir sobre, e em conjunto buscar por soluções. Uma comunicação repleta de denúncias e anúncios, isto é, críticas, possibilidades, sonhos, decisões etc.

> Para Freire (*ibidem*), não há comunicação sem dialogicidade e, nesse sentido, a comunicação é vida e fator de *mais-vida*. Todas as pessoas possuem capacidade de dialogar, independente de seu nível de escolaridade. Essa é uma questão chave para as teorias dialógicas. *"A dialogicidade é uma exigência da natureza humana"* (Freire, 2001). É possível utilizar os conhecimentos e habilidades em qualquer situação de diálogo, de tomada de decisão e de aprendizagem, bem como desenvolver novos conhecimentos e criar significados através das interações (Gabassa, 2009, p. 12).

Ou seja, a comunicação se faz no diálogo, comunicação está com inúmeras possibilidades de ser efetivada, para além da forma verbal podendo todas as pessoas comunicarem-se entre si e uns com os outros, refutar, contestar, refletir, indagar, entre outros, mas sempre acatando as falas, independentemente do nível de escolaridade ou da posição social de quem diz, considerando então o argumento. Dessa forma conceitua-se a comunicação não somente como uma troca de ideias, mas como vida, ação emancipadora, dialógica. Pois, havendo diálogo fluem-se nexos e significados, conhecimentos e aprendizados, dentre muitos outros fatores que demonstram as razões da existência humana.

O diálogo, segundo Paulo Freire (1987), inicia-se na busca do conteúdo programático na pronúncia da palavra, no seu sentido e significado, reflete na realidade, no cotidiano, resulta na práxis, mescla cultura e diversidade, baseia-se nos mais belos fundamentos da vida e se desdobra na metodologia e prática pedagógica proposta. Compondo, nessa perspectiva, um trabalho participativo e enriquecedor em sala de aula, no qual todos os integrantes da classe escolar, surdos e ouvintes, possam contribuir com suas vivências, experiências e ver sentido naquilo que é ensinado. Por isso Freire aponta a metodologia do tema gerador, que parte da realidade do educando, para analisando-a criticamente, construir alternativas de intervenção e transformação social, individual e coletiva.

É um ato político, emancipador, libertador, aniquilador da opressão, mas, principalmente, provedor de conscientização e transformação. É a práxis, a ação reflexão, a prática que cria a realidade, de forma ativa, renovando continuamente, sendo condição de existência, intencionalizada.

Enquanto planejamento, pensar o antes o durante e o depois. É, ainda, poder construir em conjunto rigorosas reflexões e modificações para uma sociedade mais justa.

Diálogo é amor, melhor dizendo, o amor é o próprio diálogo, é compromisso, libertação, pois "não há diálogo, porém se não há um profundo amor ao mundo e aos homens. Não é possível a pronúncia do mundo, que é um ato de criação e recriação, se não há amor que a infunda. Sendo fundamento do diálogo o amor é também diálogo" (Freire, 2015, p. 111) Isto é, preocupar-se com o mundo, com a sociedade, com a diversidade, buscar por mudanças, melhorias, lutar pelo povo, pela causa dos oprimidos, ouvi-los, e não reter a eles o direito da fala, expressão e da escuta. "O amor é compromisso com os homens. Onde quer que estejam estes oprimidos, o ato de amor está em comprometer-se em sua causa. A causa de sua libertação. Mas este compromisso, porque é amoroso é dialógico" (Freire, 2015, p. 111).

Com o amor é possível olhar o mundo e as pessoas que o constitui, comunicar-se com os outros, de maneira justa e igualitária, sem abaixar ou alterar a voz e o olhar, mas enxergando e lidando com todos em conformidade, buscando sempre fazer o bem a cada um, considerando seus argumentos. "Se não amo o mundo, se não amo a vida, se não amo os homens, não me é possível o diálogo" (Freire, 2015, p. 111). Dessa forma, o diálogo só acontece se todos tiverem vez e voz, isto é, oportunidade de expressão, se cada indivíduo, mesmo com suas singularidades, for considerado e acatado com equidade, se o mundo for contemplado e tratado com profundo sentimento, respeito e nas atitudes sobressair práticas de amor visando o bem à humanidade. Entra, nesse aspecto, o rigor na conduta.

O rigor na teoria freiriana não é sinônimo de rigidez ou autoritarismo, mas é conceituada como uma atitude pautada na seriedade, criticidade, liberdade e criatividade, sendo exercida de forma trabalhosa, criteriosa, exigente, fazendo-a, mostrando no procedimento o posicionamento dialógico. Junto ao rigor há também a fé, que é a confiança na capacidade dos indivíduos, "não há também diálogo se não há uma intensa fé nos homens. Fé no seu poder de fazer e de refazer. De criar e recriar" (Freire, 2015, p. 112). Dessa maneira, demonstrando com sinceridade e clareza a plena confiança de que cada sujeito tem riquezas intelectuais consigo, sendo capaz de participar, intervir e transformar a realidade.

A esperança é essencial, conforme a teoria freiriana, tem que ser eterna, mas, sozinha não funciona, é preciso firmeza e também atitude. Segundo Freire (1997, p. 1),

> Pensar que a esperança sozinha transforma o mundo e atuar movido por tal ingenuidade é um modo excelente de tombar na desesperança, no pessimismo, no fatalismo. Mas, prescindir da esperança na luta para melhorar o mundo, como se a luta ase pudesse reduzir a atos calculados apenas, à pura cientificidade, é frívola ilusão. Prescindir da esperança que se funda também na verdade como na qualidade ética da luta é negar a ela um de seus suportes fundamentais. O essencial como digo mais adiante no corpo desta Pedagogia da Esperança é que ela, enquanto necessidade ontológica, precisa de ancorar-se na prática para tornar-se concretude histórica. É por isso que não esperança na pura espera, nem tampouco se alcança o que se espera na espera pura, que vira assim, espera vã.

Assim sendo, é fundamental e preciso que a esperança mova os indivíduos, mescle-se com a prática, na busca de transformar o sonho em realidade, exista no desejo, mas também, principalmente, na ação. Não só no discurso, mas na luta, com o propósito de conquistar aquilo que espera. Eis também a criticidade, que movida à verdade, busca a transformação da realidade, "não há diálogo verdadeiro se não há nos seus sujeitos um pensar verdadeiro. Pensar crítico. Pensar, que não aceitando a dicotomia mundo-homens, reconhece entre eles uma inquebrantável solidariedade" (Freire, 2015, p. 114). Com isso a força da união em busca de transformação e melhoria do mundo. "Para o crítico a transformação permanente da realidade, para a permanente transformação dos homens" (Freire, 2015, p. 114). Quer dizer, não há diálogo se não há criticidade, e com o pensar crítico há a constante busca de tornar real o desígnio de modificar a complexa realidade.

Outro elemento fundante e imprescindível para o diálogo é a humildade, a qual não é arrogante, não age com ignorância, nem é uma característica diminutiva de alguém, ao contrário, a humildade eleva quem a exerce.

> Não há, por outro lado, diálogo se não há humildade. A pronúncia do mundo, com que os homens o recriam permanentemente não pode ser um ato arrogante. Como posso dialogar, se alieno a ignorância, isto é, se a vejo sempre no outro e nunca em mim? (Freire, 2015, p. 111).

É um ato de reconhecimento, compreender, em si mesmo, como indivíduo que falha como os outros. Ou mesmo, que os outros são tão capazes, inteligentes, apesar de diferentes, mas com a mesma grandiosidade que a si próprio. É tanto reconhecer a si e o outro, como também saber ouvir, discernir o momento de fala e da escuta, não ser arrogante a ponto de ver defeitos ou atribuir ignorância apenas ao próximo, mas entender que em si encontram-se características similares a outro ser, e que o diálogo é também um exercício de humildade.

Todos esses princípios da vida, amor, rigor, esperança, fé, criticidade e humildade, que Freire descreve como fundamento e essência do diálogo, são extremamente valorosos se levados à prática. Vale aqui pensar tudo isso no contexto escolar, seus entrecruzamentos no exercício de uma educação como ato político; na luta pelo direito e dever de homens e mulheres, com ou sem deficiência, sua participação na transformação de um mundo melhor, o que perpassa uma rigorosa reflexão crítica e ética sobre a realidade social, política, econômica. Considerar como seria tão enriquecedora a união de toda a comunidade no contexto escolar, exercendo o diálogo e o colocando em prática com a comunidade surda.

2 A comunidade surda e sua educação

Neste tópico será discutido sobre a comunidade surda e seu processo educativo, apresentando a definição dos diferentes termos que serão aqui abordados, tais como cultura surda, povo surdo, pessoas surdas, conceitos importantes de serem compreendidos para a reflexão dos processos históricos que demarcam sua educação.

Refere-se aqui como comunidade surda, todas as pessoas que se envolvem na causa das pessoas surdas (aquelas que não ouvem total ou parcialmente).

> A comunidade surda, na verdade não é só de surdos, já que tem sujeitos ouvintes junto, que são família, intérpretes, professores, amigos e outros que participam e compartilham os mesmos interesses em comuns em uma determinada localização que podem ser as, associação de surdos, federações de surdos, igrejas e outros (Strobel, 2009, p. 6).

Ou seja, fazem parte dessa comunidade, além das pessoas surdas, os estudiosos dessa epistemologia, os/as intérpretes de Libras, família, amigos e todos que se lutam em prol de eliminar barreiras às pessoas surdas.

A história da comunidade surda, foi marcada por ascensão, incremento, disseminação, mas também por rupturas, lacunas, retrocessos, todavia, com mais mobilizações, lutas e contínuas buscas por melhorias nos aspectos histórico-culturais. Modificações e nuances marcaram esse trajeto, principalmente no contexto educacional, com rompimentos de paradigmas, que impactaram o percurso histórico.

Visto que a comunidade surda, engloba a cultura, diferentes vivências de pessoas ouvintes e diferentes experiências de pessoas surdas, e se há desigualdade social, entre ambas, há também a desigualdade educativa.

Conforme Strobel (2009, p. 24), o ano de 1789 foi marcado pela morte de Abade Charles Michel de L'Epée, um autor ilustre para a comunidade surda, pois atentou-se à causa do povo surdo, à sua educação, formação humana, desenvolvendo métodos, utilizando sinais para se comunicar com as pessoas surdas, e fundando escolas para as mesmas. Sua morte foi um marco triste, mas, ao mesmo tempo, deixando memorável a personalidade de um alguém que lutou pela eliminação de barreiras entre as pessoas. L'Epée, já tinha fundado 21 escolas para surdos na França e na Europa.

A partir de 1814, Thomas Hopkins Gallaudet (1787-1851), marca a história das pessoas surdas com seu método de ensino e construção de escola para surdos nos Estados Unidos. Conforme Strobel (2009, p. 25), tudo iniciou com a observação de Galladeut a uma menina surda, Alice Gogswell, em Hartford, nos Estados Unidos. Ele percebeu que dentre as crianças que estavam brincando no seu jardim a Alice era excluída, não participava das brincadeiras por ser surda e era rejeitada das demais crianças. Gallaudet ficou profundamente tocado por essa situação e por ela não ter uma escola para frequentar, pois na época não havia nenhuma escola de surdos nos EUA.

Entende-se por pessoa surda, aquela que

> Tem completa ausência de audição e pode ser de origem congênita ou não. Muitos apresentam o problema desde o nascimento e, como consequência, aprenderam a se comunicar através de formas não-verbais, como a Língua Brasileira de Sinais (Libras) (Auditif, 2022, n.p.)

Quer dizer, ser surda/o é ter completa ausência de audição, diferente da pessoa com deficiência auditiva, que ouve parcialmente. Quando se menciona povo surdo, engloba para além da pessoa surda, trata-se da população, isto é, o grupo de surdos que não ouvem, seja total ou parcialmente. "O povo surdo é grupo de sujeitos surdos que tem costumes, história, tradições em comuns e pertencentes às mesmas peculiaridades, ou seja, constrói sua concepção de mundo através da visão" (Strobel, 2009, p. 6). Ou seja, aqueles que têm a visão como principal sentido para a percepção de mundo, perfazendo a cultura surda.

Contudo, pertencer a cultura surda[3] é aceitar-se surdo, integrar-se aos aspectos que a constituem. Todavia, nem todas as pessoas que não ouvem querem aprender Língua de Sinais.Além disso, tem surdos que não tiveram a oportunidade de aprender a Língua de Sinais, muito menos a Língua Portuguesa, limitando, dessa forma a sua interação com a sociedade.

> Cultura surda é o jeito de o sujeito surdo entender o mundo e de modificá-lo a fim de torná-lo acessível e habitável, ajustando-o com as suas percepções visuais, que contribuem para a definição das identidades surdas e das "almas" das comunidades surdas. Isto significa que abrange a língua, as ideias, as crenças, os costumes e os hábitos do povo surdo (Strobel, 2008, p. 22).

Isto é, a cultura surda constitui-se de aspectos históricos e culturais que abrangem a língua, ideias, crenças, costumes, hábitos, etc. de um povo, indivíduos que precisam ter inserção plena nos espaços que ocupam. E, dentre esses espaços, está o direito, que deve ser garantido, de ter a sua própria compreensão de mundo por meio do acesso aos conhecimentos científicos, oportunidade de ser alfabetizado e letrado compreendendo todos os aspectos gramaticais tanto da Libras, como da Língua Portuguesa, e demais línguas que desejar aprender.

Observam-se, no início da idade contemporânea, como decorrências históricas, a construção de escolas, busca por métodos de ensino e, já, incialmente, a formação de professores, para a cultura surda.

> Educação é uma reconstrução ou reorganização da experiência, que esclarece e aumenta o sentido desta e também a nossa aptidão para dirigirmos a experiência subsequente;
> – Educar é pôr o indivíduo em contato com a cultura a que pertence e prepará-lo para agir em consonância com as necessidades de transformação (Dewey, 1979, p. 83)

Desse modo, analisa-se a tamanha importância da educação no processo de formação humana. Quando ocorreu a adaptação, e, aos poucos, a construção de uma nova língua, ASL, nota-se a reorganização da experiência. E, como será apresentado mais adiante, proporcionou dirigir-se a experiências subsequentes. A construção de escolas, nesse processo educativo foi o primeiro passo a inserir a pessoa surda em contato com a cultura, tornando agentes de transformação da mesma. "A educação se refere à formação humana pela qual os indivíduos adquirem aquelas características humanas necessárias para a vida social" (Libâneo, 2013, p. 6). Isto é, pode se constatar que toda essa busca para o processo educativo das pessoas surdas, foi fundamental na formação de sua identidade e na sua relação com a sociedade.

> A educação, antes de tudo, é um fenômeno objetivo, possível de ser reconhecido como uma prática social, envolvendo relações entre indivíduos, entre indivíduos sociedade, estruturas, processos, ações, visando à formação e o desenvolvimento humano. A ideia-chave é de que a educação é, constitutivamente, uma prática (Libâneo, 2013, p. 11).

Sendo assim, esse marco inicial da educação de pessoas surdas, foi uma prática social que lhes proporcionou a relação com a sociedade, o diálogo e a interação com outros indivíduos, o aprendizado dos aspectos históricos e culturais. A Alice, como exemplo, citada acima, que era excluída por ser surda, teve a oportunidade de integrar-se ao meio social, conhecer os mistérios que a cercava, aprender e se desenvolver, abrindo portas para que outras crianças, como ela, tivessem essa oportunidade.

Conforme Libâneo (2013, p. 87),

> [...] a educação não se refere somente às práticas escolares, mas a um grande conjunto de práticas educativas na família, no trabalho, na comunidade, nos meios de comunicação e informação.

Ou seja, não basta apenas as práticas escolares para o processo educativo, a educação é ampla, engloba muito além da escola. Se, de um lado, pode-se considerar uma ascensão esse percurso inicial da idade contemporânea, aos surdos, por outro lado, considerando as práticas educativas para além da escola, ainda há paradigmas a serem rompidos.

Em 1846, iniciam-se os nuances para a comunidade surda. De um lado acrescia o uso da língua de sinais para a comunicação, por outro lado, reprimia-se essa prática, aumentando inclusive os recursos tecnológicos para a propagação do oralismo, sustentando a tese de que os surdos precisavam aprender a falar verbalmente, e de ler os lábios de outros, com treinos, por meio de práticas intensas. Conforme Strobel (2009, p. 26), o Alexander Melville Bell, professor de surdos, o pai do inventor de telefone Alexander Grahan Bell (1847-1922), criou um código de símbolos chamado *Fala visível ou Linguagem visível*, sistema que utilizava desenhos dos lábios, garganta, língua, dentes e palato, para que os surdos repetissem os movimentos e os sons indicados pelo professor.

> De mãos dadas com a ideologia do progresso, com o impulso e a aceleração que produz a infra-estrutura das tecnologias das TICs [Tecnologias de Informação e Comunicação], a economia se mundializa até se transformar num todo interdependente; sua dinâmica alimenta a hélice da primeira mundialização até globalizar a presença cega e transbordante do quadrimotor: ciência, técnica, indústria e interesse econômico. Esse quadrimotor, com suas partes hiperespecializadas, unifica e divide, iguala e provoca desigualdades. (Morin, 2003, p. 83)

Ou seja, por trás das invenções tecnológicas há um paradigma industrial e tecnológico predominante (Bertrand, 1994). A ideologia de um progresso (Morin *et al.*, 2003) a qual mescla ciência, técnica, indústria e interesse econômico, esse quadrimotor no percurso histórico, provoca dissensões e desigualdades. A ideia do oralismo, e o desenvolvimento de recursos para tal, considerada aqui, englobada nos preceitos de paradigma, foi fortemente dissipada na história da comunidade surda.

No Brasil, a história da educação de pessoas surdas teve início, como marco histórico, no ano de 1855, com uma carta de solicitação, a outro país, de um educador para surdos, já que aqui, no Brasil, tinha pessoas surdas, mas não havia ninguém que os ensinassem.

De acordo com Strobel (2009, p. 27) e Ines (2022), foi em 1855 que se iniciou a educação de surdos no Brasil, com a vinda da Europa, do professor surdo Eduardo Huet, o primeiro educador de surdos do Brasil. Com experiência de mestrado e cursos em Paris, sob beneplácito do imperador D. Pedro II, que tinha um neto surdo, chega com a intenção de abrir uma escola para pessoas surdas (Strobel, 2009).

Inicialmente, Dom Pedro II ofereceu uma escola pequena, até a construção do "Imperial Instituto dos Surdos-Mudos", em 1857, criada pela Lei n.º 939 no dia 26 de setembro, por Dom Pedro II, e pelo professor Huet. Que hoje, em 2024, é o "Instituto Nacional de Educação de Surdos" – Ines, no Rio de Janeiro, inicialmente, como internato que recebia surdos do Brasil inteiro, sequentemente com formação de professores e de pessoas surdas.

Atualmente, no Brasil, além de terem surdos estudando no Ines, há também aqueles que frequentam escolas bilíngues, e, principalmente as escolas regulares. Vale ressaltar a importância da escola na vida das pessoas.

> A escola existe para formar sujeitos preparados para sobreviver nesta sociedade e, para isso, precisam da ciência, da cultura, da arte, precisam saber coisas, saber resolver dilemas, ter autonomia e responsabilidade, saber dos seus direitos e deveres,construir sua dignidade humana, ter uma auto-imagem positiva, desenvolver capacidades cognitivas para se apropriar criticamente dos benefícios da ciência e da tecnologia em favor do seu trabalho, da sua vida cotidiana, do seu crescimento pessoal. (Libâneo, 2010, n.p.)

A escola é o lugar do aprendizado e desenvolvimento de toda a diversidade de pessoas. Fundamental na vida de pessoas ouvintes e pessoas surdas. Favorece, contribui na sua formação humana, possibilitando o desenvolvimento de suas capacidades cognitivas, dentre tantas outras contribuições.

Com certeza, uma escola para surdos no Brasil, foi um marco inesquecível para a nossa história, para a história da comunidade surda. A existência da escola é crucial, indispensável. Possibilitou aos surdos brasileiros, pela primeira vez (no século XIX), aproximarem-se da ciência, cultura, arte. Proporcionou-lhes a formação humana, aprenderem sobre o meio em que viviam, desenvolver-se intelectualmente, reconhecer sua identidade, autoimagem. Contudo, a mudança que houve ainda é pouca, há necessidade de mais acessibilidades no contexto atual, é necessário avanços, diálogos entre toda a sociedade para mais melhorias.

Todavia, é possível até imaginar como foi comovente para os surdos da época, e toda a comunidade à sua volta, a construção da escola. Conforme Strobel (2009, p. 27) foi nesta escola que surgiu, da mistura da língua de sinais francesa com os sistemas já usados pelos surdos de várias regiões do Brasil, a atual Libras (Língua Brasileira de Sinais). Huet apresentou às pessoas os resultados de seu trabalho causando boa impressão.

> A falta de acolhimento e inclusão limitam o acesso dos surdos às oportunidades básicas, como educação (somente 7% têm ensino superior completo; 15% frequentaram até o ensino médio, 46% até o fundamental e 32% não possuem grau de instrução (Agência Brasil, 2022, n.p.).

Isto é, no âmbito educacional escolar, os dados demonstram que a maioria das pessoas surdas não vão, ou não foram à escola. E aqueles que vão à escola, em grande parte, são excluídos. Seja, pelas pessoas em sua volta não conseguirem ao menos comunicar-se com elas, inclusive os professores, seja pela falta de intérprete de Libras, seja pela falta do conhecimento da Libras, que seria sua língua materna, dentre vários fatores que o exclui.

De 1990 até a atualidade, no Brasil, tem sido impactante para a comunidade surda. Os surdos mobilizaram, lutaram por seus direitos, tem participado ativamente em movimentos.

> Os movimentos sociais, fermentos de uma sociedade planetária, que ativamente se opõem à globalização unidimensional, não só são movimentos contra a expansão da primeira mundialização, mas também contra determinada forma de viver e de estar no planeta (Morin, 2003, p. 88).

Em setembro de 1994 aconteceu a "Marcha Surdos Venceremos", primeira passeata, manter escolas para surdos, porque as escolas estavam fechando. Os surdos reivindicaram reconhecimento da sua língua direito à educação em libras e provimento de intérpretes em espaços públicos (Ines, 2022).

Como resultado do movimento da comunidade surda, em 2002 foi sancionada a Lei n.º 10.436 Lei De Libras, que reconhece a Libras como meio de comunicação oficial e expressão das comunidades surdas, brasileiras. A formação de professores, tradutores e intérpretes de Libras. Não se usa o termo surdo-mudo, o correto passou a ser apenas surdo. Em 2005, o decreto que regulamenta a Lei (Ines, 2022); (Strobel, 2009).

Houve mudanças ao longo dos anos, na educação escolar de pessoas surdas, como algumas apresentadas aqui. Todavia, na atualidade, ainda se verifica constantes retroações, a luta na sociedade planetária é contínua. As mobilizações continuam. Em 2011 houve a mobilização que ficou conhecida, e comemorada anualmente, como Setembro Azul. Em 2012, aconteceu a vitória na Câmara dos Deputados – Direito de as pessoas surdas estudarem em escolas bilíngues.

Em 2019, houve um marco mundial com a entrada de uma pessoa surda, pela primeira vez, no Governo Brasileiro, a Priscila Gaspar, que é surda e conquistou o cargo de secretária nacional dos Direitos da Pessoa com Deficiência no Ministério da Mulher, da Família e dos Direitos Humanos do Brasil.

> Na verdade, eu sou a primeira pessoa surda no alto escalão dos governos do mundo todo, tão próximas ao presidente, ao chefe de Estado. Penso que nós temos que desenvolver mais acessibilidade. Nós sabemos das limitações e as barreiras, e a acessibilidade é a chave que abre, que derruba essas barreiras. Eu espero que nós possamos juntos com essas chaves abrir essas portas e derrubar essas barreiras para uma real inclusão social (Onu News, 2019, n.p.).

Na fala da Priscila percebe-se que embora tardio, é uma conquista ser a primeira pessoa surda atuando no Governo. Cada vez mais, pessoas surdas ocupando vários cargos na sociedade, mas que ainda é mínimo, é necessário eliminar todas as barreiras para que a acessibilidade e inclusão aconteça. A busca da comunidade surda por romper os paradigmas é constante.

> Particularmente, a minha experiência é apenas de discriminação. Sempre sofri muito bullying, sempre fiquei isolada. Então, sempre me sentindo excluída enquanto pessoa surda, usuária de uma língua visual. Então, o meu sonho é que possamos ter uma real inclusão social de todas as pessoas com deficiência para que as pessoas possam desenvolver a sua autoestima, para que possam estudar, fazer graduação, desenvolver suas tarefas no emprego e que se sintam reconhecidas e tenham os seus direitos respeitados (Onu News, 2019, n.p.).

É notório que a exclusão ainda acontece na sociedade. É necessário que avancemos, lutemos por educação que promova a inclusão social de toda a diversidade. Eliminar todos os obstáculos que impedem de as pessoas terem seus direitos garantidos e efetivados, serem respeitados independentes de suas diferenças. "A educação é comunicação, é diálogo, na medida em que não é a transferência de saber, mas um encontro de sujeitos interlocutores que buscam a significação dos significados" (Freire, 1980, p. 69). A proposta aqui é que toda diversidade exerça a dialogicidade. Pois, o diálogo, na educação, entre as pessoas ouvintes e surdas, é primordial.

3 A dialogicidade na educação de pessoas surdas

As pessoas surdas precisam estar em constante diálogo, pronunciando, argumentando ativamente, intervindo no mundo. Seja em língua de sinais, em escrita, ou outra forma. É extremamente importante a interação entre os sujeitos, a eliminação de obstáculos comunicativos entre pessoas surdas (quem não ouve) e pessoas ouvintes (aqueles que ouvem), pois, conforme a perspectiva histórico-cultural, na concepção de Vygotsky "sem a sociedade, sem os outros com quem aprender a ser um ser humano, o homem não se torna humano com inteligência, personalidade e consciência" (Mello, 2004, p. 139). Ou seja, é na relação entre os sujeitos que há possibilidade de aprendizado e desenvolvimento, a interação como sendo fundamental para a formação humana.

Não se trata aqui de reforçar um paradigma de linguagem, mas de defender que o diálogo entre surdos e ouvintes é necessário, e primordial, para a emancipação de cada indivíduo, e para a equidade social. Mesmo reiterando a importância de ambas as Línguas, das diferentes culturas, serem compreendidas por todas as pessoas, não se defende aqui o paradigma de que a linguagem é o elemento principal, que ela constitui o mundo humano, mas sim, ressalta-se que ela é um dos elementos importantes, dentre vários outros elementos, na relação com a sociedade, para a formação humana.

Para Freire (2015), todas as pessoas precisam da linguagem para se comunicarem, para lerem o mundo e transformá-lo. Precisam dialogarem entre si, educarem-se em comunhão, mediatizados pelo mundo.

> Ninguém educa ninguém, como tampouco ninguém se educa a si mesmo: os homens se educam em comunhão, mediatizados pelo mundo. Mediatizados pelos objetos cognoscíveis que, na prática "bancária", são possuídos pelo educador que os descreve ou os deposita nos educandos passivos (Freire, 2015, p. 96).

Ou seja, as pessoas precisam umas das outras no processo educativo, isto é, por meio do diálogo, aprendem juntas, transformam o contexto. Mas é claro que, nessa concepção, cada pessoa age de forma ativa, tem as suas capacidades, que juntamente com outras pessoas podem melhorar seu contexto. O diálogo é um dever entre todos, direito da diversidade.

As pessoas surdas em particular, que na maioria das vezes, em escola regular não tem vez e voz, digo, em situação passiva, na vivência da educação bancária, tendo o conhecimento como um depósito, precisa de uma transformação desse contexto, é direito delas dialogarem, "mas, se dizer a palavra verdadeira, que é trabalho, que é práxis, é transformar o mundo, dizer a palavra não é privilégio de alguns homens, mas direito de todos os homens" (Freire, 2015, p. 109).

Ninguém aprende ou se desenvolve sozinho, a relação e o encontro com o outro é fundamental na formação do sujeito enquanto cidadão. "O diálogo é este encontro entre os homens, mediatizados pelo mundo, para pronunciá-lo, não se esgotando, portanto, na relação eu-tu" (Freire, 2015, p. 109). Nessa perspectiva, baseada na concepção do materialismo histórico-dialético, a aprendizagem e o desenvolvimento de um indivíduo estão para além de sua relação ou encontro com o próximo, é um processo que ocorre por meio do diálogo, mediado pelo conhecimento, ou seja, pelos aspectos históricos e culturais do mundo.

> O diálogo deve ser entendido como algo que faz parte da própria natureza histórica dos seres humanos. É parte de nosso progresso histórico do caminho para nos tornarmos seres humanos (Freire, 1986, p. 122-3).

Não basta, então, só viver entre as pessoas, para constituir-se como humano é preciso dialogar.

> Por isto, o diálogo é uma exigência existencial. E, se ele é o encontro em que se solidarizam o refletir e o agir de seus sujeitos endereçados ao mundo a ser transformado e humanizado, não pode reduzir-se a um ato de depositar ideias de um sujeito no outro, nem tampouco tornar-se simples troca de ideias a serem consumidas pelos permutantes. (Freire, 2015, p. 109).

Com essa concepção percebe-se que dialogar, "não se reduz" a transmissão de saberes ou ideias, é construção coletiva de conhecimentos, desenvolvimento de capacidades intelectuais enriquecedoras, que, além de formar o sujeito, permite a ele intervir no mundo em que vive, transformá-lo e humanizá-lo coletivamente. "Porque é encontro de homens que pronunciam o mundo, não deve ser doação de pronunciar uns aos outros. É um ato de criação" (Freire, 2015, p. 110). É no coletivo que se faz a história, que constitui a cultura, mas, isso, sendo resultado de um processo dialógico, construção de aprendizados na interação uns com os outros.

> O diálogo freireano possibilita aos sujeitos serem participantes da vida política da sociedade. É democrático, porque implica reconhecer nos outros o direito de dizer a sua palavra. Dessa forma, participar do diálogo significa ter voz, não ser silenciado enem sofrer eticamente pela não inclusão social (Oliveira, 2017, p. 238).

Dialogar é democracia, é direito de todas as pessoas, cada uma delas ter a oportunidade de dizer a sua palavra. Percebem-se as limitações de diálogo entre a diversidade. Há ainda, em 2022, surdos que não tiveram a oportunidade de aprender a Língua de Sinais, muito menos a Língua Portuguesa, limitando, dessa forma a sua interação com a sociedade.

> Uma parcela de 14% dos brasileiros com problemas auditivos disseram não se sentir à vontade e poder falar sobre quase tudo com a família; 40% sentem isso em relação a amigos, contra 11% e 34% da população de forma geral. A sondagem revela, ainda, que pessoas com deficiência auditiva severa têm três vezes mais chance de sofrerem discriminação em serviços de saúde do que pessoas ouvintes (Agência Brasil, 2022, n.p.).

Ou seja, predomina a exclusão. A comunicação é ainda uma das grandes dificuldades das pessoas surdas brasileiras, que para conseguir um mínimo de inclusão precisa saber Libras e a Língua Portuguesa.

> A falta de acolhimento e inclusão limita o acesso dos surdos às oportunidades básicas, como educação (somente 7% têm ensino superior completo; 15% frequentaram até o ensino médio, 46% até o fundamental e 32% não possuem grau de instrução) (Agência Brasil, 2022, n.p.).

Isto é, no âmbito educacional escolar, os dados demonstram que as maiorias das pessoas surdas não vão, ou não foram à escola. E aqueles que vão à escola, em grande parte, são excluídos. Seja, pelas pessoas em sua volta não conseguirem ao menos comunicar-se com elas, inclusive os professores, seja pela falta de intérprete de Libras, seja pela falta do conhecimento de Libras, que seria sua Língua materna, dentre vários fatores que o exclui.

> E como a população surda teve menos oportunidade de estudar do que a população ouvinte, como tem mais dificuldade no mercado de trabalho do que a população ouvinte, o dinheiro para conseguir o aparelho é ainda mais difícil. Esse conjunto de preconceitos que existe na sociedade acaba criando um círculo vicioso que não possibilita que os surdos e os ouvintes tenham as mesmas oportunidades de se dar bem na vida (Agência Brasil, 2022).

Quer dizer, uma realidade absurda, sem justiça social, sem equidade, sem garantia dos direitos já sancionados em lei, os quais foram uma conquista recente, mas que ainda não vigora. Muitas são as barreiras, muitas dessas pessoas vivem com falta de informações, sem saber o que está acontecendo no próprio mundo, e até ambiente, em que vive. Pouco contato social, isolamento linguístico dentro do próprio lar, invisibilização, desprezo, tantas injustiças.

Até mesmo as pessoas surdas imersas no mundo escolar, ainda há falta de intérpretes de Libras, o melhor seria que professores e alunos aprendessem a se comunicar com a cultura surda, mas enquanto a esperança transcorre, a luta continua. Nesse tempo de pandemia, então, negligência com a inclusão digital, poucas *lives* com participação de intérpretes, a televisão brasileira escassa de intérpretes em suas programações, vigorando a não inclusão das pessoas surdas nos ambientes virtuais de aprendizagem. Essa exclusão, até quando? Pleno século XXI.

No dia 23 de abril de 2022, Dia Nacional das Pessoas Surdas (embora todos os dias sejam o dia de efetivar seus direitos) houve uma entrevista com a especialista Cristiane Nunes, autora do livro *Processamento Auditivo – Conhecer, Avaliar e Intervir*, a qual fez uma pesquisa com pessoas surdas e afirmou que "as pessoas que têm falhas auditivas são completamente isoladas" (Ferreira, 2022, n.p.). Não somente essa constatação, mas a especialista em seu relato diz ainda que,

> "Tive várias crianças de 12 anos já com índice de depressão, isolamento social, simplesmente porque não compreendiam bem a informação auditiva e já não conseguiam estar no grupo da escola porque as crianças falavam muito rápido, a professora não repetia, porque não tinha paciência e eram colocadas de lado", conta Cristiane Nunes (Ferreira, 2022, n.p.).

Isto é, muitas pessoas surdas adoecendo pela falta de inclusão e acessibilidade. Neste escrito proclamamos por uma educação justa, igualitária, que dê oportunidades, conforme escrito em Leis, Decretos e Constituição.

> A missão da educação para a era planetária é fortalecer as condições de possibilidade da emergência de uma sociedade mundo composta por cidadãos protagonistas, consciente e criticamente comprometidos com a construção de uma civilização planetária (Morin, 2003, n.p.).

Que todas as pessoas surdas tenham acesso à escola, à educação, ao diálogo com todos, conforme é seu direito.

> Considerando a heterogeneidade presente na sociedade, as escolas devem acolher todas as crianças, independentemente das suas condições físicas, intelectuais, sociais, emocionais, linguísticas e outras. Nessa perspectiva, o desafio da educação é assegurar um ensino de qualidade que beneficie os alunos com deficiência e com altas habilidades, com a organização de escolas que promovam a participação e a aprendizagem de todos (Brasil, 2021, n.p.).

Ensino de qualidade, com interação entre a diversidade. Que sejam convocados intérpretes para todas a mesas, *lives*, seminários. Melhor ainda, que todos saibam Libras. Os movimentos sociais dos surdos proclamam pela escola bilíngue.

> A urgência vital de 'educar para a era planetária' é decorrência disso, e requer três reformas inteiramente interdependentes: uma reforma do modo de conhecimento, uma reforma do pensamento e uma reforma do ensino (Morin, 2003, n.p.)

Dessa forma, torcemos com esperança para que a acessibilidade educativa prevaleça nas escolas brasileiras e que haja escolas bilíngues onde houver estudantes surdos ou deficientes auditivos. Que mais escolas bilíngues sejam construídas em todos os estados brasileiros. E que haja o diálogo entre pessoas surdas e pessoas ouvintes, isto é, em todas as escolas, e em todos os lugares, prevaleça o diálogo entre a diversidade. Pois, "na teoria dialógica freiriana, os sujeitos se encontram para conhecer e transformar o mundo em colaboração. O diálogo, que é sempre comunicação, funda a colaboração que se realiza entre sujeitos" (Oliveira, 2017, p. 232). Que esse encontro se efetive, que seja preponderado na educação escolar de pessoas surdas.

Considerações Finais

Foi abordado neste capítulo o tema a dialogicidade na educação escolar de pessoas surdas, sendo feito um recorte para tratar especificamente da importância do diálogo no processo educativo com os/as estudantes surdos/as. Apresentando a concepção de diálogo para Paulo Freire e a importância desse conceito na educação escolar de pessoas surdas.

Analisando a contribuição do conceito de diálogo para Paulo Freire na educação escolar de pessoas surdas, e discutindo sobre o papel da escola na garantia de uma sociedade mais igualitária e mais justa.

A discussão empreendida acerca do tema aqui tratado permite constatar que ainda há rupturas e lacunas, mas, também ascensões, conquistas, vitórias, com mais mobilizações, lutas e contínuas buscas por melhorias nos aspectos histórico-culturais. Rompimentos de paradigmas impactaram o percurso histórico, mas ainda há muito o que ser melhorado. É papel da escola a persistência na busca pela garantia de uma sociedade mais justa, as quais possam extinguir a desigualdade educativa, promovendo acessibilidade, inclusão, e, eliminação de barreiras.

A escola precisa romper com o paradigma de educação passiva, é necessária ter como fundamento o diálogo, a formação de sujeitos ativos, independentes, autônomos, com caráter criador, pensamentos dialéticos, que consigam formar conceitos. Que os surdos não queiram para si a identidade do ouvinte, mas constitua e tenha a liberdade para vivenciar, a sua identidade. Que possam dialogar, ter vez e voz, ouvirem e serem ouvidos, como já foi dito anteriormente, serem considerados dentro da sociedade, comunicarem, seja em língua de sinais, língua escrita, outro modo, mas precisam pronunciar seus argumentos, pois as pessoas surdas tem muito o que compartilhar.

É de extrema importância a interação entre os sujeitos, da eliminação de obstáculos comunicativos entre pessoas surdas e pessoas ouvintes, que essas duas culturas dialoguem, construam ações coletivas, de transformação para melhoria social. Que a educação seja emancipatória, com estudantes que tenham interesse, desejo de aumentar seus conhecimentos atuar solidariamente e harmoniosamente na sociedade! E que as tecnologias, sejam bem utilizadas em prol da humanidade, e não para dominá-la! A luta, por derribar as muralhas e eliminar as barreiras, é contínua!

O ensino escolar para as pessoas surdas precisa ser efetivado por um professor que saiba Libras, que conheça o conteúdo. A Educação tem que ser problematizadora, com indagação, pergunta, diálogo, criatividade, reflexão, criticidade, ensinar a saber ouvir, isto é, atentar-se ao outro, promovendo a democracia, o conhecimento científico à todas as pessoas, sejam surdas ou ouvintes. Não se trata aqui de utopia, idealização, mas de uma urgência da dialogicidade na educação de pessoas surdas.

Referências

AUDITIF. **Diferença entre deficiente auditivo e surdo**. Disponível em: https://www.auditif.com.br/qual-e-a-diferenca-entre-deficiente-auditivo-e-surdo Acesso em: maio 2022.

AGÊNCIA BRASIL. **País tem 10,7 milhões de pessoas com deficiência auditiva, diz estudo** Disponível em: https://agenciabrasil.ebc.com.br/geral/noticia/2019-10/brasil-tem-107-milhoes-de-deficientes-auditivos-diz-estudo Acesso em: maio 2022.

BARRETO, Vera. **Paulo Freire para educadores**. São Paulo: Arte & Ciência, 1998.

BEISIEGEL, Celso de Rui. **Paulo Freire.** Recife: Fundação Joaquim Nabuco/Editora Massangana, 2010.

FOGGETTI, Fernanda. **Cultura surda:** o que é e quem faz parte dela? 2022. Disponível em: https://www.handtalk.me/br/blog/cultura-surda-o-que-e-e-quem-faz-parte-dela/ Acesso em: fev.2023.

FREIRE, Paulo. **Pedagogia do Oprimido**. 43. ed. Rio de Janeiro: Paz e Terra, 2015.

FREIRE, Paulo. **Extensão ou comunicação?** 5. ed. Rio de Janeiro: Paz e Terra, 1980.

FREIRE, Paulo. **Pedagogia da Esperança:** Um Encontro com a Pedagogia do Oprimido. 13. ed. Rio de Janeiro: Paz e Terra, 2006.

FREIRE, Paulo. **Pedagogia da Autonomia**. 23. ed. São Paulo: Paz e Terra, 2002. Disponível em: http://www.apeoesp.org.br/sistema/ck/files/4%20Freire_P_%20Pedagogia%20da%20auto nomia.pdf. Acesso em: 7 set. 2017.

FREIRE, Paulo. **A Educação na Cidade**. 6. ed. São Paulo: Editora Cortez, 1991.

FREIRE, Paulo.; SHÖR, I. **Medo e ousadia:** o cotidiano do professor. Rio de Janeiro: Paz e Terra, 1986.

FREIRE, Paulo. **Poema, a escola é**. Disponível em: http://www.cascavel.pr.gov.br/arquivos/07082015_poema a_escola.pdf. Acesso em 20 jan. 2023.

INES, **A vida em LIBRAS:** História do surdo. Disponível em: https://www.youtube.com/watch?v=kcVHHBQh7hM. Acesso em: ago. 2022.

INES, **História do surdo:** o poder da Língua. Disponível em: https://www.youtube.com/watch?v=HvzC6nLf9iE&feature=youtu.be. Acesso em: ago. 2022.

LIBÂNEO, J. C. & Parreira, L. D. Pedagogia como ciência da educação: objeto e campo investigativo. São Paulo: Editora Cortez. *Cadernos De Pesquisa, 2013.* Acesso em: jun. 2022.

LOCOMOTIVA, 2022. Disponível em: https://ilocomotiva.com.br/clipping/agencia-brasil- pais-tem-107-milhoes-de-pessoas-com-deficiencia-auditiva--diz-estudo/ Acesso em: maio 2022.

MOLOSSI, Crislaine. **Primeira Escola Municipal Bilíngue Para Surdos Do Brasil, Será Construída sem inop.** Disponível em: https://radio93fm.com.br/primeira-escola-municipal-bilingue-para-surdos/. Acesso em: maio 2022.

MOURA, Maria Cecília de *et al.* História e Educação: o surdo, a oralidade e o uso de sinais. *In*: LOPES FILHO, Otacílio de C. **Tratado de Fonoaudiologia.** São Paulo: Roca, 1997.

MORIN, E.; CIURANA, E.-R.; MOTTA, R. D. **Educar na era planetária:** O pensamento complexo como Método de aprendizagem no erro e na incerteza humana. Trad. Sandra Trabucco Valenzuela. São Paulo: Cortez Editora, 2003.

OLIVEIRA, Ivanilde. A dialogicidade na educação de Paulo Freire e na prática do ensino de filosofia com crianças. **Movimento-Revista de Educação**, Niterói: ano 4, n.7, p. 228-253, jul./dez. 2017.

ONU NEWS. *É do Brasil "a primeira pessoa surda no alto escalão dos governos do mundo* todo" 2019. Disponível em: https://news.un.org/pt/story/2019/06/1676401. Acesso em jun.2023.

STROBEL, K. **As imagens do outro sobre a cultura surda.** Florianópolis: Editora da UFSC, 2008a.

STROBEL, K. **História de educação dos surdos.** Texto-base de curso de Licenciatura de Letras/ Libras, Florianópolis: UFSC, 2008.

STROBEL, K. **História da Educação de Surdos.** Florianópolis: UFSC, 2009.

SURDEZ E DEFICIÊNCIA AUDITIVA Disponível em: https://www.auditif.com.br/qual-e- a-diferenca-entre-deficiente-auditivo-e-surdo. Acesso em: 19 maio 2022.

NOVOS DEBATES NA EDUCAÇÃO BÁSICA COM AS DESIGUALDADES SOCIAIS PÓS-PANDEMIA COVID-19

Cinara Rejane Viana Arantes

Introdução

Conhecer as desigualdades sociais na educação e, em especial, no processo de alfabetização, poderia proporcionar condições para alcançarmos uma sociedade mais justa e igualitária. Mas como falarmos em eliminação ou a diminuição de desigualdades no momento atual, quando ainda estamos atravessando uma pandemia, a Covid-19.

Quando se fala em diferenças sociais e culturais, logo pensa-se em indivíduos que possuem melhores condições financeiras, os chamados (ricos) e os menos favorecidos (pobres) e, é neste sentido, que passamos a analisar as origens e as possíveis causas que favorecem para as manifestações destas desigualdades.

É nítido no espaço escolar se deparar com essas dessemelhanças, pois a dualidade no processo de universalização da educação escolar na sociedade capitalista é abrangente devido à oposição de ideias sociais e políticas existentes nas sociedades e que dificulta a presença da igualdade de educação para todos.

Podemos dizer que até os dias atuais não tivemos muitas melhorias que favorecessem para a diminuição ou erradicação da desigualdade social e educativa apesar de haver muitos debates, redefinição de políticas públicas em 1990 e de instituições de programas sociais de combate à fome e à pobreza. Não bastasse todos esses problemas na educação, surge em 2020 a Pandemia Covid-19 no país. Com a pandemia pelo Covid-19, foi necessário passar pelo isolamento social e consequentemente o ensino passou a ser de forma remoto o que impactou o emocional de todas as pessoas, principalmente das crianças e o desafio para as escolas cresceu.

Podemos entender que o quadro atual, pós-pandemia, demonstra uma problemática maior do que já se apresentava com as desigualdades sociais e educativas. Talvez seja hora de pensar em mudar ou propor uma nova abordagem nas práticas educativas dos professores para desenvolver um processo de alfabetização que seja significativo, novos desafios com um método que possa aguçar os motivos e necessidades e que valoriza a educação intercultural.

Por isso, defender o ensino por meio do desenvolvimento humano do aluno que se encontra na fase de alfabetização pós-pandemia para que, aí sim, a aprendizagem seja promovida nas escolas por meio da cultura a fim de possibilitar a ampliação da formação da consciência crítica.

1 Um breve relato das desigualdades sociais na educação básica

Os anos se passam, a história nos mostra e evidencia claramente as desigualdades sociais na educação e, em especial, no processo de alfabetização, lugar este que seria a base para toda a mudança e até mesmo a eliminação dessas injustiças. Na educação, as pessoas poderiam sim desenvolver seu lado crítico, suas percepções de mundo, de cidadãos e de uma sociedade mais justa e igualitária, já mesmo nos primeiros anos da alfabetização.

Mas como falarmos em eliminação ou a diminuição de desigualdades no momento atual, quando ainda estamos atravessando uma pandemia, a Covid-19, e suas desastrosas consequências para a educação e, principalmente, para os processos iniciais, ou seja, na educação básica e no processo de alfabetização. Por isso a importância de um breve relato da história das desigualdades sociais na educação básica desde os primeiros até os últimos tempos, tempos de pandemia Covid-19.

Quando se fala em diferenças sociais e culturais, logo pensa-se em indivíduos que possuem melhores condições financeiras, os chamados (ricos) e os menos favorecidos (pobres) e, é neste sentido, que passamos a analisar as origens e as possíveis causas que favorecem para as manifestações destas desigualdades. De acordo com Tiballi (2016), a escola é um espaço de manifestações sociais e gera as desigualdades educativas, o que favorece atentar para as dificuldades que existem na universalização da educação básica no Brasil. É nítido no espaço escolar se deparar com essas dessemelhanças, pois a dualidade no processo de universalização da educação escolar na sociedade capitalista é abrangente devido à oposição de ideias sociais e políticas existentes nas sociedades e que dificulta a presença da igualdade de educação para todos.

O processo histórico sobre as desigualdades sociais e educativas são analisados criticamente e apresentam discursos moderados e enfatizados tornando agravados e ideológicos os argumentos que apresentam.

Nesse sentido, Tiballi:

> Parte considerável sobre o discurso educacional sobre as desigualdades educativas tem se considerado como ideológico não por apresentar ideias falsas, mas por apanhar os dados abstraindo-os de sua realidade, tomando essa particularidade da desigualdade social destacada da totalidade histórica que a constituiu (Tiballi, 2016, p. 105).

O que nos leva a considerar são os variados discursos que se contrapõem com antagonismo de ideias que nem sempre são verdadeiras, com o objetivo de construir ideologias a qualquer custo, sem pensar numa amplitude histórica do que realmente se constitui e as causas que colaboram para o problema das desigualdades sociais que dão como consequência as desigualdades educativas. O problema se torna maior, principalmente, nas séries iniciais da alfabetização porque é por meio da base, do começo, no processo de alfabetização é que podemos fazer com que nossas escolas se tornem mais eficientes na tarefa de ensinar e de alfabetizar, contribuindo dessa forma para a diminuição das inaceitáveis desigualdades sociais presentes em nosso país.

Dessa forma Libâneo:

> A luta pela escola pública obrigatória e gratuita para toda a população tem sido bandeira constante entre os educadores brasileiros, sobressaindo-se temas sobre funções sociais e pedagógicas, como a universalização do acesso e da permanência, o ensino e a educação de qualidade, o atendimento às diferenças sociais e culturais, e a formação para a cidadania crítica. Entretanto, têm-se observado, nas últimas décadas, contradições mal resolvidas entre quantidade e qualidade em relação ao direito à escola, entre aspectos pedagógicos e aspectos socioculturais, e entre uma visão de escola assentada no conhecimento e outra, em suas missões sociais (Libâneo, 2012, p. 15).

Pela legislação que normatiza a universalização da escola para todos, a Lei de Diretrizes e Bases da Educação (LDB), Lei n.º 9.394/96, garante no seu Art. 3º inciso I "igualdade de condições para o acesso e permanência na escola", porém, esse direito tem sido palco de manifestações e lutas constantes entre os educadores brasileiros. Essas reivindicações se dão em razão dos professores se depararem pelas mazelas que se tem constatado nas escolas públicas dentro do processo de alfabetização, retratando assim de forma nítida as desigualdades sociais que provocam as desigualdades educativas, com escolas para ricos e escolas para pobres onde Libâneo (2012, p. 15) diz que a escola é "caracterizada como uma escola do conhecimento para os ricos e como uma escola do acolhimento social para os pobres", de forma a caracterizar assim um aspecto importante que são as desigualdades socioculturais.

Com o pensamento nos alunos de educação infantil e da primeira fase de alfabetização, essas desigualdades podem ser um percalço para o desenvolvimento da qualidade de ensino nesta fase tão importante para o crescimento intelectual da criança que está em processo de internalização de conhecimentos e valores formalmente apresentados pela escola, onde passa a ser um dos principais grupos de relações socioculturais.

Um dos aspectos importantes que pode ser discutido são as diferenças socioculturais que são elementos essenciais das relações sociais, pois fazem parte do nosso dia a dia tanto nas relações interpessoais quanto nos grupos e movimentos em que convivemos. Todas as relações são marcadas por tensões e conflitos. E tudo isso acontece porque existem muitas discordâncias quando se trata de poder que "provocam a construção de hierarquias, processos de subalternização, afirmam preconceitos, discriminações e violências em relação a determinados atores sociais" (Candau, 2014, p. 24).

Esse cenário tem dificultado as articulações para a construção de sociedades democráticas. Com isso induziu a formação de grupos que reivindicam e lutam por igualdade e equidade e introduzir políticas de educação multicultural.

Assim Candau:

> Considero que essas afirmações podem ser evidenciadas no nosso contexto. Por um lado, as políticas públicas têm privilegiado aspectos que podemos situar basicamente na perspectiva assimilacionista. Por outro, são os movimentos sociais, especialmente os de caráter identitário, que mobilizam processos que favorecem o avanço na discussão e a implementação de ações concretas orientadas ao enfrentamento de preconceitos, discriminações e violências e ao reconhecimento e valorização das diferenças culturais. Os desafios de articulação entre igualdade e diferença per-

meiam nossas buscas teórico-práticas e considero ser a perspectiva intercultural uma ferramenta importante para a construção dessa articulação (Candau, 2014, p. 25).

Neste sentido, o que se deve considerar com extrema importância é o papel que a escola possui em articular as relações que os alunos possuem dentro do ambiente escolar com o meio em que vivem de forma a proporcionar um melhor processo de alfabetização. É no ambiente escolar que os alunos devem aprender a conviver com pessoas e tudo que envolve o processo de relacionamento sociocultural para correlacionar com o outro independente de sua posição social, financeira, cor, raça, etnia, devendo, assim, promover a interculturalidade pela multiculturalidade pelas relações sociais existentes na sociedade.

Dessa forma podemos entender que esse processo de ensino intercultural deve ser introduzido nas séries iniciais de alfabetização, já que a criança nesta fase está em processo de desenvolvimento cognitivo. Nesta fase, na alfabetização, ela absorve tudo que lhe é conduzido e aprendido, e se o professor conduz o aluno a ver as diferenças como algo negativo e preconceituoso, infelizmente será impossível promover uma igualdade social de valores, respeito e com uma visão de ótica diferenciada para o desenvolvimento de uma educação multicultural e intercultural.

Quando falamos sobre desigualdade social, logo pensamos em ricos e pobres, mas além desse fator nos deparamos com várias outras desigualdades que influenciam diretamente na posição social e econômica. É por isso que ressaltamos a importância que as escolas devem ter em promover a interculturalidade de forma planejada, educativa, cautelosa para não desrespeitar os valores e a moral dos alunos e das famílias, neste processo de alfabetização.

Para Candau (2014), a escola pode construir práticas pedagógicas interculturais se conseguissem em primeiro lugar, favorecer uma mudança de ótica. E uma das principais situações considerada como um grande problema para o desenvolvimento desse processo intercultural nas escolas são os inúmeros sentidos dados ao termo igualdade e diferença que os educadores apresentam em seus estudos e pesquisas.

Conforme Candau:

> De fato, nas narrativas dos professores e professoras, no contexto das pesquisas realizadas, predominaram depoimentos em que a igualdade era concebida como um pro-

cesso de uniformização, homogeneização, padronização orientado à afirmação de uma cultura comum a que todos e todas têm direito a ter acesso. Desde o uniforme até os processos de avaliação, tudo parece contribuir para construir algo que seja "igual", isto é, o mesmo para todos os alunos e alunas. Nessa perspectiva, certamente impossível de ser alcançada, as diferenças são invisibilizadas, negadas e silenciadas (Candau, 2014, p. 29).

A escola possui uma grande importância para promover o interculturalismo em suas íntegras dimensões sociais e, para isso, entender o significado da promoção de igualdade para todos é primordial, desde que essa igualdade seja vista como uma igualdade de valores, respeito e moral, mediante as diferenças socioculturais existentes.

Em depoimentos, professores enfatizam que o termo diferença é ligado a um problema a ser resolvido, à deficiência, ao déficit cultural e à desigualdade e pontuam que,

> [...] diferentes são aqueles que apresentam baixo rendimento, são oriundos de comunidades de risco, de famílias com condição de vida de grande vulnerabilidade, que têm comportamentos que apresentam níveis diversos de violência e incivilidade [...] (Candau, 2014, p. 30).

Se as diferenças são vistas pelos educadores como um problema a ser resolvido, ao invés de promover a igualdade, favorecem para o aumento da desigualdade social, de forma que ensinam que o aluno com dificuldades de aprendizagem ou que possui uma identidade que possa ser associado a alguma "anormalidade" ou, ainda, ser considerado com um baixo "capital cultural" é um problema para a sala de aula ou para o professor e até mesmo é visto como um problema para a escola e a família. Pontuam, também, que "os diferentes são um problema que a escola e os educadores(as) têm de enfrentar, e essa situação vem se agravando e não sabemos como lidar com ela" (Candau, 2014, p. 30).

É por meio das particularidades e diferenças que os alunos trazem para a escola e que se tornam uma grande riqueza para uma educação intercultural bem como para a própria alfabetização. Hoje deparamos com o multiculturalismo não só no Brasil, mas pelo mundo todo. Dessa forma as diferenças existem e sempre irão existir, mas não significa que seja um problema e sim um meio de se trabalhar pedagogicamente com as diversidades. Acabar com essa tendência de equiparar igualdade a homogeneidade onde as crianças devem ser todas iguais independente de suas origens. A escola perde muito tempo para desenvolver esse processo hegemônico, o professor sofre didaticamente com isso, os alunos padecem de aprender o que realmente precisa e com isso a escola deixa de ter tempo para apreciar as diferenças ao processo de ensino e na própria alfabetização.

A escola precisa desenvolver práticas didáticas para trabalhar com a diversidade, mas não pode ver essas diferenças como um problema, sem negação, sem ser isolada e nem tolerada e não pode ser vista, também, como um mal necessário devendo transformá-la como uma vantagem pedagógica. "Somente quando somos capazes de não reduzir a igualdade à padronização, nem a diferença a um problema a resolver, é possível mobilizar processos de construção de práticas interculturais" (Candau, 2014, p. 31 *apud* Lerner, 2007, p. 7).

Assim Candau:

> É necessário outro olhar: reconhecer a dignidade de todos os atores presentes nos processos educativos e conceber a diferença como riqueza e "vantagem pedagógica". Sem essa mudança de perspectiva não poderemos caminhar. O que é necessário trabalhar supõe, ao mesmo tempo, desconstruir a padronização e lutar contra todas as formas de desigualdade presentes na nossa sociedade. Nem padronização, nem desigualdade. No entanto, esses(as) todos(as) não são padronizados(as), não são os(as) "mesmos(as)". Têm de ter as suas diferenças reconhecidas como elemento de construção da igualdade. Essa articulação não é simples, nem do ponto de vista teórico, nem das práticas socioeducativas (Candau, 2014, p. 31).

Para conseguir desenvolver práticas educativas interculturais, devem ser consideradas as diferenças culturais como riqueza no processo de alfabetização, no ensino e aprendizagem entre professores, alunos, e toda comunidade escolar. Mudar a maneira de ver essas desigualdades é o ponto de partida para conseguir promover as relações entre os sujeitos e fortalecer a construção de identidades, o que favorece a construção da autoestima levando a autonomia e emancipação social, que são aspectos importantes para o processo de ensino dos alunos em fase de alfabetização.

Para Candau (2014, p. 32), é importante romper com esse "daltonismo cultural" substituindo pelo "arco íris das culturas" nas práticas de sala de aula, "e supõem todo um processo de desconstrução de práticas naturalizadas e enraizadas no trabalho docente para sermos educadores(as) capazes de criar novas maneiras de situar-nos e intervir no dia a dia de nossas escolas e salas de aula. Tudo isso exige que a escola seja aberta para passar a conhecer os alunos, os professores, estimulando-os a respeitar, valorizar, favorecer a troca, o intercâmbio para a troca de "nós" e buscar a saber quem são os "outros", propiciando uma metodologia escolar mais dinâmica, aberta e inclusiva.

Candau (2014, p. 32), cita Boa Ventura Sousa Santos, onde ele faz uma análise sobre o modelo de "racionalidade ocidental dominante, pelo menos durante os últimos duzentos anos" e diz que é um modelo que transforma a ciência moderna e de uma riqueza cultural elevada, mas com critérios únicos de verdade, pronto e acabado o que ele chama de "monocultura do saber e do rigor do saber".

Neste sentido trazemos neste artigo outros saberes que possuem legitimidade para debater epistemologicamente com os conhecimentos científicos, já que todos são considerados incompletos. A articulação entre os saberes favorece o desenvolvimento de uma nova prática pedagógica, ainda mais em tempos de pandemia, a exemplo da Covid-19, que pode substituir a monocultura do saber científico por uma percepção mais ampla apresentada pela teoria histórico-crítica, voltada para o desenvolvimento humano na formação de conceitos pela abstração e generalização, ou seja, um fator de enriquecimento no processo de alfabetização.

2 Desigualdades educativas e o impacto no processo de ensino e aprendizagem na alfabetização pela Pandemia do Covid-19

Por intermédio das práticas multiculturais e interculturais de ensino nas escolas percebemos muitos pontos negativos que estas instituições tem apresentado como responsáveis de produção de desigualdades sociais. Assim, por volta da década de 80 até os dias atuais, vários pesquisadores procuraram se adentrar nas salas de aula em busca de alternativas para conhecer e esclarecer o dia a dia e as práticas pedagógicas nas escolas.

Dentre os pesquisadores Miranda (2016), cita André (1986), André e Ludke (1987), Penin (1989, 1994) e Kramer (1984, 1986, 1987), que se dedicaram aos estudos etnográficos da escola, e se basearam nas primeiras séries do Ensino Fundamental, especialmente na série de alfabetização, já que era neste nível de ensino que se apresentavam os mais altos índices de reprovação, repetência e evasão.

Conforme Miranda (2016), os problemas encontrados pelos pesquisadores desde 1980, desvelaram problemas graves de ensino nas escolas em vários aspectos como a precariedade de instalações físicas e de recursos didáticos, deficiências de formação de professores, organização curricular elitizada e tradicional, decisões burocratizadas e centralizadas nas Secretarias de Educação e nas dificuldades de aprendizagem dos alunos, agravadas pela miséria e a inadequação pedagógica da sala de aula. Podemos dizer que até os dias atuais não tivemos muitas melhorias que favorecessem para a diminuição ou erradicação da desigualdade social e educativa apesar de existirem muitos debates, redefinição de políticas públicas em 1990 e de instituições de programas sociais de combate à fome e a pobreza. Não bastasse todos esses problemas na educação, surge em 2020 a Pandemia Covid-19 no país.

Conforme artigo, Guitarra:

> O primeiro caso de covid-19 foi identificado no Brasil em fevereiro de 2020, e, quase três anos mais tarde, mais de 36 milhões de pessoas haviam sido infectadas, com 693 mil registros de óbito. A vacinação é hoje a principal forma de se prevenir contra a doença e de impedir o maior avanço do vírus, que provocou profundas transformações socioeconômicas em todo o mundo, notadamente nos territórios mais pobres (Guitarra, 2023, p. 127).

Com a pandemia pelo Covid-19, foi necessário passar pelo isolamento social e consequentemente o ensino passou a ser de forma remota o que impactou o emocional de todas as pessoas, principalmente das crianças. O desafio para as escolas cresceu, pois, a desigualdade no desempenho educacional aumentou e é seu papel garantir a aprendizagem de qualidade igual para todos.

Assim, passamos a analisar a situação atual das salas de aula. Voltemos a pesquisar e procurar entender como está o processo de aprendizagem dos alunos depois de ficarem dois anos estudando por aulas remotas. Como enfrentar uma sala de aula, principalmente nas séries iniciais do Ensino Fundamental após dois anos de Pandemia do Covid-19 com todos os problemas que já existiam na educação? O que afetou o processo de alfabetização com as desigualdades sociais existentes? Será que com a pandemia houve um agravamento nas desigualdades educacionais que já existiam? Passamos então a analisar o processo de ensino e aprendizagem pela transmissão remota.

De acordo com o Guia de Gestão para Aprendizagem:

> O ensino remoto, mesmo nos locais em que tenha sido bem planejado e executado, tem menores chances de gerar engajamento dos estudantes e promover o desenvolvimento, especialmente em famílias com condições reduzidas de infraestrutura necessária para isso, ou mesmo a um contexto domiciliar e comunitário menos favorável à aprendizagem (Guia Gestão para Aprendizagem: Instituto Ayrton Senna, 2021, p. 7).

Pela necessidade, as escolas tiveram que improvisar planejamentos imediatos e os professores tiveram que praticar aulas virtuais pelas quais muitos não tinham formação e nem experiência para tal prática pedagógica. Com toda problemática educacional que já existia, incluindo as desigualdades educacionais, esse cenário atual é de forte desafio para a aprendizagem principalmente nas séries iniciais de alfabetização, pois durante esses dois anos de aulas remotas os alunos não tiveram contato físico com materiais didáticos, com atividades lúdicas, estudo dirigido e nem com o professor e tudo isso fez necessário fazer a substituição por meios tecnológicos, oferecidos por plataformas virtuais, aplicativos de mensagens, TV aberta e até mesmo o rádio.

As desigualdades sociais e educacionais voltam a ser palco de preocupações dos professores, porque enquanto no ensino privado faziam uso de plataformas virtuais e outras tecnologias mais avançadas e sofisticadas, no ensino público as crianças não tinham nem internet para acompanharem as aulas, imagina aparelhos tecnológicos.

Conforme Saldanha:

> Na educação básica e no ensino superior, tanto na iniciativa privada quanto nas redes públicas, em maior ou menor grau, improvisaram-se aulas remotas e se recorreu à produção de conteúdo digital mínimo para dar conta da continuidade das aulas. Na iniciativa privada, a resposta foi mais rápida e abrangente, principalmente no ensino superior. Grandes grupos educacionais por exemplo, valeram-se da experiência na educação a distância, com plataformas digitais e disponibilidade de conteúdo virtual, para implementar soluções diante da interrupção das aulas presenciais. Já no ensino superior público, prevaleceu a resistência à solução on-line e a percepção das aulas remotas como adesão indesejável à educação a distância, agravamento das desigual-

dades socioeconômicas dos alunos (dada a disparidade das condições de acesso à internet) e possível precarização do trabalho docente (Saldanha, 2020, p. 124-144).

Na educação básica e especialmente nos anos iniciais do Ensino Fundamental, o caso foi mais crítico ainda, devido os alunos da alfabetização perderem etapas que fazem parte para o desenvolvimento no processo de ensino e aprendizagem, da leitura e da escrita. Ensinar uma criança a ler e escrever exige vários fatores que o ensino remoto não dá condições como por exemplo, o contato físico. O principal fator é a afetividade e a segurança que o professor deve transmitir à criança para assim mediar todo o processo que exige um período preparatório e análises de cada alfabetizando pelo alfabetizador, onde podemos entender por meio das obras de Levi Vygotsky, que se preocupou com o desenvolvimento do pensamento, e Jean Piaget que explica basicamente sobre os períodos preparatórios na pré-escola e fases de desenvolvimento infantil e, consequentemente, preocupação de vários outros pesquisadores.

Analisar o quadro durante e pós-pandemia dos alunos dos anos iniciais e da alfabetização, bem como os anos iniciais de Educação Infantil é primordial porque é o período preparatório para os alunos avançarem para o Ensino Fundamental e serem alfabetizados.

Conforme reportagem de outubro de 2022 do Jornal Comunicação, *Sobrecarga na Educação* (Lima, 2022, n.p.), aponta que com a ida de alunos de escolas particulares para a rede pública, "mais de 2.5 mil creches e pré-escolas foram fechadas no Brasil durante a pandemia. O número representa uma queda de 9% no total de crianças matriculadas nas creches e 6% nas pré-escolas". O desemprego foi um dos principais fatores que favoreceu essa migração de alunos das escolas particulares para as escolas públicas e municipais e isso fez com que essas escolas e os professores, já sobrecarregadas, ficassem ainda mais atarefados.

Dessa forma, segundo a reportagem da CNN Brasil de 08/02/2022 (Corrá; Alves, 2022, n.p.), "Número de crianças brasileiras que não sabem ler e escrever cresce 66% na pandemia", informa que "ao todo, 2,4 milhões de crianças não estão alfabetizadas o que corresponde a quase a metade (40,8%) do grupo todo".

Assim Corrá e Alves:

"Os efeitos são graves e profundos, então não serão superados com ações pontuais. As Secretarias de Educação precisam oferecer um apoio muito bem estruturado à gestão escolar e aos professores, que já estão com imensos desafios", destacou o líder de políticas educacionais da Todos Pela Educação, Gabriel Corrêa, em comunicado divulgado à imprensa. A nota técnica "Impactos da pandemia na alfabetização de crianças", divulgada pela organização, declara que "a situação é preocupante em diversas dimensões". O documento ainda aponta que o aumento expressivo no número de crianças não-alfabetizadas no país tem impacto mais grave entre alunos negros e pobres. (Corrá; Alves, 2022, n.p.) Número de crianças brasileiras que não sabem ler e escrever cresce 66% na pandemia, CNN Brasil, 08/02/2022).

De 2019 a 2021 o aumento do número de crianças que não sabe ler e escrever foi crescente e a consequência foi a evasão escolar pois, se a criança não é alfabetizada na idade adequada o aumento dos riscos de reprovação, abandono ou evasão escolar pode ser com maior probabilidade. Mesmo depois do retorno das aulas presenciais que voltou normalmente em 2021, o problema não parou por aí pois, em 2022 o índice de analfabetismo volta a crescer no Brasil.

De acordo com a reportagem da Rede Brasil Atual de 14/02/2022 (Castro, 2022), por ausência de políticas públicas de educação, analfabetismo volta a crescer no Brasil e diz que durante a pandemia, faltou acolhimento às crianças de classes populares e que foram as mais prejudicadas pelo analfabetismo, onde aponta que 41% das crianças de 6 e 7 anos ainda não sabem ler e escrever.

O 2º ano do Ensino Fundamental é o ano em que a criança deveria estar alfabetizada, porém a porcentagem de crianças deste ano que não sabe ler e escrever nem palavras isoladas passa do dobro na pandemia, de 2019 a 2021, "de cada dez alunos de 7 anos, mais do que 3 não estão alfabetizados e em matemática, a cada 10 alunos, 2 não sabem somar e subtrair. Resultados podem ser ainda piores do que os indicados pelo Saeb (prova de português e matemática), porque estados como Roraima registraram taxas de participação no exame abaixo de 50%" (Tenente, Luiza, g1, 16/09/2022).

Podemos entender que o quadro atual, pós-pandemia, demonstra uma problemática maior do que já se apresentava com as desigualdades sociais e educativas e, consequentemente, sabemos da importância de tomada de decisões para amenizar o quanto antes a situação que se agrava e com herança para mais alguns anos. Talvez seja hora de pensar em mudar ou propor uma nova abordagem nas práticas educativas dos professores para desenvolver um processo de alfabetização que seja significativo, novos desafios com um método que possa aguçar os motivos e necessidades e que valorize a educação intercultural. Uma proposta de ensino e aprendizagem onde o professor seja realmente o mediador entre a tarefa de estudo, os conteúdos e o pensamento do aluno.

3 Novos desafios no processo de alfabetização

Conforme cenário atual, pós-pandemia já em 2024, refletir sobre a situação agravante em que se encontra a educação do nosso país é de extrema importância. Se em meados da década de 80 os pesquisadores debatiam e pesquisavam soluções com o objetivo de diminuir as desigualdades educativas, hoje o trabalho é dobrado, pois as desigualdades sociais e educacionais aumentaram.

Neste sentido, a preocupação está em saber como resolver tantos problemas consequentes de um processo longo, de 40 anos, que passa a ser uma luta dos pesquisadores educacionais. As pesquisas mostram os problemas e os possíveis caminhos, mas o que precisa realmente é assumir as dificuldades existentes nas escolas e agir com responsabilidade para solucioná-los por meio da interação cultural.

Vimos a importância da prática intercultural nas escolas e as dificuldades que os professores possuem de colocar em foco na sala de aula a valorização individual do aluno. Por isso, as pesquisas mostram e debatem sobre uma prática escolar voltada para um trabalho que fortaleça a construção das identidades, o que potencializa os alunos a obterem segurança e empoderamento no ato de aprender, principalmente para aqueles menos favorecidos como os subalternizados e inferiorizados.

No entanto, a preocupação deve estar voltada principalmente com os alunos que estão ingressando agora no meio social escolar como as crianças de creches e educação infantil. Para entender melhor a gravidade do pós-pandemia na alfabetização, temos que pensar na situação dos alunos que foram matriculados na educação infantil e entraram para a alfabetização em tempos de isolamento social.

De acordo com o Resumo Técnico do Censo da Educação Básico de 2019, o número de matrículas nesta fase de ensino cresceu 12,6%, de

2015 a 2019, atingindo em média 9 milhões em 2019. "Esse crescimento foi decorrente principalmente do aumento das matrículas da creche. Enquanto o total de matrículas da pré-escola apresentou uma taxa de 6%, o da creche aumentou 23,2% de 2015 a 2019" (Inep, Resumo Técnico do Censo da Educação Básica, 2019).

Estamos falando de 9 milhões de alfabetizandos que tiveram que sair da sala de aula e passar a receber o processo de ensino em casa, sem apoio pedagógico e considerando, ainda, que muitos alunos não tinham acesso à tecnologia para ter aulas remotas. Vale lembrar que o processo de alfabetização de forma presencial ficou interrompido por dois anos seguidos.

Ao analisar a situação, os alunos que saíram da Educação Infantil em 2018 e foram para o 1º ano do Ensino Fundamental em 2019, com 5 anos de idade, pela lógica deveriam concluir o processo de alfabetização até o 2º ano nesta mesma etapa de ensino com 6 anos de idade. Esta idade corresponde com a lei de Diretrizes e Bases da Educação Básica de 9.495/96. Com a necessidade do isolamento social e toda a problemática que o sistema remoto de ensino apresenta, podemos concluir que esses 9 milhões de alunos passaram pelo principal momento da alfabetização desenvolvendo suas atividades em casa de acordo com suas realidades de vida.

Se os alunos fizeram o 1º ano em 2019, o 2º em 2020 em isolamento social, só voltaram a frequentar a escola de forma presencial em 2021 no 3º ano do Ensino Fundamental, praticamente com os conhecimentos adquiridos na Educação Infantil. Dessa forma, deveriam estar alfabetizados no 2º ano, entretanto, não conseguiram aprender a ler e nem a escrever neste período de isolamento. Neste sentido, as consequências se alastram até os dias atuais, agora em 2023, pois as políticas públicas de educação demonstram uma ausência em ações que poderiam favorecer novas práticas e formações continuadas aos gestores, coordenadores pedagógicos e professores.

Dentre os variados problemas que favorecem para as desigualdades educativas, um dos principais está voltado para a falta de amparo pós-pandemia nas políticas públicas da educação. O momento exige mudanças imediatas nas práticas pedagógicas dos docentes em sala de aula, com professores engajados e preparados para recuperarem os alunos da perda pedagógica que tiveram.

Neste sentido, a escola pode renovar seus projetos pedagógicos com planejamentos atualizados de forma que atenda às reais necessidades socioculturais das crianças, principalmente nesse período de recuperação dos prejuízos nos processos de ensino e aprendizagem na alfabetização, porque não basta continuar insistindo com os mesmos métodos de alfabetização neste momento, pois a escola necessita valorizar as práticas socioculturais e desenvolvimento humano dos alunos, mas para isso faz-se necessário uma formação de qualidade para os professores.

Um dos aspectos importantes e que deve ser considerado é a formação inicial e continuada dos professores que é um dos pontos preocupantes dos pesquisadores e estudiosos da educação, principalmente no que se refere à abordagem entre cultura e aprendizagem para a organização do ensino escolar que, consequentemente, favorece a diminuição das desigualdades educativas.

Dessa forma, Freitas:

> Discutir o problema das relações entre ensino-aprendizagem, práticas socioculturais e desenvolvimento dos alunos parece-me de grande relevância social e acadêmica, para compreendermos melhor como diferentes práticas socioculturais influenciam na formação de conhecimentos e formas de pensamento e qual o papel social e política da educação escolar na formação de tipos de pensamento e tipos de desenvolvimento humano (Freitas, 2020, p. 118).

Depois de três anos da pandemia do Covid-19, a educação do país pode ser considerada como falida, por necessitar de renovar as práticas pedagógicas nas escolas, continuar na luta contra as desigualdades educativas e, principalmente, buscar meios eficazes para desenvolver formação inicial e continuada dos docentes. Uma formação de modo que os professores, coordenadores e gestores escolares sejam os principais atuantes para as mudanças que a educação almeja neste momento.

Talvez seja a hora de colocar em prática com mais frequência nas escolas uma abordagem de ensino histórico-cultural que vem há quase 40 anos sendo estudada e pesquisada em nosso país, assim, a escola deveria "compreender e explicar as relações entre cultura, aprendizagem e desenvolvimento dos alunos a partir da concepção histórico-cultural" (Freitas, 2020, p. 119).

Sugerir um enfoque mais aprofundado e prático dessa abordagem histórico-cultural na formação inicial dos futuros pedagogos é primordial, pois é carente o entendimento do problema da cultura no processo de ensino-aprendizagem escolar e muito pouco esclarecido a importância das contribuições da psicologia e da articulação didática das relações entre práticas socioculturais dos alunos em cada realidade social (Freitas, 2020).

Vale aqui salientar que ao conceber a cultura e práticas culturais nas escolas com os alunos, favorece na construção da democracia e consequentemente na construção da subjetividade humana na criança. No entanto, desenvolver o papel da cultura na escola leva a aprendizagem "como condição essencial para o desenvolvimento humano e a justiça social e educativa" (Freitas, 2020, p. 119).

Por isso, relacionar essa abordagem de ensino na perspectiva histórico-cultural com a realidade dos alunos das escolas públicas que estão em situação de defasagem de aprendizagem e que, ainda, podemos chamar de pós-pandemia. Esses alunos devem ser conduzidos ao domínio da cultura para que a justiça social e igualdade de direitos na educação escolar, a democratização da sociedade e do conhecimento sejam o caminho para a constituição subjetiva e a produção da consciência humana no interior das relações sociais e históricas (Freitas, 2020).

Não adianta trazer esses alunos desmotivados para a sala de aula para aprenderem a ler e a escrever por métodos repetitivos e decorativos sem sentido para aprendizagem. O resultado são leitores que decifram palavras, mas não compreendem o que "leem". A pressa em recuperar a prática pedagógica por métodos extremamente tradicionais não é a saída para motivar a criança a ser alfabetizada. Ela precisa sentir necessidade e ter motivos para querer aprender e a conhecer o que não sabe, pois, as funções psicológicas devem ser despertadas e desenvolvidas para que ela sinta prazer em aprender, ao invés de ser "torturada" para ter que entender que juntando a letra B com a letra A "lê-se" BA.

Explica Freitas:

> "A natureza psicológica da pessoa é o conjunto das relações sociais, transferidas para dentro e que se tornaram funções da personalidade e formas da sua estrutura" (Vigotski, 2000, p. 27). A natureza social das funções psíquicas decorre de sua construção histórica e o desenvolvimento psicológico humano dá-se como um processo social e histórico mediado pela cultura. O desenvolvimento da mente humana é, primeiramente, coletivo, em forma de relações sociais. Depois, pelo processo de internalização da cultura é que se torna individualizado, originando funções psicológicas (Freitas, 2000, p. 121).

É importante que a criança se aproprie de atividades encontradas nas Ciências, Artes, Filosofia e Tecnologias, para que em suas relações sociais possa enriquecer sua cultura, o que possibilita o desenvolvimento das funções psicológicas superiores. Neste sentido é fundamental que a escola proporcione práticas pedagógicas voltadas para atividades que permitam o desenvolvimento da criatividade, da sensibilidade, da emoção, da apreciação estética, do raciocínio lógico-matemático, do pensamento crítico, dos valores éticos, da capacidade de abstração, análise e síntese, a título de exemplos (Freitas, 2020).

Considerar nestes estudos o que Freitas (2020) diz, que a aprendizagem acontece pelas relações que a criança adquire em seu meio social com as trocas de experiências, possibilita a constituição do desenvolvimento humano e psíquico e, seguido das ideias de Vygotski, que difunde a aprendizagem como constitutiva, sendo um aspecto necessário e universal do desenvolvimento humano.

No entanto, importante reforçar que ao apoderar da cultura na escola, a criança se "apropria das capacidades contidas na cultura, adquire e reproduz para si essas capacidades, de forma ativa e criadora. Desse modo o ensino-aprendizagem escolar é um processo fundamental na constituição da personalidade humana" (Freitas, 2020, p. 123).

Uma forma importante de desenvolver essa prática de interculturalidade dentro das escolas é definir as finalidades e desenvolver métodos de ensino que possibilitem a apropriação crítica dos conhecimentos, que possam ampliar a atividade humana criativa das crianças e desenvolver suas múltiplas capacidades de imaginar de forma a constituir sua consciência.

Novamente Freitas:

> Nas áreas de conhecimento, os conceitos estão relacionados uns aos outros em sistemas que se complementam mutuamente. Os conhecimentos produzidos por pesquisadores, estudiosos, cientistas, são bens culturais imateriais importantes para o desenvolvimento das pessoas, precisam se tornar coletivos. O meio para isso é o ensino-aprendizagem escolar, visando a apropriação de conhecimentos científicos na forma de conceitos. O conceito é uma unidade de dois processos: a investigação científica que possibilitou a descoberta, criação ou explicação de certo objeto, fenômeno, acontecimento, e as ações mentais presentes no processo de sua investigação. Nestas ações mentais está incorporado

o método de pensar o objeto e a forma de estabelecer suas relações dentro de certa realidade. Porém o tipo de método e de relações que são estabelecidas mudam conforme a lógica de pensamento que preside a investigação: empírica ou teórica (Davidov, 1988 a. *apud* Freitas, 2020, p. 127).

Propor uma reflexão sobre a importância da prática intercultural nas escolas como uma nova abordagem, no sentido de conduzir os alfabetizandos a pensarem sobre a vida que os cercam em busca de sentido para suas aprendizagens. Os professores podem promover práticas de forma que a cultura dos alunos seja apropriada por eles e que, a partir dessa apropriação cultural nas escolas, eles tenham condições psicológicas para adquirir abstrações por meio da mediação do professor e chegar à formação de conceitos teóricos.

De acordo com Freitas:

> O conceito teórico possui uma relação geral que, uma vez identificada, permite explicar a origem e desenvolvimento do objeto, sem perder a riqueza de sua manifestação empírica e particular. O conceito teórico permite compreender a constituição do objeto do conhecimento, como veio a se tornar o que é, como pode se transformar, que desdobramentos decorrem de sua transformação etc. a análise do objeto visa chegar à totalidade de suas relações. Assim, a compreensão obtida por meio de um conceito teórico é mais rica e permite compreender o objeto em seu movimento dentro das relações que o constituem (Freitas, 2020, p. 127).

Por isso, defender o ensino por meio do desenvolvimento humano do aluno que se encontra na fase de alfabetização pós-pandemia para que, aí sim, a aprendizagem seja promovida nas escolas por meio da cultura a fim de possibilitar a ampliação da formação da consciência crítica. Dessa forma, a mediação do professor juntamente com as atividades de estudos por meio da generalização e abstração, possam permitir aos alunos formularem conceitos teóricos. Neste sentido, essas atividades podem despertar a necessidade nos alunos e, como consequência, terem motivos para aprender por um método desenvolvimental de ensino.

Considerações Finais

Conforme apresentado, a história nos mostra e evidencia claramente as desigualdades sociais na educação, lugar este que seria a base para toda a mudança e até mesmo a eliminação das injustiças presente em nossa sociedade. Nos primeiros anos de alfabetização os alunos já poderiam desenvolver seu lado crítico, suas percepções de mundo, de cidadãos e de uma sociedade mais justa e igualitária.

Como estamos ainda na fase final de uma pandemia, a Covid-19, e suas desastrosas consequências para a educação básica e no processo de alfabetização, essas desigualdades podem ser um percalço ainda maior para o desenvolvimento da qualidade de ensino nesta fase tão importante para o crescimento intelectual da criança.

Diante disto, a escola possui uma grande importância para promover o interculturalismo em suas íntegras dimensões sociais e entender que o significado da promoção de igualdade para todos é primordial.

O termo diferença é ligado a um problema a ser resolvido, à deficiência, ao déficit cultural e à desigualdade e que, "diferentes são aqueles que apresentam baixo rendimento, são oriundos de comunidades de risco, de famílias com condição de vida de grande vulnerabilidade, que têm comportamentos que apresentam níveis diversos de violência e incivilidade[...]" (Candau, 2014, p. 30).

É por meio das particularidades e diferenças que os alunos trazem para a escola e que se tornam uma grande riqueza para uma educação intercultural bem como para a própria alfabetização.

A escola precisa desenvolver práticas didáticas para trabalhar com a diversidade, mas não pode ver essas diferenças como um problema, sem negação, sem serem isoladas e nem toleradas e não podem ser vistas, também, como um mal necessário devendo transformá-las como uma vantagem pedagógica.

Podemos entender que o quadro atual, pós-pandemia, demonstra uma problemática maior do que já se apresentava com as desigualdades sociais e educativas e, consequentemente, sabemos da importância e da necessidade de tomada de decisões para amenizar o quanto antes a situação que se agrava e com herança para mais alguns anos.

Por isso, defender o ensino por meio do desenvolvimento humano do aluno que se encontra na fase de alfabetização e possibilitar a ampliação da formação da consciência crítica, com a mediação do professor e as atividades de estudos mediante a generalização e abstração, a fim de despertar a necessidade nos alunos e criar motivos para que eles aprendam por um método desenvolvimental de ensino, talvez seja uma grande saída para a eliminação ou, pelo menos, a minimização das desigualdades sociais.

Referências

BRASIL. **Leis de diretrizes e bases da educação nacional Lei n.º 9.394/1996**. Brasília: Senado Federal, Coordenação de Edições Técnicas, 2017. 58 p.

CANDAU, Vera Maria (org). **Currículo disciplinares escolares e culturas**. Petrópolis – Rio de Janeiro: Editora Vozes, 2014.

CASTRO, Mariana. **Rede Brasil Atual**. Educação, Publicação:14/02/2022, Disponível em: https/www.redebrasilatual.com.br/category/educação/Acesso em: 15 abr. 2023.

CNN Brasil, CORRÁ, Daniel e ALVES, Juliana, 2022, **Número de crianças brasileiras que não sabem ler e escrever cresce 66% na pandemia, 08/02/2022** Disponível em: https://www.cnnbrasil.com.br/nacional/numero-de-criancas--brasileiras-que-nao-sabem-ler-e-escrever-cresce-66-na-pandemia/ Acesso em: 15 abr. 2023.

FREITAS, Raquel A. da M. Artigo: Ensino-Aprendizagem, Práticas Socioculturais e Desenvolvimento dos Alunos. *In*: TIBALLI, Eliandra F. A.; POLETTI, Giorgio (org.). **Educação, cultura e diversidade**: estudos comparados e perspectivas 1.ed. Curitiba: Brazil Publishing, 2020. p. 118-138.

GLOBO,G1. TENENTE, Luiza, 16/09/2022 Disponível em: https://g1.globo.com/educacao/noticia/2022/09/16/porcentagem-de-criancas-do-2o-ano-que-nao--sabem-ler-e-escrever-nem-palavras-isoladas-mais-do-que-dobra-na-pandemia-diz-inep.ghtml. Acesso em: 15 abr. 2023.

Guia Gestão para Aprendizagem, Capítulo 1 - Instituto Ayrton Sena. Disponível em: https://institutoayrtonsenna.org.br/guias-tematicos/guia-gestao-para-aprendizagem

GUITARRARA, Paloma. **"Pandemia de covid-19"**; Brasil Escola. Disponível em: https://brasilescola.uol.com.br/geografia/pandemia-de-covid-19.htm. Acesso em: 4 fev. 2023.

INEP (Instituto Nacional de Educação e Pesquisa). Resumo Técnico – Censo da Educação Básica 2019, 10/06/2021.

LIBÂNEO, José Carlos. **O dualismo perverso da escola pública brasileira:** escola do conhecimento para os ricos, escola do acolhimento social para os pobres. Educação e Pesquisa, São Paulo: v. 38, n. 1, p. 15, 2012.

LIMA, Camila. País fecha 25 mil creches privadas e sobrecarrega setor público. **Jornal Comunicação,** outubro/2022, Disponível em: https: //jornalcomunicação.ufpr.br/paísfecha25milcrechesprivadasnapandemiaesobrecarregasetorpublico. Acesso em: 15 abr. 2023.

SALDANHA, Luiz Claudio Dallier. O discurso do ensino remoto durante a pandemia da covid-19. **Revista Educação e Cultura Contemporânea,** Rio de Janeiro, v. 17, n. 50, 2020. DOI: Http://dx.doi.org/10.5935/2238-1279.20200080 124

TIBALLI, Eliandra F. A. Artigo: A Universalização da Educação Básica e Desigualdade Educativa no discurso educacional brasileiro**,** *In*: MIRANDA, Maria Gouveia de (org.). Educação e desigualdades sociais. Campinas-SP: Mercado de Letras, 2016. p. 103-128.

VIGOTSKII, L. S., LURIA, A. R, LEONTIEV, A. N. Linguagem, Desenvolvimento e Aprendizagem, Tradução: Maria da Penha Villalobos, 16. ed. São Paulo: 2017. Acesso em: 15 abr. 2023.

A DUALIDADE DO ENSINO MÉDIO REFLETIDO NA PANDEMIA

Kátia Pereira Coelho Camargo
Made Junior Miranda

Introdução

Este artigo foi quesito de parte de trabalho final da disciplina de Educação e Conhecimento na Contemporaneidade, do curso de doutorado da PUC – Goiás no final do primeiro semestre de 2022, tendo como metodologia a pesquisa bibliográfica e o estado do conhecimento. Entende-se por pesquisa bibliográfica, segundo Lakatos e Marconi:

> [...] a pesquisa bibliográfica não é mera repetição do que já foi dito ou escrito sobre certo assunto, mas propicia o exame de um tema sob novo enfoque ou abordagem, chegando a conclusões inovadoras (Lakatos; Marconi, 2003, p. 183).

A pesquisa bibliográfica é importante, pois nos permite refletir sobre pesquisas já consolidadas e reformulá-las de acordo com os novos conhecimentos adquiridos no percurso deste artigo com o tema dualidade na educação. Para dar mais fundamentação teórica a este artigo também buscou-se pelo estado do conhecimento fazendo um levantamento de dissertações e teses, realizadas sobre esse assunto.

Quando pensamos que a educação é sempre intencional, entendemos a organização do ensino ofertado para as diferentes classes sociais, onde não temos a educação e sim as educações, de acordo com a clientela que a sociedade burguesa necessita e que definirá quem continua no protagonismo do comando da sociedade, isso não significa que diminuirão os diplomas, eles continuam, mas não produzem as transformações necessárias para que ocorra as rupturas no modelo de dominação imposto. Temos então muito claro na sociedade uma escola que forma a maioria da população que é composta pelos proletariados e uma escola que forma a minoria da elite, porém com um poder avassalador de domínio sobre a classe trabalhadora.

Assim o capital intelectual não pertence a todos, ao contrário, pertencerá a uma minoria. O dualismo na educação é caracterizado pela forma brutal e distinta de educação que é oferecida às camadas da população mais pobres e as mais ricas da sociedade. Segundo Manzi (2022, p. 37) "poder-se-ia dizer que há um fetiche na ideia de inovação, modernização, que é defendida sem ser questionada", ou seja, quanto mais tentam garantir a qualidade do ensino em novos programas, leis e propostas para oferecer uma educação de qualidade, mais se percebe a cristalização da dualidade do ensino, principalmente no ensino médio, que ofertará indivíduos para o mercado de trabalho ou conduzirá esses aos prosseguimentos dos estudos.

Para aprofundarmos mais sobre o conceito de dualidade no ensino médio, que é nosso objeto principal, recorremos ao estado do conhecimento, pois entendemos sua importância para a pesquisa, pois a mesma ao delimitar um tempo/espaço, também pode revelar o que tem de avançado dentro do objeto e do tema, bem como a relação do objeto e do tema dentro do campo pesquisado. Iria Brzezinski afirma estas questões:

> [...] os estudos sobre o estado do conhecimento, estado da arte ou balanço crítico do que vem sendo produzido em um determinado campo, com limite espacial e temporal, portanto histórico, requerem procedimentos metodológicos que possibilitem tanto um ordenamento do conjunto das informações quanto uma análise dos resultados significativos de forma que a articulação das perspectivas seja identificada ao mesmo tempo em que se constatem incoerências, incongruências, inconsistências e contradições nas produções (Brzezinski, 2010, p. 1).

A pesquisa é essencial para a ciência e possibilita a investigação e o entendimento de uma realidade posta e, é neste sentido que temos como objetivo fazer um levantamento bibliográfico dentro do tema abordado e de todas as pesquisas científicas defendidas no mestrado e doutorado e submetidas na (BDTD) Biblioteca Digital de Teses e Dissertações das instituições brasileiras de 2017 a 2022 sobre o tema: Ensino médio e dualidade na educação. Optou-se por este recorte de data, pois com a Lei 13.415 de 2017, houve uma nova proposta de transformação da educação no ensino médio, principalmente com um discurso sobre a dualidade do ensino. A proposta do governo à Lei 13.415 tem sido a unificação do currículo escolar em nível nacional, alteração de carga horária e de disciplinas e o alinhamento dessas mudanças também para a rede privada de todo o território nacional, para assim diminuir as desigualdades impostas pela própria educação brasileira.

Tem-se como objetivo também dialogar, com os autores clássicos como Libânio, Saviani, Echalar dentre outros, bem como aqueles que já defenderam suas teses e dissertações, à luz da dualidade educacional, e nessa linha de pensamento, verificar a mercantilização da educação; também fazer análises destes resultados em tempos de pandemia e do desmanche perverso do processo ensino-aprendizagem que se formalizou a partir da Lei 13.415 de 2017 no que se refere à dualidade educacional.

1 Ensino público: a dualidade da educação

Para a coleta dos dados desta pesquisa foi realizada pesquisa bibliográfica utilizada e estudada no primeiro semestre do curso de doutorado da PUC – GO que se referia à dualidade educacional e pandemia, e também estado do conhecimento com busca na plataforma BDTD entre os dias 09 e 14 de julho de 2022 com os seguintes descritores: ensino médio e dualidade da educação, com utilização de filtros de seleção e refinamento de resultados, tendo como margem de tempo 2017 a 2022 e três critérios: dualidade, educação, ensino médio.

Ao realizar o refinamento, foi possível encontrar 45 trabalhos científicos na plataforma, porém ao fazer o exercício de ler os resumos, foram diminuídos para 22 trabalhos e desses ao analisar as introduções, restaram apenas cinco, pois as demais não continham informações pertinentes aos objetivos propostos desta pesquisa. Dentre essas, nos deparamos com uma tese e quatro dissertações.

1.2 Apresentação das dissertações e teses

Tabela 1– Relação de teses e dissertações sobre ensino médio e dualidade na educação

Tipo/Ano	Título	Autor	Universidade
Dissertação 2017	A formação humana integral e o ensino médio integrado no contexto das reformas educacionais (2016-2017): uma parada do novo velho	Guilherme Alves da Silva	Universidade Federal de Goiás – UFG

Dissertação 2018	A luta pela politecnia à reforma do ensino médio: para onde caminha a formação técnica integrada ao ensino médio?	Gilberto José de Amorim	Universidade Federal de São Carlos – UFSC
Dissertação 2019	A crítica da contra-reforma do ensino médio (Lei 13.415/2017).	Paulo Érico Pontos Cardoso	Universidade Federal do Ceará – UFC
Dissertação 2019	A filosofia na e da reforma do novo ensino médio como expressão da dualidade reitificada.	Adão Luciano Machado Gonçalves	Universidade do Estado do Rio de Janeiro – UERJ
Tese 2019	Base nacional comum curricular do ensino médio: currículo, poder e resistência.	Fabrício Augusto Gomes	Universidade Católica de Goiás – PUC

Fonte: elaborada pelos autores em 2022

Neste contexto metodológico e em uma primeira aproximação com o objeto de pesquisa, verificou-se que as pesquisas pertinentes ao assunto proposto foram encontradas em três universidades federais, uma estadual e uma particular, as referências são muito próximas, e às vezes as mesmas. Todos os autores concordam que a dualidade do ensino médio é histórica no Brasil, e que retrata as carências de uma educação movida por interesses da classe dominante. Esta classe não investiu na educação como alavanca para o desenvolvimento. Segundo Cardoso (2019, p. 62) "o Brasil foi uma das primeiras nações americanas a instituir e a última a abolir a escravidão". Temos então concretizado um ensino elitista e escravista, e continua:

> Em quatro dos cinco séculos de existência do Brasil, os trabalhadores eram vistos apenas como animais de criação, assim como as vacas, cavalos e galinhas, para fins de exploração, dentre as posses dos senhores de escravos (Cardoso, 2019, p. 62).

Cardoso (2019) e Amorim (2018) afirmam que a educação brasileira sempre trouxe como herança o modelo escravista que marca a educação, raízes profundas no que se refere à divisão social das classes e tem relação direta com a política e não somente com questões pedagógicas. Que existe sim uma educação para as classes mais pobres e para as mais abastadas e que sempre houve a necessidade de formar indivíduos para a mão de obra barata e outros para comandar.

> [...] o ensino médio é a etapa que mais reúne contradições transversais porque nele perpassam várias determinações universais, como a do divórcio entre o trabalho e a educação ocorrido na sociedade de classes, descrito no subcapítulo um; porque o ensino médio se situa exatamente em uma condição intermediária responsável pelo aprofundamento dos conhecimentos adquiridos no ensino fundamental e a preparação básica para o trabalho e/ou para a formação de uma camada de intelectuais funcionais, assumindo a dupla função de preparar para a continuidade dos estudos e ao mesmo tempo para o mundo do trabalho, sofrendo uma tensão entre a educação geral e a educação específica; sendo que em cada época e em cada nação, a relação entre o trabalho e a educação assumem formas particulares. Assim, se interpenetram várias determinações: elitização x universalização; privado x público, propedêutico x profissionalizante (Cardoso, 2019, p. 66).

Amorim (2018, p. 13) faz a análise acerca das diversas reformulações que afetaram a construção do ensino médio e da educação profissional revelando que "a dualidade é resultado da divisão da sociedade em classes que se distinguem pela apropriação da terra e da riqueza que advém da produção social e da distribuição dos saberes".

Em vários momentos históricos a educação serviu ao mercado de trabalho, e infelizmente boa parte dos professores não percebem o quanto essa educação posta, serve ao capital, por isso quase não se vê resistência, ao contrário, assiste-se a um espetáculo de alienação, o qual a própria educação é escravizada por seus próprios pares, dificultando a escolarização da classe proletária (Cardoso, 2019 e Amorim, 2018).

2 Das finalidades à legislação do ensino médio

Para Bressan (2006 *apud* Amorim, 2018, p. 20), a reflexão sobre as reformas dos anos finais da educação básica permite compreender que as finalidades do ensino médio e profissional têm sofrido modificações de acordo com as transformações que o capital sofre ao longo do tempo. É por meio da análise destas legislações que é possível averiguar a dualidade implícita e explícita que acompanham historicamente o ensino médio.

Percebe-se que a educação nunca foi prioridade e que as reformas e legislações sempre favorecem a concretização da dualidade, para que os filhos dos operários ingressem logo no mercado de trabalho. Tivemos várias leis, decretos, emendas para resolver a dualidade do ensino no Brasil, porém todas as reformas reiteraram a dualidade da educação e não sua propositura. Existe claramente uma formação para o trabalho intelectual e trabalho manual. Por mais que a LDB 9394/96 tentou eliminar parte da dualidade educacional, não foi possível na prática, pois ela se estruturou em bases curriculares por competências com base empresarial e mercantil.

Gonçalves (2019) e Amorim (2018) retratam que as mudanças trazidas pelas várias reformas, leis e decretos do ensino médio trouxe à tona a necessidade de se discutir a formação técnica profissional integrada ao ensino médio regular buscando um currículo que atendesse as classes dominantes e dominadas de forma humanizada e atendesse à realidade do século XXI.

De acordo com Silva (2017), Amorim (2018), Gonçalves (2019) e Cardoso (2019) houve uma complexa construção e desconstrução de leis desde a LDB 9394/96 até a Lei 13.514 de 2017 onde foi totalmente reformulada, recebendo o nome de novo ensino médio. A ideia de ensino integrado traz princípios de ensino politécnico e educação integral, atendendo a demandas capitalistas de maneira acelerada e autoritária, banalizando a formação geral. Atualmente, no campo universitário, é posto uma discussão em torno do ensino enquanto formação geral e profissional; ensino clássico para ricos e ensino técnico para pobres, mas não conseguimos avanços significativos do poder público.

Silva (2017) e Gonçalves (2019) afirmam que a classe dominante brasileira usa de todos os meios para preservar e aumentar sua hegemonia por meio de um cerco ideológico. Para conseguir o consentimento da população a classe dominante realiza várias reformas do sistema educacional sob a tutela do Estado, disseminando um novo padrão de sociabilidade e o mais correto possível, democrático e revolucionário, naturaliza a relação público e privado na execução das políticas sociais e estabelece uma nova gestão governamental embasada em estatísticas. Assim as classes dominadas são domesticadas pelo convencimento e as classes dominantes ampliam suas organizações privadas. A reforma do ensino médio e o congelamento de investimentos no ensino superior concretizou o domínio da classe privada conservando a estrutura social desigual.

Nos estudos de Silva (2017), Amorim (2018), Cardoso (2019), Gomes (2019) e Gonçalves (2019) todos concordam que a PEC (proposta de emenda da Constituição Federal) ao congelar 20 anos de financiamento das políticas sociais aumentando ainda mais a precarização da educação do país, direcionando recursos públicos para educação privada, tratamento da educação pública como mercadoria, retirada das pretensões universalistas, diminuição de disciplinas, aumento de carga horária porém sem recursos financeiros, um projeto tecnicista para a educação, uma prática da docência sem profissionalismo, apenas com o notório saber para professores sem qualificação pedagógica e didática, os salários dos professores reduzidos, itinerários formativos desvinculados com a realidade (escolas pequenas oferecem poucos itinerários), definição de quatro áreas do conhecimento fragmentado, enfraquecimento da autonomia dos professores, protagonismo juvenil sem aulas de Filosofia e Sociologia, desvalorização de conteúdos de formação humana, as áreas do conhecimento e seus itinerários formativos dentro de um currículo esvaziado, ilusão de flexibilização de trilhas uma suposta flexibilização que no fundo esconde a fragmentação e precarização dos currículos, e ainda se propaga como liberdade de escolha do estudante para direcionar sua própria formação, ora, só seria possível se todas as unidades escolares ofertassem todos os itinerários formativos, o que a realidade fática do sistema educacional brasileiro desmente. Enfim, todas essas características do novo ensino médio que estão sendo concretizadas pela Lei 13.415 trazem embutidas em suas finalidades o fortalecimento da dualidade do ensino e não o contrário como afirma o governo.

A Lei 13.415 não se encaixa em um país que necessita urgentemente de desenvolver e melhorar a educação, consolidar a democracia e diminuir as desigualdades sociais, segundo Silva (2017). Ainda nas ideias de Silva (2017) e Gonçalves (2019) concordam que a reforma do novo ensino médio nada mais é que o velho vestido de novo, continua coma dualidade e prega revolução educacional, trapos da república velha, dando a capacidade de ensino superior para uns e formação técnica para outros.

Para isso, Benjamin (1986, p. 224 *apud* Gonçalves, 2019) nos propõe que "articular historicamente o passado não significa conhecê-lo 'como ele de fato foi'".

> Significa apropriar-se de uma reminiscência, tal como ela relampeja no momento de um "perigo", e o perigo que vislumbramos, nesses tempos sombrios pelos quais passamos, é a volta dos velhos entulhos do passado que com nova roupagem ameaçam as poucas conquistas levadas adiante na luta histórica por uma educação de qualidade. É preciso analisar o passado sob uma perspectiva de projeção de uma nova realidade social (Benjamin, 1986, p. 224 *apud* Gonçalves, 2019, p. 70).

A história nos prova que a perda da autonomia produz o engessamento das práticas educacionais, pois proporciona um empobrecimento das relações educativas entre professor e gestão, professor e aluno, além de deixar uma lacuna na formação do jovem da construção de um pensamento mais crítico e reflexivo. A educação volta-se para uma perspectiva limitada de formação para o trabalho, em que os estudantes precisam acumular técnicas e meios para que possam se inserir no mercado a qualquer custo, alienando-se da sua própria riqueza criativa, intelectual e manual que poderiam ser desenvolvidas na escola, se isto não lhes fosse negado (Gonçalves, 2019).

Gomes (2019) traz em sua pesquisa o que os demais já discutiram, no que se refere ao currículo do novo ensino médio como esvaziado de conteúdos e itinerários fragmentados, cristalizando ainda mais a dualidade do ensino médio. Gomes (2019) questiona em sua tese que não houve tanta democracia ao construir a BNCC (Base Nacional Curricular Comum) como apontam os documentos, que as análises que a plataforma virtual com participação e as audiências públicas não foram suficientes para uma discussão democrática. Não considera a educação como totalidade, portanto não valoriza a formação docente. Mesmo a Anfope, Anped, Anpae, criticaram a forma rápida da constituição e aprovação da BNCC, tudo isso não foi suficiente, a Lei 13.415 foi aprovada assim mesmo, sem diálogo com estas instituições. O que sempre houve no Brasil foram reformas e não revoluções na educação, por isso é que a dualidade nunca foi resolvida (Gomes, 2019).

Segundo Gomes (2019) até o livro didático foi impactado por conta da BNCC, priorizando a formação específica em Português e Matemática para suprir as avaliações em larga escola, desta forma há um deslocamento do conhecimento científico reforçando a ideia da aprovação aligeirada da BNCC e ainda afirma que usaram documentos para provar que o fracasso escolar e evasão no ensino médio contribuiu para os resultados fracassados e a nova Lei 13.415 seria a salvação, com um novo ensino médio; porém há outros fatores que não foram levados em consideração. Solução reducionista para realidades complexas.

3 A pandemia e a dualidade do ensino médio

Como falamos no início deste artigo, a dualidade do ensino é determinada historicamente e foi uma das causas das desigualdades sociais durante séculos. Em 2020 ocorreu a pandemia provocada pela Covid-19, alterou a vida do mundo todo, com impactos econômicos, sociais, culturais e políticos de tamanha magnitude, provocando um esfacelamento da estrutura da sociedade como um todo, sem precedentes na história da medicina. De acordo com o Ministério da Saúde aqui no Brasil morreram mais de 700 mil pessoas, provocando uma desestruturação no sistema econômico do país e um agravamento nos grupos vulneráveis no que se diz a saúde, alimentação, moradia e educação. Por conta do isolamento social necessário para salvar vidas e garantir a diminuição da contaminação, a educação foi brutalmente modificada, de um dia para o outro. As camadas mais pobres da sociedade foram as que mais sofreram com esse novo jeito de viver, da mesma forma, isso foi refletido nos alunos, que também sem condições de ter aparelhos celulares e internet de qualidade para acompanharem as aulas remotas, a qual intensificou as desigualdades sociais em nosso país.

As aulas em todo o mundo e em especial aqui no Brasil tiverem que ter o caráter remoto, obrigando a todos a estudarem de forma virtual, ou seja com uso de tecnologias como celular e notebook. As aulas eram planejadas de acordo com o currículo, os alunos seguiam da maneira que conseguiam, pois nem todos tinham internet e equipamentos.

Segundo Saviani (2021) os problemas com as aulas remotas foram inúmeros, a começar pela situação econômica das famílias, pois não tinham condições financeiras de manter internet banda larga e equipamentos para seus filhos.

> Para colocar em prática o ensino remoto era necessário acesso ao ambiente virtual propiciado por equipamentos adequados (e não apenas celulares); acesso a internet de qualidade, que todos estivessem familiarizados com as tecnologias e, no caso dos docentes, também preparados para o uso pedagógico de ferramentas virtuais (Saviani, 2021, p. 38).

Outro quesito que não podemos ignorar é sobre o fato de mais de 50% dos domicílios da área rural não possuírem acesso à internet, 38% das casas da cidade também não possuírem internet e 58% não terem computador em casa (Saviani, 2021), sendo assim, como que esses estudantes estudaram virtualmente? Muitas escolas enviaram tarefas impressas, mas sem explicação do professor, como aprenderam? Não precisamos pensar muito sobre os resultados deste período e é fácil entender que a situação econômica favoreceu a aprendizagem, ou seja, uma minoria, possuidora de recursos tecnológicos teve mais oportunidades de acompanhar as aulas e poder aprender um pouco a mais que os alunos que não tinham recursos tecnológicos.

> Um dos problemas mais gritantes que veio à tona foi o impacto das desigualdades sociais em face da contingência de se estabelecer o sistema de aulas remotas evidenciado pela desigualdade do acesso à internet e pelas dificuldades de numerosas famílias em fazer o acompanhamento pedagógico de seus filhos em casa (Libâneo, 2021, p. 18).

Se antes da pandemia a dualidade já era evidente, durante e após a pandemia ocorreu um abismo entre o ensino da classe dominante e dominada, diminuindo também todas as oportunidades de aprendizagem que já eram reduzidas. Segundo Saviani (1999, p. 66), "O dominado não se liberta se ele não vier a dominar aquilo que os dominantes dominam. Então, dominar aquilo que os dominantes dominam é condição de libertação". Se esta condição de libertação já estava distante, agora com a pandemia, esse processo está mais árduo.

> No "ensino" remoto, ficamos com pouco ensino, pouca aprendizagem, pouco conteúdo, pouca carga horária, pouco diálogo. Em contrapartida, temos muitas tarefas. Do lado dos alunos, estes supostamente passam a ser "autônomos" e vão em busca do próprio conhecimento, assoberbados com multiplicação de leituras, vídeos, podcasts, webinários etc. Já do lado dos docentes, estes estão abarrotados de trabalhos para corrigir, mensagens de e-mails e aplicativos, fóruns de ambientes virtuais e outros para dar conta (Saviani, 2021, p. 41).

Libâneo (2021) afirma que a escola nunca mais será a mesma, portanto não podemos ignorar as repercussões da pandemia na economia, na saúde, na política, na sociedade, na educação, principalmente para as famílias mais pobres. Se antes da pandemia já tínhamos desafios no processo educacional, agora, estes estão imensuráveis pois ainda enfrentamos uma pandemia, por mais que já foram liberadas a quarta dose da vacina para pessoas acima de 40 anos, a terceira dose para adolescentes e crianças; muitas pessoas ainda estão se contaminando e morrendo, claro que em proporções bem menores. A economia do nosso país segundo os veículos de comunicação de massa (Jornal Nacional, O Globo, Fantástico, Band News dentro outros) afirmam que o Brasil está enfrentando uma realidade crítica, com um número imenso de desempregados e uma inflação nunca vista, dificultando o povo de comprar o básico para sobreviver.

As dificuldades enfrentadas hoje, na economia refletem na educação compondo fatos remanescentes que não foram resolvidos de forma suficiente durante décadas de lutas em prol de um ensino de qualidade e para todos. Libâneo (2021, p. 38) frisa a necessidade em "desenvolver as potencialidades humanas dos alunos por meio de uma educação escolar", é urgente retomar as condições de apropriação de conhecimentos científicos e culturais de forma a se articular ao cotidiano dos alunos, as suas reais necessidades, buscando a sua identidade e vivências, ou seja, ser humano individual e social. É preciso novos rumos para a educação, o que sabemos é que não podemos continuar como se nada estivesse acontecendo.

Considerações Finais

No início de 2022 a maioria das escolas públicas brasileiras voltaram suas aulas de forma presencial muitas particulares e militares voltaram no final de 2021, esse fato era necessário, mas trouxe com ele uma realidade difícil de se aceitar: a maioria das crianças quase não aprendeu. No final de maio de 2022, em uma reportagem do JornalNacional, foram divulgados resultados preliminares do Saeb 2021 (Sistema de Avaliação daEducação Básica), à qual apresentou que os alunos tanto do ensino fundamental I e II e ensino médio estão atrasados em dois anos escolares de aprendizagem. Isso não é novidade levando em consideração os dados apresentados acima sobre o não acesso a internet e equipamentos para a maioria dos estudantes no período de ensino remoto.

As escolas ao retornarem de forma presencial estão enfrentando dificuldades principalmente em relação ao currículo, pois fica difícil segui-lo já que os alunos não conseguem acompanhar os conteúdos na série que estão, pois não aprenderam conhecimentos da série anterior que são pré-requisitos para os da série seguinte. Segundo Echalar, Peixoto e Filho (2020) o trabalho alienado do professor esconde as relações humanas, e é na contradição que as práticas de humanização se concretizam, porém, neste período de retorno às aulas presenciais, não está sendo possível realizar estas contradições, pois o sistema educacional está ignorando uma realidade que está posta, ou seja, a dificuldade de aprendizagem dos alunos.

As avaliações em larga escala, as avaliações internas estão seguindo o currículo como se a pandemia e todos os problemas oriundos dela, não existisse. Então nada de efetivo se realiza, apenas espetáculos alienados de um suposto ensino-aprendizagem. Ainda com estes autores, os mesmos afirmam que o homem só pode ser compreendido em sua relação com a sociedade numa trajetória histórica e cultural, mas nossa sociedade atual está negando este momento e passando por cima de etapas importantes para garantir em o verdadeiro ensino-aprendizagem.

Um ensino deve ser embasado em aprendizagem para a transformação, porém a alienação embutida no retorno às aulas presenciais tem dificultado o processo, pois "a alienação do trabalhador e da garantia da reprodução dessa alienação por meio da certeza da impossibilidade de mudança da sua pobreza e a aceitação do seu trabalho por necessidade de sobrevivência" (Echalar, Peixoto e Filho, 2020, p. 65).

Os alunos do ensino médio, em especial, necessitam mais do que nunca de um ensino emancipatório capaz de promover a liberdade para a vida, seja como propósito de trabalho ou como continuação dos estudos. O que não pode acontecer, é ignorarmos o que ocorreu, aliás, o que não ocorreu, no período crítico da pandemia, e seguir em frente com os conteúdos curriculares como se todos tivessem tido acesso aos conhecimentos necessários por série.

É inaceitável este modelo o qual o estudante é submetido a uma adequação/esvaziamento curricular, com redução de disciplinas e um currículo fragmentado, uma educação com finalidade para a empregabilidade e produção capitalista. O engessamento do currículo não proporciona uma formação humanizada, é necessário vincular a qualidade da educação ao processo de acesso ao ensino público, laico e gratuito.

Várias leis e decretos desde a LDB 9394/96 contribuíram para alguns avanços na educação. Porém ao analisar as mudanças radicais com a implementação da Lei 13.514 de 2017 percebe-se que houve mais retrocessos do que avanços com reforço da dualidade aligeiramento dos estudos para atender ao mercado de trabalho e avalições em larga escala e formação tecnicista.

Temos um currículo para atender a avaliação externa e não para a melhoria da qualidade do ensino. A reorganização dos currículos para atender a BNCC desarticula os alicerces curriculares existentes em cada território escolar. O governo responsabiliza todo fracasso escolar às vítimas que são os estudantes e as avaliações externas determinam o que deve ser ensinado na escola.

É necessário então um currículo que valorize a cultural local, trazendo mais significado aos assuntos ensinados, também a valorização de disciplinas como Filosofia e Sociologia que não são cobradas nas avaliações em larga escala, mas que contribuem para a formação humana. Ao analisar Libâneo e a teoria do ensino desenvolvimental como suporte teórico a qual sustenta que a aprendizagem se dá pelas necessidades, motivos e desejos despertados nos estudantes, e isso só pode acontecer se ele tiver acesso ao conhecimento integral e científico que tanto lhe possibilitará ir para o mercado de trabalho, mas de forma consciente de seus direitos e da sociedade da qual ele participa, bem como ter acesso ao ensino superior e seguir seus estudos.

O mundo está saindo de uma pandemia que trouxe retrocessos educacionais imensos, em todos os aspectos, econômicos, políticos, sociais, emocionais e de aprendizagem, que vão se emaranhar com essa realidade de ensino já discutido neste artigo. Esse novo modelo de ensino médio vai se deparar com alunos oriundos de uma aprendizagem fragilizada pela pandemia, ou seja, de um lado políticas educacionais que não se preocupam com o processo ensino-aprendizagem e impõem um novo paradigma de ensino, do outro lado, alunos e professores perdidos no tempo e no espaço de aprendizagem. Por tudo isso posto, faz-se necessário uma revisão curricular in loco no chão da escola, possibilitando um reordenamento dos conteúdos a serem ensinados de acordo com as reais dificuldades e necessidades desses alunos, só assim será possível revertermos em parte, toda essa tragédia marcada.

Referências

AMORIM, Gilberto José de. **A luta pela politecnia à reforma do ensino médio:** para onde caminha a formação técnica integrada ao ensino médio? São Carlos: UFSC, 2018.

BRZEZINSKI, Iria. Políticas públicas para formação de professores: entre conquistas, retrocessos e resistências. **Revista de Educação Pública**, [S. l.], v. 29, n. 1. jan/dez, 2010. DOI: 10.29286/rep.v29ijan/dez.9912.

CARDOSO, Paulo Erico Pontos. **A crítica da contra-reforma do ensino médio (Lei 13.415/2017).** Ceará: UFC, 2019.

ECHALAR, Jhonny David; PEIXOTO, Joana; FILHO, Marcos Antônio Alves. **Trajetórias – Apropriação de tecnologias por professores da Educação básica pública.** Ijuí: Editora Unijuí, 2020.

GOMES, Fabrício Augusto. **Base nacional comum curricular do ensino médio:** currículo, poder e resistência. Goiânia: PUC, 2019.

GONÇALVES, Adão Luciano Machado. **A filosofia na e da reforma do novo ensino médio como expressão da dualidade reitificada.** Rio de Janeiro: UERJ, 2019.

LAKATOS, Eva Maria; MARCONI, Marina de Andrade. **Fundamentos de Metodologia científica.** São Paulo: Atlas, 2003.

LIBÂNEO, Carlos José. A teoria do ensino para o desenvolvimento humano e o planejamento de ensino. **Revista do Programa de Pós-Graduação em Educação - PPGE | Pontifícia Universidade Católica de Goiás | e-ISSN 1983-7771 |**.2016.

LIBÂNEO, Carlos José. **Educação contemporânea- Uma nova educação é possível.** Adão Francisco de Oliveira (org.) Acesso em: abril 2022.

LONGAREZI, Andrea Maturano; PUENTES, Roberto Valdés. **Fundamentos Psicológicos e didáticos do ensino Desenvolvimental.** Uberlândia, MG: EDUFU, v. 5, 2017.

MANZI, Ronaldo. **Neoloberalismo e Educação:** conversas e desconversas. Curitiba: Editorial Casa, 2022.

SAVIANE, Dermeval. **Pedagogia Histórico-crítica.** São Paulo: Editora Autores Associados, 1999.

SAVIANE, Dermeval. **Escola e democracia. Polêmicas do nosso tempo.** São Paulo: Editora Autores Associados, 1999

SOBRE OS AUTORES

Aldimar Jacinto Duarte

Graduado em História (Pontifícia Universidade Católica de Goiás PUC – Goiás, 1995); mestre em Educação Brasileira (Universidade Federal de Goiás UFG, 1999) e doutor em Educação pela UFG (2012). Professor no curso de Pedagogia, no Programa de Pós-Graduação em Educação – mestrado e doutorado – e no Programa de Pós-Graduação em História (mestrado e doutorado) da PUC Goiás. Líder do grupo de pesquisa Juventude e Educação (CNPQ).

E-mail: aldimar@pucgoias.edu.br

Orcid: 0000-0003-1799-2811

Arnaldo Cardoso Freire

Doutorando em Educação pela PUC-GOIÁS, mestre em Desenvolvimento e Planejamento Territorial pela PUC-GOIÁS e graduado em Engenharia Agronômica pela UFG - Universidade Federal de Goiás. É reitor do Centro Universitário Araguaia - Uniaraguaia, e professor das disciplinas de Educação em Economia Ambiental e Gestão Ambiental da Uniaraguaia. Membro titular do Fórum Nacional de Educação e Vice-Presidente da Confederação Nacional dos Estabelecimentos de Ensino - CONFENEN.

Site: www.iniaraguaia.edu.br

Orcid: 8448-9177-9361-9185

César Pereira Martins

Professor do ensino fundamental e **médio desde 1994. Nos últimos 15 anos atua como professor formador, em diálogo com docentes da** educação infantil e ensino fundamental anos iniciais. Em 2013 iniciou sua participação no projeto "Jogos, uma estratégia para o ensino de Matemática" (Editora Vinci). Possui licenciatura (2007) e mestrado (2012) em Matemática pela Universidade Federal de Goiás. Doutorando (2024) no Programa de Pós-Graduação em Educação da PUC Goiás.

E-mail: cesarpereiramat@gmail.com

Orcid: 0009-0005-3144-5234

Cinara Rejane Viana Arantes

Doutoranda em Educação pela Pontifícia Universidade Católica de Goiás - PUC-GO,2022, Mestra em Educação pela Pontifícia Universidade Católica de Goiás - PUC-GO, 2021. Especialista em Práticas Docente e Gestão na Educação Básica pela Faculdade Almeida Rodrigues - FAR -2008. Graduada em Pedagogia pela Universidade de Rio Verde-UNIRV- (2006. Professora efetiva da rede municipal de ensino de Rio Verde - GO.
E-mail: cinararejane2014@gmail.com
Orcid: 0000-000164351430

Divino de Jesus da Silva Rodrigues

Graduação em Psicologia (bacharelado e licenciado) pela Pontifícia Universidade Católica de Goiás (PUC Goiás). Pós-graduação em Adolescência e Juventude no Mundo Contemporâneo, pela Faculdade Jesuíta de Filosofia e Teologia (FAJE/MG). Mestre e doutor pela PUC Goiás. Pós-doutorado em Psicologia pela Universidade de São Paulo - Faculdade de Filosofia, Ciências e Letras de Ribeirão Preto (FFCLRP/USP). Docente associado da Pontifícia Universidade Católica de Goiás da Escola de Ciências Sociais e da Saúde (curso de Psicologia e Programa de Pós-Graduação Stricto Sensu em Psicologia - Linha de pesquisa: Processos Psicossociais) e Escola de Formação de Professores e Humanidades (Programa de Pós-Graduação Stricto Sensu em Educação).
E-mail: divino.psi@pucgoias.edu.br
Orcid: 0000-0002-7661-1794

Elianda Figueiredo Arantes Tiballi

Pós-doutora em História e Historiografia da Educação; Formada em Pedagogia, doutora em História e Filosofia da Educação. Mestre em História; graduada em Pedagogia. Atualmente é professora titular do Programa de Pós-Graduação em Educação. Mestre e doutora PPGE e do curso de Pedagogia da Pontifícia Universidade Católica de Goiás – PUC Goiás. É coordenadora do Programa de Pós-Graduação em Educação da Faculdade de Inhumas PPGE/FACMAIS; coordenadora do Grupo de Estudos e Pesquisas Pensamento Educacional Brasileiro - GEPPEB e coordenadora do Projeto de Pesquisa em Rede Internacional Educação, Diversidade e Cultura.
E-mail: elianda@pucgoias.edu.br
Orcid: 0000-0002-2194-8314

Estelamaris Brant Scarel

Graduada em Direito pela Universidade Federal de Mato Grosso. Mestra em Educação pela Pontifícia Universidade Católica de Goiás. Doutora e pós-doutora em Educação pela Universidade Federal de Goiás. Professora da Pontifícia Universidade Católica de Goiás na graduação e no Programa de Pós-Graduação em Educação (PPGE). Linha de pesquisa: Educação, Cultura e Sociedade. Membro do Núcleo de Estudos e Pesquisas em Educação, Violência, Infância, Diversidade e Arte (Nevida/FE/UFG). Coordenadora do Grupo de Pesquisa: Estudos Críticos e Educação: Aspectos Éticos, Estéticos e Socioculturais: Perspectivas Contemporâneas. Trabalha com os temas: educação e formação humana; educação e emancipação; adoecimento docente; educação contra a barbárie.

E-mail: Estelamaris.brant@gmail.com

Orcid: 0000-0003-2220-9932

Édar Jessie Dias Mendes da Silva

Bacharel em Serviço Social; mestra em Serviço Social pela PUCGO e doutoranda em Educação pela PUCGO.

Email: edar.silva@facunicamps.edu.br

Orcid: 0009-0006-1345-0889

Gessione Alves da Cunha

Cursou Humanidades Clássicas em Salamanca, Espanha. Licenciado em Filosofia e bacharel em Teologia pela Università Europea di Roma. Licenciado em Pedagogia e Ciências Sociais pelo Instituto Federal Goiano. Pós-Graduado em Educação e família pela Universidade de los Andes, Chile. Pós-Graduado em docência universitária pela Faculdade Católica de Anápolis. Mestre e doutorando em Educação pela PUC – Goiás. Psicanalista formado pelo Instituto Self.

E-mail: g-dacunha@hotmail.com

Orcid: 0000-0003-2000-5418

Janaina Silva de Assis

Doutoranda em Educação no Programa de Pós-Graduação em Educação da Universidade Católica de Goiás. (Bolsista Capes). Mestre em Educação pela Universidade Federal de Goiás. Integrante do Grupo de Pesquisa Teorias da Educação e Processos Pedagógicos (CNPq).

E-mail: janainalibras@gmail.com

Orcid: 0009-0002-9514-1385

Jordana de Carvalho Pinheiro

Psicopedagoga e advogada especialista em Direito Civil, atuante em Direito das Famílias e das Crianças, mestra e doutoranda em Psicologia, presidente da Comissão da Infância e Juventude do Ibdfam-GO, professora em cursos de pós-graduação, autora do livro *A escuta das crianças em juízo*.

Email: contato@jordanapinheiro.com

Orcid: 000-0002-8128-648X

Kátia Pereira Coelho Camargo

Doutoranda em Educação pela Pontifícia Universidade Católica de Goiás, pertencente ao diretório do grupo de pesquisa: Teorias da Educação e Processos Pedagógicos com Bolsa/Prosuc/Taxa da Capes. Mestre em Educação pela PUC – GO, especialização em **Língua** Portuguesa e Psicopedagogia pela Universidade Salgado de Oliveira. É graduada em Pedagogia pela Fecha. Desde 2018 é coordenadora pedagógica da Secretaria Municipal de Educação de Palmeiras de Goiás. Tem experiência na área de Educação, com ênfase em Orientação Educacional, Formação de Professores e estágio supervisionado. Está realizando intercâmbio de doutorado sobre a coordenação da diretora do Laboratório de Epistemologia da Formação, professora Anita Gramigna da Universidade de Ferrara na Itália.

E-mail: 20221300300039@pucgo.edu.br

Orcid: 0009-0001-0465-8905

Lucia H. Rincon Afonso

Possui graduação (1974) e mestrado em História pela Universidade Federal de Goiás (1981) e doutorado em Educação pela Universidade Estadual Paulista Júlio de Mesquita Filho (UNESP 2002). Professora adjunta da Pontifícia Universidade Católica de Goiás. Integrante do PPGE/PUC Goiás, na linha de Pesquisa Estado, Políticas e Instituições Educacionais. Pesquisadora do grupo de pesquisa registrado no CNPQ, Políticas Educacionais e Gestão Escolar (Site: htpp://gppege.org.br) e da rede de pesquisa registrada na FAPEG, Estado, Instituições e Políticas Educacionais.

E-mail: luciarincon@pucgoias.edu.br

Orcid:0000-0003-3130-8246

Made Junior Miranda

Licenciatura plena em Educação Física pela Escola Superior de Educação Física do Estado de Goiás (ESEFEGO). Mestrado em Ciências Ambientais e Saúde pela Universidade Católica de Goiás (UCG). Doutorado em Educação pela Pontifícia Universidade Católica de Goiás (PUC - GO) com doutorado sanduíche (PDSE - CAPES) na Faculté de Médecine, Département des Sciences de la Motricité, Universite de Liège - Bélgica (ULg - co-orientação Prof. Dr. Marc Cloes). Pós-doutor junto ao Programa de Pós-graduação em Educação, da USP/FFCLRP. Pós-doutorado em Educação pelo Programa Nacional de Pós-doutorado (PNPD) da CAPES junto ao Programa de Pós-graduação em Educação Social (PPGE) da Universidade Federal do Mato Grosso do Sul, campus Pantanal. É professor efetivo da UEG - ESEFFEGO e PUC - GO. Professor credenciado dos Programas de Pós-graduação em Educação Stricto Sensu (PPGE/PUCGO e PPGE/UEG/INHUMAS). Membro do Banco de Consultores Ad-Hoc das Universidades Católicas do Centro-Oeste.

E-mail: made@pucgoias.edu.br

Orcid: 0000-0002-5236-2367

Maria Esperança Fernandes Carneiro

Possui graduação em História pela Pontifícia Universidade Católica de Goiás (1975), mestrado em História pela Universidade Federal de Goiás (1982) e doutorado em Educação: História, Política e Sociedade pela Pontifícia Universidade Católica de São Paulo (1998). Atualmente é professora titular da Pontifícia Universidade Católica de Goiás. Membro do grupo de pesquisa: Políticas Educacionais e Gestão Escolar. Orientadora no curso Doutorado em Educação – PUCGO.

E-mail: esperancacarneiro@outloook.com

Orcid: 0000-0002-7272-6666

Rafael Vieira de Araújo

Possui graduação em Educação Física pela Universidade Federal de Goiás e em Pedagogia pela Universidade Anhembi Morumbi, além de especialização em Psicopedagogia pela Universidade Estadual de Goiás. Também é especialista em Educação Física Escolar pela UFG e em Educação e Diversidade na Cidadania com Ênfase na Educação de Jovens e Adultos pela Universidade de Brasília. Mestre e doutorando em Educação pela Pontifícia Universidade Católica de Goiás. Atua como professor efetivo na Secretaria Municipal de Educação de Goiânia e na Secretaria Estadual de Educação de Goiás. Autor de 3 livros sobre Pedagogia do Esporte. Faz parte do Grupo de Estudos e Pesquisas em Pedagogia do Esporte - GEPE; Bolsista da FAPEG.

E-mail: educadorrafael.araujo@gmail.com

Orcid: 0000-0001-5946-6030

Raquel Marra Freitas

Doutorado em Educação (Universidade Estadual Paulista Júlio de Mesquita Filho, 2002), mestrado em Educação (Universidade Federal de Goiás, 1997), graduação e licenciatura em Enfermagem (Universidade Federal de Goiás, 1985). Na Pontifícia Universidade Católica de Goiás, atua como docente permanente no Programa de Pós-Graduação em Educação (mestrado e doutorado) e docente colaboradora no Mestrado em Atenção à Saúde. Na Faculdade de Inhumas, atua como docente permanente no Programa de Pós-Graduação em Educação. Coordena a Equipe editorial da Revista Educativa (PUC Goiás). Integra o Conselho Consultivo da Revista Obutchénie e da Revista Brasileira da Pesquisa Sócio-Histórico-Cultural e da Atividade. Atua como revisora de periódicos científicos da área de educação. É vice-líder do Grupo de Pesquisa Teoria Histórico-cultural e Práticas Pedagógicas (CNPq). Realiza estudos e pesquisas na concepção histórico-cultural e do ensino desenvolvimental.

E-mail: raquelmarram@gmail.com

Orcid:0000-0003-3978-0238

Sonia Margarida Gomes Sousa

Psicóloga (bacharel e licenciada) pela UCG, (1985), mestre e doutora em Psicologia Social pela PUC-SP (1994 e 2001). É professora titular da Pontifícia Universidade Católica de Goiás (Escola de Ciências Sociais e da Saúde. Programa de Pós Graduação em Psicologia e Curso de Psicologia). Foi diretora do Instituto Dom Fernando - Especializado nas temáticas da infância, adolescência, juventude e família, vinculado à Pró-Reitoria de Extensão e Apoio Estudantil (PROEX/PUC Goiás) no período de 2005 a 2008. Foi pró-reitora de Extensão e Apoio Estudantil da PUC Goiás no período de 2008 a 2010. Atualmente é pró-reitora de graduação (a partir de 2010).

E-mail: smgsousa@puc.goias.edu.br

Orcid: 0000-0003-3846-2406